어쩌다 보니
나도 아줌마

WATASHI GA OBASAN NI NATTA YO
by Jane Su, Yasuko Mitsuura, Mariko Yamauchi, Nobuko Nakano, Toshiyuki Tanaka,
Tsunami Umino, Utamaru, Junko Sakai, Mineko Noumachi
Copyright @ 2019 Jane Su, Yasuko Mitsuura, Mariko Yamauchi, Nobuko Nakano,
Toshiyuki Tanaka, Tsunami Umino, Utamaru, Junko Sakai, Mineko Noumachi
All rights reserved.
Originally published in Japan by GENTOSHA INC. Tokyo.
Korean translation rights arranged with GENTOSHA INC., Japan
through THE SAKAI AGENCY and IMPRIMA KOREA AGENCY.

이 책의 한국어판 출판권은 THE SAKAI AGENCY와 IMPRIMA KOREA AGENCY를 통해 GENTOSHA INC.와의 독점 계약으로 위즈플래닛에 있습니다.
저작권법에 의해 한국 내에서 보호를 받는 저작물이므로 무단 전재와 무단 복제를 금합니다.

어쩌다 보니 나도 아줌마

초판 1쇄 인쇄 | 2021년 9월 10일
초판 1쇄 발행 | 2021년 9월 15일

지은이 | 미츠우라 야스코, 야마우치 마리코, 나카노 노부코, 다나카 토시유키,
　　　　우미노 치나미, 우디마쿠, 사카이 준코, 노마치 미네코, 제인 슈
옮긴이 | 강은미
펴낸이 | 김휘중
펴낸곳 | 위즈플래닛
주　소 | 서울시 양천구 목동 923-14 현대드림타워 1307호
　　　　경기도 파주시 탄현면 방촌로 548(축현리 409) (물류-신한전문서적)
전　화 | (직통) 070-8955-3716 / (주문) 031-942-9851
팩　스 | 031-942-9852
등　록 | 2012년 7월 23일 제2012-25호
정　가 | 14,000원
ISBN | 979-11-88508-18-1 03070

인스타그램 | www.instagram.com/wizplanet_book/
페이스북 | www.facebook.com/wizplanet

위즈플래닛에서는 참신한 원고를 언제나 기다리고 있습니다.
(원고 투고 및 문의 : leo45@hanmail.net)

※ 잘못된 책은 바꾸어 드립니다.

| 프롤로그 |

'대담(對談)'이라는 단어를 들으면 가장 먼저 떠오르는 장면은 어떤 분야의 전문가라는 사람들이 마주보고 서로의 생각을 말하고 듣는 모습일 것이다. 잡지나 인터넷에서 많이 접할 수 있는 이러한 대담은 사전에 주제가 정해져 있고, 주제에 맞게 이야기를 할 수 있을 만한 즉, 그 분야의 유명 인사들을 섭외하는 것이 일반적이다. 예를 들어, 30대 여성의 라이프 스타일을 주제로 한다면 방송에서 자신의 일상을 공개하며 뜨거운 반응을 얻었던 30대 여성 연예인이나 SNS에 자신만의 라이프 스타일을 게재하며 동 연령대 여성들에게 공감대를 형성하고 있는 인플루언서들이 섭외 1순위가 될 것이다. 나 또한 이런 식으로 섭외 요청을 받고 어쩌면 평생 만나 볼 기회조차 없을 만한 분들과 얼굴을 마주보면서 정해진 주제에 대해 서로의 생각을 나누기도 했다.

이야기를 나누다 보면 한정된 시간이지만 상대방에게 듣고 싶었던 이야기를 충분히 듣고 서로의 생각을 잘 이해했다는 만족감이 느껴질 때도 있다. 하지만 대부분의 경우 나누지 못한 무언가에 대해 아쉬움이 많이 남았다. 마치 오랜만에 만난 친구랑 한창 수다를 떨다가 집에 갈 시간이 되어 자리에서 일어날 때와 같은 아쉬움 말이다. 또한, 상대방에게 정해진 주제 이외의 다른 것들을 물어보고 싶다는 생각을 가진 적도 여러 번 있었지만 주어진 시간은 기껏해야 1시간~1시간 반 정도이다. 게다가 주제 이외의 이야기는 어차피 편집될 게 뻔하니 물어보는 것도 쉽지는 않다.

이 책에는 소설 겐토(일본 출판사 겐토샤에서 출간되는 월간 문예지)에 연재되었던 대담들을 모아 놓았다. 연재 제목도 그야말로 아쉬움을 반영한대로 「한 번 더 만나고 싶었습니다」라고 정했다. 그 동안 마음 속에 남아 있던 아쉬움을 있는 그대로 타이틀에 담아 그 동안 함께 대담에 참여했던 분들께 이 책의 기획 의도를 말씀드리고 다시 한 번 만날 기회를 요청드렸다. 그리고 정해진 주제 없이 가볍게 서로의 근황 소개부터 시작해 의식의 흐름대로 이야기를 이끌어 가는 것으로 즐거운 대담 시간을 가졌다.

이번에 대담을 통해 만나게 된 노마치 미네코씨를 제외한 나머지 분들은 기획이 된 다면 다시 한 번 이야기를 나누고 싶었던 분들이라 간곡히 요청을 드렸다. 이 자리를 빌어 미네코씨를 비롯해 흔쾌히 대담에 참여해 주신 모든 분들께 다시 한 번 감사의 인사를 전한다.

이제까지 수많은 사람들을 만나면서 책을 써 왔지만 이번만큼 나를 흥분시킨 적은 없었던 것 같다. 원고를 다시 한 번 읽어 보면서 형광 펜으로 줄을 그어 놓고 싶을 만큼 공감되는 부분들이 페이지를 넘길 때마다 등장했기 때문이다. 내 책을 대놓고 홍보할 만큼 얼굴이 두껍지는 못하지만 이 책만큼은 정말 재미있으니 꼭 한 번 읽어보라고 자신 있게 권할 수 있을 것 같다. 독자 여러분이 지금 해당 페이지를 읽고 있다는 것은 아마도 그런 내 마음이 제대로 전달되었다는 증거일 테니 너무나 기쁘고 감사한 마음이다.

독자 여러분 감사합니다!! 꾸벅~~

겐토샤와 인연을 맺게 된 것은 「너, 언제까지 여자애로 살 생각이야?」라는 책을 출간하게 되면서이다. 당시 블로그에 다양한 주제의 글들을 연재하고 있었는데 그 중 하나가 「너, 언제까지 여자애로 살 생각이야?」라는 주제의 타이틀이었다. 당시 담당 편집자였던 오시마 카나코씨는 출판을 제안하면서 책 제목은 이대로가 좋겠다고 했고 그 덕분인지 많은 분들이 이 책을 읽어 주셨다. 이후 감사하게도 몇 권의 책을 더 출간할 기회를 얻게 되었는데 글을 쓰는 것 만큼이나 어려웠던 것이 바로 책의 제목을 결정하는 일이었다. 제목이란 마치 인간에게는 들리지 않지만 돌고래나 박쥐는 들을 수 있다는 초음파와 같은 것이 아닐까? 하는 생각을 갖게 되었다. 내가 이 책을 꼭 읽어 주었으면 하는 사람에게만 전달되는 특별한 초음파말이다. 그럼 나는 이러한 초음파를 잘 조율해 읽는 사람들의 마음을 움직이게 할 수 있지 않을까… 그런 생각도 해본다.

어쩌다 보니 나도 아줌마! 이 한 문장만으로도 마음이 움찔거리는 사람들이 이 책을 읽어 주었으면 좋겠다. 아마 모든 것에는 정답이 정해져 있다고 믿었던 기성세대와는 달리 자신의 인생을 즐기며 살아갈 수 있는 팁을 찾게 될 것이다.

흔히들 인생을 마라톤에 비유한다. 출발할 때는 인생에 대한 벅찬 기대감으로 시작하지만 반환점을 돌 때쯤이면 세상 일이 내 뜻대로 되는 건 아니라는 사실을 깨닫게 될 것이다. 그리고 반환점을 돌아 이제까지 온 시간 이상을 다시 결승점을 향해 달려가야 한다는 압박감도 상당할 것이다. 하지만 이왕 이렇게 된 상황에서 출발할 때는 보지 못했던 주변에 눈을 돌려보고 스스로에게 여유를 느낄 수 있게 천천히 달려 가보는 것은 어떨까? 즐거운 인생의 후반전이 우리를 기다리고 있으니 말이다.

| 차 례 |

프롤로그   003

미츠우라 야스코

지금 나에게 20대의 체력이 있다면 • 010 | 못난이 개그가 통하던 시절 • 013 | 개그는 남성들의 전유물 • 018 | 제자리를 찾고 나서 비로소 자아가 탄생했다 • 023 | 여성에게 커리어는 득이 되지 않는다 • 026 | 나이 어린 여자 후배와 어느 선까지 어울려도 될까 • 028 | 우주 최강 아줌마 군단 증식 중 • 030

야마우치 마리코

엎어지면 코 닿을 데 사는 이웃(ft. 도보 2분) • 038 | 연령대별로 세분화된 문화권 • 040 | 도망치고 도망쳐서 비로소 다다른 곳, 도쿄 • 044 | 지금 일을 그만둔다고 해서 새로운 길이 열리는 건 아니잖아 • 049 | 도쿄의 냉혹한 판단 기준 • 053 | 도쿄 사람들이 도쿄에서 느끼는 소외감 • 057 | 젊음도 미모도 없지만 인생을 즐기는 여성들 • 063

나카노 노부코

여자들끼리의 미묘한 관계 • 070 | 잘 사는 것에 대한 기준 • 072 | 나는 왜 집단에 흡수되지 못하는가 • 075 | 스스로 생각하지 않으면 살아가기 힘든 시대 • 079 | 인간은 쓸모 있는 것만 추구하는 존재가 아니다 • 081 | 미지의 길에 선 아웃사이더들의 반전 • 083 | 의사 결정은 기분 좋은 행위인가? • 086 | 혼네(本音)는 변하는 거야 • 088 | 인간은 언제나 다음에 올 상황을 기대한다 • 090 | 의식(意識)을 부산물로

받아들이다 • 093 | 마음이란 무엇이며 의식이란 무엇인가? • 094 | 롯폰기 힐스 위에 화성(化城)이 있던 시절 • 097 | 의식은 타인과의 관계 속에서 탄생한다 • 099 | 각자의 베스트 퍼포먼스를 지향할 것 • 103 | 사회성이 필요하지 않은 시대가 올 것인가? • 105 | 과잉 정서적 엔터테인먼트는 더 이상 인기가 없다? • 108

다나카 토시유키

남성의 자살률이 압도적으로 높은 이유 • 112 | '이거 좀 문제가 있는데?'라는 생각이 드느냐, 그렇지 않느냐의 차이 • 116 | 바람직한 미래의 모습을 상상해 보다 • 120 | 원 스트라이크 정도는 서로 못 본 척하자고요 • 122 | 다양성, 놀이 문화 그리고 여가 생활이 있는 삶 • 124 | 공정함을 위한 Core Muscle • 131 | 가족이나 파트너에게서 해방되어 자신만의 시간을 갖기를 • 134 | 자신의 OS를 업그레이드하고 있는가? • 140

우미노 츠나미

아침 연속극으로 시작하는 하루 • 144 | 자신의 영역을 지키는 타입 • 147 | 누구나 늙어간다는 사실은 공평하다 • 149 | 로맨틱 러브 이데올로기 • 152 | 진짜로 옳은 것은 이 세상에 존재하지 않으니까 • 156 | 100세 시대, 몇 살까지 어떻게 일할 것인가? • 158 | 감정을 그린다는 것 • 161 | 규칙적인 생활 vs 대충 사는 인생 • 162 | 어느 날 갑자기 20대 자녀의 엄마가 된다면 • 165 | 저출산 문제에 대한 책임의식을 가지라는 무언의 압박 • 168 | 남성들에게 걸린 저주 • 170

우타마루

A4 사이즈의 대형 스케줄러에 붙어 있는 포스트잇 • 180 | 조금 특이한 사람들의 모임 • 182 | 집이 가까우면서 생일이 비슷한 어드밴티지 • 184 | 시답지 않은 이야기도 재미있게 하는 사람 • 187 | 도쿄 토박이라는 어드밴티지 • 190 | 내가 신뢰하는 사람의 말은 받아들이자 • 194 | 별 것 아닌 것도 새로운 재미로 만들어내는 마성의 공간, 라디오 • 198 | 인기와 아이돌 성공의 상관 관계 • 201 | 반성과 반추, 그리고 적응 변화 • 207 | 미래의 비전이요? 그런 거 없어요 • 210

사카이 준코

부도칸의 세이코쨩과 에이쨩 • 216 | 결혼을 추천하면서 정작 본인은 결혼하지 않는 이유 • 218 | 자기 주장이나 이데올로기가 없는 세대 • 221 | 가족과 타협하는 방법 • 225 | Material Girl vs Material Boy • 229 | 극악무도한 사람에게도 돌을 던지지는 말자 • 232 | 함께 있으면 마음이 편해지는 여자 친구들 • 234 | 몸이 쓰는 글 • 237 | 그런 사람 꼭 있지 않아? 맞아, 맞아 • 241 | 자녀가 없는 삶에 대한 후회는 없는가? • 242 | 나를 위해 사는 삶 • 245 | 40대와 50대 • 247

노마치 미네코

말 많은 여자들의 독립국가연합 • 252 | 헝그리 정신이 없는 이바라키 사람들 • 253 | 최종적으로 정착할 곳은 어디? • 256 | 동종 업계 종사자들과의 관계 • 259 | 결혼하지 않는 이유 • 261 | 외벌이 가정의 남편 입장이 되어 보니 • 264 | 인터넷으로 만난 사이 • 267 | 애정과 돈, 그리고 결혼 • 269 | 자신의 틀에 눈을 돌리면 • 273 | 자리에 따라 사람은 변한다 • 278

미츠우라 야스코

1971년 일본 아이치현 출생

초등학교 동창 오오쿠보 카요코와 개그 콤비 Oasiz로 데뷔

예능 프로그램 및 라디오 출연, 칼럼 집필 등 다양한 분야에서 활동

저서로는 「야스코의 꿈」, 「옆에서 보면 별거 아닌 이야기」 등이 있음

지금 나에게 20대의 체력이 있다면

제인　　　　스케줄 마치고 오시는 길인가요?

미츠우라　　네. 오늘은 방송 녹화가 있었어요. 시청자들이 재미있어 할 멘트를 많이 한 것도 아니고 리액션만 하다 왔는데 엄청 피곤하네요.

제인　　　　기가 빠져나가는 것 같지 않나요?

미츠우라　　맞아요. 정말 그래요.

제인　　　　방송을 한 번 하고 나면 정말 지치는 것 같아요.

미츠우라　　네. 정말 피곤해요.

제인　　　　저는 방송 출연하는 게 아직도 힘들어요. 그래서 책 홍보를 위한 프로그램 이외에는 잘 나가지 않게 되었어요. 방송을 한 번 하고 나면 다른 일에 집중도 잘 안되고 후유증이 꽤 오래 가더라구요. 무엇보다 내가 모르는 누군가가 날 보고 있다는 게 불편하게 느껴지기도 하고요.

미츠우라　　누군가 나를 일방적으로 보고 있다는 것은 불공평한 것 같아요.

제인　　　　맞아요. 보는 쪽과 보여지는 쪽이 동등한 위치가 아니잖아요.

미츠우라　　마치 누군가에게 심사를 받는 듯한 느낌 이기도 하고요.

제인　　　　미츠우라씨는 데뷔 하신지 20년 정도 되지 않았나요?

미츠우라　　20년이 넘었죠.

제인　　　　어떠세요? 방송하는 게 좀 편해지셨나요?

미츠우라　　심적으로 많이 편해졌어요. 예전에는 방송을 한 번 할 때마다 스트

	레스가 엄청 심했는데 지금은 일 자체를 즐길 수 있게 되었어요. 그런데 이제 좀 즐기면서 일하나 싶었더니… 이제는 이놈의 몸이 문제네요. 체력이 받쳐주질 않아요.
제인	맞아요. 정말 공감되네요. 마흔이 넘어가면서 밤새워 뭔가를 한다는게 많이 힘들어졌어요.
미츠우라	그러니까요. 게다가 늦게까지 술자리가 이어지면 다음 날 너무 힘들어요. 마시는 동안에는 시간 가는 줄 모르게 재미있는데 말이죠.
제인	맞아요. 술 마실 때만큼은 20대로 돌아간 것 같잖아요.
미츠우라	그런데 다음 날 보면 왠 페인이 하나 누워 있죠.
제인	맞아요. '세월 앞에 장사 없다'라는 것이 '이런 거구나'라고 느껴지죠. 30대까지만 해도 앞뒤 분별없이 일을 저질러도 젊은 혈기로 어떻게든 수습을 했었거든요. 그런데 40대가 되다보니 내 의지와는 다르게 몸이 먼저 영업 종료를 해버리는 거에요. 초저녁만 되도 졸려서 뭘 못하겠더라구요. 돌이켜보면 20대에는 끝없는 자신과의 싸움에 지쳐 있었던 것 같아요. 넘치는 체력에 비해 일 처리가 미숙하고 불완전한 시기였던 거죠. 그러다 30대가 되고부터 조금씩 밸런스가 맞아가는 게 느껴졌어요. 그리고 40대가 되면서 이제야 정신적 안정을 찾고 능숙하게 일 처리도 할 수 있게 되었는데 몸이 말을 듣질 않네요.
미츠우라	지금 저에게 20대의 체력만 있다면 천하를 평정할 수 있을 것 같아요. (웃음)
제인	맞아요. 많은 분들이 공감하실 거예요.
미츠우라	이제서야 내가 잘 할 수 있는 일이 무엇인지 깨닫게 되어 거기에 집중 할 수 있게 되었는데 말이죠.

제인	도대체 왜 그런 걸까요? 그런데 다시 생각해보면 이게 순리에 맞는 건가 싶기도 해요.
미츠우라	그렇죠. 하지만 전 건강에 지나치게 신경 쓰고 싶지는 않거든요. 건강에 너무 집착하다 보면 그것 자체가 하나의 스트레스가 될 것 같아요. 그래서 지금도 되는 대로 살고 있어요.
제인	웃으실 지도 모르겠지만, 전 요즘 스티브 잡스나 마크 저커버그의 마음이 이해가 되더라구요. 그들이 옷에 대해 고민할 시간을 줄이기 위해 매일 같은 스타일의 옷을 입는다는 것이 예전에는 딱히 와 닿지 않았거든요. 그런데 요즘 점심을 매일 같은 메뉴로 먹기 시작했는데 너무 편한 거예요. 점심에 무엇을 먹어야 할지 고민하는 것이 저에게는 꽤 스트레스였던 거죠. 그래서 점심에는 매일 맥도날드에 가서 후렌치 후라이와 너겟을 먹고 있어요. 건강한 식생활은 아니지만요.
미츠우라	질리지 않나요?
제인	오늘 점심에는 무엇을 먹어야 할지 매일 같은 고민을 반복하는 것이 오히려 제 자신을 너무 지치게 하더라구요. 결정이라는 것 자체가 정말 힘든 일이에요.
미츠우라	맞아요. 특히나 여자들은 아침에 옷 고르는 것도 일이죠.
제인	그래서 저는 옷 스타일도 무늬가 없는 상하의에 브로치 장식으로 통일시켜 버렸어요. 그랬더니 한동안 저를 오기마마(일본의 교육 평론가이자 호세이 대학 명예 교수인 오기 나오키의 별칭으로 브로치를 착용하는 것이 시그니처인 인물)라고 부르더라구요.
미츠우라	올드한 스타일이네요.
제인	50대에는 어떻게 살게 될까요?

미츠우라	저는 기회가 된다면 따뜻한 남쪽 지방에서 한번 살아보고 싶어요.
제인	남쪽 지방 어디요?
미츠우라	이시가키 섬이요. 30대 무렵부터 나이가 들면 오키나와에 가서 살고 싶다는 꿈을 계속 가지고 있었거든요. 그래서 한번 살아보고 아니다 싶으면 다시 돌아오면 되는 거고, 괜찮으면 주말에만 이용하는 정도로 해보고 싶어요.
제인	언제쯤이면 '이만하면 됐다, 이 정도면 잘했어'라고 스스로에게 말할 수 있을까요?
미츠우라	글쎄요. 50살은 되어야 하지 않을까요?

못난이 개그가 통하던 시절

제인	저희 예전에 한 번 만난 적 있잖아요. 제 책이 출간되고 미츠우라씨의 책도 출간되었던 시기였죠. 사실, 그전부터 미츠우라씨를 꼭 한번 만나 뵙고 싶었어요. 미츠우라씨가 말씀하신 「직업적 못난이」에 대해 좀 더 들어 보고 싶었거든요.
미츠우라	아! 직업적 못난이요.
제인	말 그대로 개그 캐릭터로서 못난이를 연기한다는 뜻인 거죠?
미츠우라	네. 90년대에만 해도 코미디 프로그램에서 여성 개그우먼들이 웃길 수 있는 역할이 한정적이었어요. 그 중 하나가 못난이 캐릭터였죠. 콩트를 짜더라도 예쁜 캐릭터 vs 못생긴 캐릭터처럼 뻔한 개그가 많았어요. 그런데 그런 연기를 하는 여성 개그우먼조차도 '저 못생겼

어요'라고 당당하게 말하는 것이 쉽지는 않았죠. 그래서 오히려 뼛속까지 못난이인 척 연기하는 저를 보고 다들 '뭐 저런 여자가 다 있지?' 하면서도 사회적 통념을 깨는 쾌감을 맛보게 되었다고 생각해요. 속으로만 '저 여자 진짜 못생겼다'라고 생각하던 것을 입 밖으로 내뱉을 수 있는 대상이 생겼으니까요. 그런데 요즘 사람들은 자신을 드러내는 것에 솔직해져서 일까요, 겸손이 아니라 자기 자신의 외모에 대해 아무렇지 않게 말하는 사람이 많아졌어요. 그러면서 여성 개그우먼의 역할에도 변화가 생기기 시작했다고 생각해요. 기존에는 남성 개그맨들이 여성 개그우먼들의 외모를 비하하면 여성 개그우먼들은 웃음의 대상이 되는 수동적 존재였죠. 그런데 이제는 여성 개그우먼 스스로가 외모를 캐릭터적으로 표현하게 되었다는 점에서 기존 개그와는 많이 달라진 느낌이에요.

제인 이런 변화는 언제부터 시작 되었나요?

미츠우라 2000년대 전후인 거 같아요. 당시 버블 붕괴와 함께 사회적으로 외모에 대한 가치관이 변하게 된 것이 계기가 되었다고 생각해요.

제인 예전에는 예쁘다, 날씬하다, 젊다 이런 세 가지가 미(美)의 기준이었다면 요즘에는 다양한 아름다움이 존재하잖아요. 많은 사람들에게 호감을 얻을 수 있는 기준 또한 다양해진 거죠. 그러면서 자연스럽게 여성의 외모를 소재로 한 개그도 줄어든 것 같은데 어떠세요?

미츠우라 맞아요. 남성 개그맨들도 여성의 외모를 소재로 하는 개그를 하지 않게 되었죠. 그랬다간 큰 일 나거든요. 요즘 같은 세상에…

제인 시청자 입장에서 그런 개그들이 없어지니 훨씬 보기 편해진 느낌이 들어요. 현장에 계시는 입장에서 보실 땐 어떤가요?

미츠우라	더 이상 저속한 개그는 받아들여지지 않는구나! 라는 것을 깨달았죠.
제인	맞아요. 저속한 개그, 뻔한 개그는 시청자들에게 외면당하죠.
미츠우라	'거기 못생긴 애! (저요?) 너 말고!' 이런 개그들을 많이 했잖아요. 그런데 이제는 '거기 못생긴 애!'라는 대사 자체만으로도 '모욕적이다, 상대 여성 개그우먼이 불쌍하다' 이런 말들이 나온단 말이죠. 그러니까 '못생긴 애' 이런 단어 자체를 대사에 넣을 수가 없게 된 거죠.
제인	남성 개그맨의 외모를 소재로 한 개그도 많이 줄어들었나요?
미츠우라	탈모 개그는 아직도 많이 하는 것 같아요.
제인	그거 차별 아닌가요? 제가 보기에는 탈모를 개그 소재로 하는 것도 좋아 보이진 않는데 말이죠.
미츠우라	아! 어렵네요. 이건 되고 저건 안되고 기준이 뭔지 잘 모르겠어요.
제인	'못난이'라는 표현이나 캐릭터는 어떤가요?
미츠우라	'절대 안된다'라고 말하는 사람들도 있지만 못난이 캐릭터의 존재 자체를 혐오하는 사람들도 있더라구요. 인터넷에 '미츠우라 닮은 게 입 닥쳐!'라던지 '오늘 미용실 다녀왔는데 사람들이 미츠우라 같데. 어떡해? 죽고 싶어!' 이런 글들을 볼 수 있거든요. 이런 혐오성 글을 올리는 사람들은 남에게 상처 주는 말을 아무렇지 않게 내뱉는 자신 스스로가 진짜 추하고 혐오스러운 존재라는 것을 모르는 것 같아요. 그런 사람들에 비하면 제가 훨씬 더 진실되고 순수한 사람인데 말이죠.
제인	맞아요. 얼굴이 알려진 사람들이 종종 겪는 일이죠.
미츠우라	지금도 제 옆에 한 분 계시잖아요. 일본에서 가장 진실되고 순수하신 분이요.

제인	그러니까요.
미츠우라	여자들에게 인기 많고 성격 좋은 뇌순녀 또는 호감형 못난이, 이런 캐릭터들이 여성 개그우먼의 대표적 이미지였죠. 일전에 어떤 방송에서 한 성격 하는 것을 컨셉으로 하는 여성 개그우먼이 질투하듯 귀여운 여자 연예인을 디스(공격)하니 처음에는 다들 재미있어 했거든요. 그런데 디스의 강도가 점점 심해지자 더 이상 컨셉이 아니라 그 개그우먼의 인성 문제로 비난을 받게 되더라구요.
제인	맞아요.
미츠우라	저도 비슷한 경험이 있는데요. 사람 좋기로 유명한 어떤 연예인에 대해 방송에서 '사실, 저는 그 사람의 안티 팬이에요'라고 말한 적이 있었는데 그게 반응이 좋았어요. 그때부터 방송에 나가면 그 개그를 또 하라고 시키더라고요. 시청자 반응도 좋았고, '웃자고 하는 얘긴데 어때'하고 대수롭지 않게 그런 류의 개그를 한동안 계속 했단 말이죠. 그런데 어느 순간 서로 경합하는 방식의 개그 프로그램들이 생겨나기 시작하면서 그야말로 개그 배틀 시대가 온 거예요. 누군가를 깎아내리는 개그가 난무하는 시대가 온 거죠. 지금 와서 생각해 보면 그런 게 정말 개그가 맞나 싶어요. 오히려 개그라기 보다는 하나의 붐이었다는 생각이 들기도 하네요.
제인	저는 오히려 신선하고 재미있었어요. '못생긴 사람은 성격이 좋다'라는 것이 하나의 공식처럼 여겨지는 것이 사실 좀 불만스러웠거든요. 못생겼으니 성격이라도 좋아라? 그 자체가 못난이 캐릭터들을 무시하는 거라고 생각해요. 그런데 개그맨들에게는 그러한 설정들이 당연시되어 온 것도 사실이잖아요. 그런 틀을 깬, 새로운 개그를 보니 신선하게 다가오더라구요.

미츠우라	한번은 방송에서 '여자 개그우먼도 수염이 자라요'라고 말을 했는데, 그게 유행어가 되어버린 거예요. 또 한번은 '전 항상 야한 생각을 해요'라고 말했더니 이번에는 아이돌들까지 따라 하는 거예요. 그때 깨달았죠. 스스로 부끄럽게 생각했던 것들, 숨기고 있던 것들이 개그의 소재가 될 수 있다는 것을요. 그때부터 어떤 질문을 받든 그냥 솔직하게 말하게 되었어요. 심지어는 자기에 대해 디스 해 달라고 부탁하는 연예인도 있었어요. 그래서 작정하고 디스 해주면 처음에는 웃다가도 어느 순간 정색하고 화를 내거나 절 피하시더라구요. 정말 전 개그로서 최선을 다했을 뿐인데 어느 순간 보니 저만 시대에 뒤쳐진 개그우먼이 되어 있었어요. 요즘은 인터넷에서 자신에 대한 글들을 볼 수 있잖아요. 남들이 나를 어떻게 생각하는지 바로 알 수 있죠. 그런데 저는 SNS를 안 하기도 하고, 무엇보다 방송의 재미를 최우선으로 생각해서 그냥 해달라는 대로 다 했던거죠. 결국 미움 받는 건 저이더라구요. 그런데 그것을 깨닫게 되었을 때는 이미 한 물 간 개그나 하는 그런 사람이 되어 있었어요.
제인	미츠우라씨가 한 물 간 개그우먼이라니 말도 안되죠. 그보다는 개그맨들에 대한 대중의 기대치가 높아졌기 때문이 아닐까 싶어요.
미츠우라	방송의 재미를 최우선으로 생각했어요. 어차피 거짓말인 거 알고 있으니 웃음을 위해서라면 어떤 말을 해도 된다는 암묵적 합의가 있었던 거죠. 그러다 카메라가 꺼지면 '죄송합니다'라고 사과 한 마디면 없었던 일이 되어 버리는 것이 개그맨들 사이의 룰 같은 것이었는데 말이죠.

개그는 남성들의 전유물

제인   그런데 미츠우라씨는 있는 그대로의 사실을 변형시켜 웃음을 만드는 개그를 하신 거잖아요. 말씀하신 정형화된 개그 방식을 따르기에는 논란의 여지가 될 법한 사실들을요. 그러한 변형이 리얼리티를 원하는 요즘 시청자들에게는 연출된 상황으로 받아들여지지 않았던 것 같아요. 요즘 Terrace House(일본 후지TV에서 시작된 6명의 남녀가 셰어 하우스에서 생활하며 벌어지는 일들을 담은 리얼리티 프로그램) 같은 리얼리티 프로그램들이 많은 사랑을 받고 있잖아요. 아마도 시청자들은 전혀 연출되지 않은 100% 실제 상황에 대해 보기를 원하는 것 같아요.

미츠우라   맞아요. 실제 상황인 것처럼, 오히려 지나치게 과장해서 연출된 방송을 보고 싶어하죠.

제인   그런 과장된 장면들이 현실로 받아들여지면서 오히려 욕을 먹기도 하구요.

미츠우라   맞아요.

제인   쉽지 않네요.

미츠우라   쉽지 않아요. 그래서 요즘은 개그맨들도 몸을 사리게 되는 것 같아요. 자칫하다간 대중의 뭇매를 피할 수 없게 되니까요. 그러다 보니 안전한 범위 안에서 웃음을 줄 수 있는 소재들을 찾을 수밖에 없는 거죠.

제인   어디까지가 개그맨 스스로 자발적으로 한 것이고, 어디까지가 대중들의 요구에 의한 것인지, 대중들의 기대치가 변한 것인지 아니면

	앞서 언급한 사회적 제약들 때문에 위축된 것인지… 도대체 어느 쪽일까요?
미츠우라	시청자들의 기대치가 점점 높아졌기 때문이지 않나 싶어요. 음, 어떻게 설명을 드려야 할까요? '얼굴로 웃기는 식상한 개그는 이제 그만!' 이런 느낌 같아요. 개그맨들에게도 다양한 재능이 요구되는 시대가 되어 버렸어요.
제인	대중의 기대치가 높아졌다는 것에 대해 개그우먼의 입장에서 어떻게 보시나요?
미츠우라	개그계의 발전을 위해서는 잘 된 일이라고 생각하지만 개인적으로는 힘든 상황이네요. 대중이 원하는 특별한 재능을 가지고 있는 것도 아니고, 여태까지 방송 생활을 해 오면서 '역시 난 개그와는 맞지 않는 것 같아'라는 생각을 늘 해 왔거든요.
제인	그렇게 생각하시는 특별한 이유라도 있나요?
미츠우라	여성들이 아무리 남성의 머릿속을 들여다 본들 어차피 알 수가 없잖아요. 구조 자체가 다르기 때문이죠.
제인	그 말씀은 개그계 자체가 남성 위주의 사회라는 뜻인가요?
미츠우라	맞아요. 개그계는 확실히 남성 중심의 사회이죠. 가뭄에 콩 나듯, 예능 프로그램에서 여성 연출가나 작가를 만나기는 쉽지 않거든요. 교양 프로그램에서는 간간히 여성분들이 참여하고 계신 경우가 있긴 하지만요.
제인	아마 현장에 계신 입장에서 그런 남성 위주의 환경 자체가 개그를 하기 힘들어지는 하나의 원인이 되었을 것 같네요.
미츠우라	남성 중심의 사회인 것도 그렇지만 개그라는 것 자체도 남성들의 전유물 같은 느낌이 들어요. 그렇다 보니 오히려 여성이라는 이유로

	개그계에서 일할 수 있지 않았나 싶기도 하구요.
제인	잘 이해가 되지 않네요.
미츠우라	저는 비교적 쉽게 개그계에 발을 들일 수 있었어요. 여성 개그우먼이기 때문에 개그 스킬에 대한 기대치 자체가 높지 않으니 진입 장벽이 낮았던 거죠. 덕분에 다양한 방송에 출연할 수 있었고, 많은 경험을 해볼 수 있었어요. 만약, 여성 개그우먼에게도 남성 개그맨과 같은 수준의 기대치가 있었다면 여성 개그우먼들은 방송에 나오는 것조차 힘들지 않았을까 라는 생각도 들어요.
제인	여성 연출자나 작가들이 늘어난다면 상황이 변할 수 있지 않을까요? 그럼 여성들이 공감하고 즐길 수 있는 개그들도 많이 나오게 될 테니까요. 여자들의 웃음 포인트는 같은 여자들이 제일 잘 알잖아요.
미츠우라	맞아요. 친구들이랑 모여 앉아 수다 떠는 것 같은 토크 프로그램이 생기면 재미있을 것 같아요. 어떤 이야기도 편안하게 할 수 있는 여성들의 공개적인 수다의 장 같은 프로그램 말이에요. 물론 사회자도 여성이 맡고요. 시청률이 잘 나올지는 모르겠지만요. (웃음)
제인	「머랭의 기분」(일본TV에서 방영된 토크 버라이어티 프로그램으로 2021년 3월을 마지막으로 25년 역사에 막을 내리게 된 일본의 장수 프로그램) 같은 컨셉의 프로그램이 이미 있지 않나요? 버라이어티 프로그램과 정통 개그는 또 다른가요?
미츠우라	뭐랄까, 마치 빨래터에 모인 아낙네들이 이런 저런 세상 이야기를 주고받는 느낌의 수다라고 해야 할까요. 시간 가는 줄 모르고 떠들게 되잖아요. 아무리 수다를 떨어도 이야깃거리가 끊기지 않는 즐거움도 있고요.

제인	이야기하다 옆으로 새도 아무도 뭐라고 하지 않죠. 새로운 이야기로 다시 시작하면 되니까요. 그리고 다른 사람한테 템포를 맞춰가며 이야기를 해야 한다든지 그런 복잡한 생각도 할 필요가 없으니 수다 자체를 즐길 수 있죠.
미츠우라	수다 자체를 즐길 수 있다 라는 말이 딱 맞는 표현이네요. 만약, 그런 프로그램이 제작되고 시청률도 잘 나오게 된다면 그 다음에는 방송을 보여주는 방식에 대한 고민도 필요할 것 같아요.
제인	맞아요. 일본의 텔레비전 방송에서는 프로그램 한 편을 통으로 내보내지 않죠. 한참 재미있게 보고 있는데 광고 화면으로 전환되죠. 말씀하신 토크 프로그램은 중간에 광고가 들어가버리면 맥이 끊겨버릴 것 같아요.
미츠우라	계단식으로 된 자리에 여러 명의 개그맨 게스트들이 앉아 이런 저런 토크를 진행하는 프로그램을 보신 적 있죠? 그야말로 약육강식, 서바이벌이 따로 없잖아요. 일단, 목소리 큰 사람이 우선권을 갖게 되죠. 무엇보다 남자들은 조직적 인간이라고 해야하나, 남성들끼리의 끈끈한 연결 고리 같은 게 있어요. 그래서 진행자가 일부러 여성 게스트를 지목해 주지 않는 이상 토크에 끼어 드는 것 자체가 힘들어요.
제인	역시 본질을 잘 꿰뚫어 주시네요.
미츠우라	이제까지 방송을 하면서 제 스스로가 '오늘 방송 정말 즐거웠다'라고 느꼈던 때는 역시나 서너 명 정도의 인원으로 진행된 방송이었어요. 인원수가 적다 보니 안정적으로 자신의 생각을 전달하고, 서로를 이해할 수 있는 마음의 여유도 생기거든요. 수 십 명이 모여 앉아 마이크 쟁탈전을 벌이는 프로그램에서는 그런 안정감도 여유도 찾아볼 수가 없죠. 한 사람에게 할당된 시간이 고작 몇 분도 안

	되는 경우가 허다한데 그 짧은 시간 안에 웃겨봐, 이런 스타일은 저에겐 너무 힘든 일이에요.
제인	맞아요. 시청자 입장에서도 그런 방송을 보고 싶은 건 아니거든요. 예전에 Oasiz(미츠우라 야스코와 오오쿠보 카요코로 구성된 개그 콤비) 두 분이 나누신 대담 내용 중에 기억나는 부분이 있는데요. 작품 홍보차 예능 프로그램에 남성 배우가 출연했어요. 그러면 함께 출연한 여성 개그우먼들, 이른바 직업적 못난이 캐릭터들이 남성 배우에게 '멋있다!'를 연발하면서 다가가면 남성 배우가 정색하고 선을 그어 버리는 그런 개그가 여성 개그우먼들에게 주어진 임무 같은 거였죠. 남성 배우를 돋보이게 해주는 하나의 도구 같은 느낌이랄까요. 그런데 만약 여성 개그우먼들이 그런 역할을 거부하면 더 이상 방송에서 섭외가 되지 않게 된다는 말씀을 하신 적이 기억나거든요. 방송의 재미를 위한 컨셉이긴 하지만 보는 입장에서도 썩 유쾌한 상황은 아니죠. 못생긴 여자는 자기 분수도 모르고 잘생긴 남자에게 들이대고, 잘생긴 남자는 못생긴 여자에게 함부로 대해도 된다는 것을 전제로 해야만 가능한 이야기이니까요. 세상 모든 남자들이 자기 스스로를 잘 생기고 멋진 남자로 생각하는 건 아닐 텐데 그런 개그를 보며 깔깔 웃을 수 있을까 싶기도 하거든요.
미츠우라	아예 작정하고 전혀 새로운 예능 스타일로 바꿔 볼 수 있다면 좋을 것 같아요.
제인	시대에 역행하는 감정을 느끼지 않는 새로운 개그를 보고 싶다는 생각이 드네요.

제자리를 찾고 나서
비로소 자아가 탄생했다

미츠우라   어쨌든 요즘은 무엇보다 '욕먹지 않게'가 가장 중요한 시대이니까요.

제인   미츠우라씨가 직업적 못난이 캐릭터로 시청자들에게 웃음을 준다 해도 그것이 미츠우라씨의 인간으로서 가치를 떨어뜨리는 것이 아니라면 문제없다고 생각하는데요. 사실, 말이 쉽지 어려운 문제잖아요. 어떻게 하면 그런 경지에 오를 수 있을까요?

미츠우라   시청자들이 개그를 보고 웃어주면 되는 거 아닌가 생각해요. 개그맨 스스로가 시청자들의 반응을 즐기고, 보는 사람도 웃기면 그냥 웃으면 되는 거잖아요.

제인   아! 알겠다. 어디까지나 개그맨 본인의 문제이니 당사자도 아닌 시청자들이 개그맨 걱정까지 해 줄 필요가 없다는 말씀이시군요.

미츠우라   맞아요. 다들 프로 의식을 가지고 활동하고 있으니까요. 그렇지만 뒤에서 못생겼다고 험담하는 걸 들으면 솔직히 속상하긴 해요. 모순되죠?

제인   그거야 당연하죠. 무대 위에서나 못난이 캐릭터를 연기하는 것이지 무대에서 내려왔을 때까지 그런 소리를 들을 이유는 없죠. 미츠우라씨의 직업적 못난이 캐릭터가 많은 분들의 공감을 얻고 있는 것은 '말로 상대방을 꼼짝 못하게 할 수 있는 자존감 강한 못난이' 캐릭터이기 때문이라고 생각해요. 못난이 역할은 하되 타인이 자신의 영역에 함부로 발을 들이지 못하게 하는 강력한 포스가 느껴지거든요.

	할 말은 꼭 하시는 것도 그렇고요. 요즘은 특히나 사회 생활하시는 여성분들이 많잖아요. 그런데 그분들 중에는 자신의 역할을 수행하는 와중에 누군가 자신의 영역에 함부로 들어와 간섭해도 말못하고 혼자 힘들어 하는 분들도 많이 계시거든요.
미츠우라	그렇다면 저는 그런 여성 분들을 위해 '잔 다르크'가 되어야 하겠어요.
제인	그거 좋은데요.
미츠우라	다들 나를 따르라~
제인	바로 이런 게 미츠우라씨를 보고 있으면 기분이 좋아지는 이유라고 생각해요. 남자들 중에도 한바탕 크게 웃고 끝나는 개그보다 곱씹을수록 웃겨서 자꾸만 피식거리게 되는 그런 잔잔한 개그를 좋아하는 사람들도 분명 있을 거구요.
미츠우라	요즘 들어 생각이 드는 건데요. 뭔가 개그를 할 때 의식과 무의식이 일치되는 순간이 있는 것 같아요. 의식적으로 웃기기 위해 재미있는 대사를 짜내려고 머리를 막 굴리거든요. 그러다 저도 모르게 저의 마음과 일치되는 순산이 있는데 바로 그때 재미있는 개그가 나오는 것 같아요.
제인	아, 뭔지 알 것 같아요. 영혼이 담긴 개그라고 해야 할까요?
미츠우라	맞아요. 아무리 웃긴 개그를 쏟아내도 초조함이 느껴지면 재미있게 느껴지지 않죠. 반대로 엄청 화가 난 사람이 흥분한 나머지 발음도 꼬이고 뭔가 말 실수를 해요. 그 사람은 웃기려고 의도한 것이 아닌데 보는 저희는 웃음이 나오잖아요. 이제껏 어떻게 하면 웃길 수 있을까를 고민하면서 대사를 짜고 상황을 어떻게 연출할지를 주로 생각했었는데요. 이제는 어떻게 하면 나의 의식과 무의식을 일치시킬 수 있을지에 대해 많이 생각하게 되더라구요.

제인	그건 스스로가 솔직해져야만 가능한 일인 것 같아요. 그런데 늘 솔직하기는 쉽지 않은데 어떠세요?
미츠우라	제 성격상 거짓말을 못 하거든요. 제가 아무렇지 않게 거짓말을 할 수 있는 성격이었다면 아마 지금쯤 어딘가에서 크게 한 자리 하고 있지 않았을까 싶어요. 어떤 상황에서도 유연하게 대처할 수 있는 최강의 무기잖아요.
제인	최강의 무기, 바로 그거네요.
미츠우라	네. 안타깝게도 저는 가지고 있지 않지만요.
제인	그렇군요.
미츠우라	처음 방송을 시작할 때는 주어진 역할에만 충실하면 되는 줄 알았어요.
제인	그러다 자리가 잡히기 시작하면서 조금씩 자신을 나타내기 시작하신 건가요?
미츠우라	네. 자아가 싹을 틔우면서 그때부터 스스로를 나타내기 시작했다 해야할지, 음… 자연스럽게 조금씩 드러난 것이 아닌가 생각해요.
제인	그 말씀은 의식적으로 자신을 드러낸 건 아니라는 말씀이시군요.
미츠우라	네. 제 스스로가 의식적으로 그런 건 아니었어요. 그래서 처음에는 제 자신이 드러나 있다는 것도 인지하지 못했죠. 그러다가 제 개그를 보고 시청자들이 웃지 않고 연출가 조차도 고개를 갸우뚱거릴 만큼 제 개그가 재미없다는 소리를 듣게 되었을 때 '난 예전이나 지금이나 맡은 역할에 최선을 다하고 있는데 왜 그러지?' 이유를 모르겠더라구요. 이제 와서 생각해 보면 시대가 변하면서 개그 소재도 다양해졌는데 전 항상 같은 스타일로 개그를 하고 있었다는 것이 시청자들 입장에서는 식상하게 느껴졌겠구나.. 싶더라구요.

여성에게 커리어는 득이 되지 않는다

미츠우라   요즘 제가 꼭 위로해 드리고 싶은 분들이 계세요. 바로 여러 분야에 계신 최고참 여성분들, 이름하여 왕언니들 말이에요. 물론 그분들이 제 위로를 원하실지는 모르겠지만요.

제인   무엇을 하고 싶으신지 알 것 같아요.

미츠우라   네. 그래서 저 혼자 「불쌍한 왕언니들을 위한 모임」을 만들었어요.

제인   어느 분야에서든 어느 정도 연륜이 쌓이면 꼭 왕언니란 호칭이 붙더라구요. 그렇게 불리면 왠지 자녀를 다 키우고 난 중년의 전업주부 같은 느낌이 들어요. 게다가 왕언니란 단어에는 성격이 모났다, 심술궂다 이런 이미지가 세트로 따라오다 보니 말 한 마디 한 마디에 악의를 품고 있는 것처럼 오해를 받기 쉽죠. 실수에 대해 지적을 했을 뿐인데 나이 어린 여직원을 질투해서 괴롭히는 못된 왕언니가 되기도 하고요.

미츠우라   경력이 많은 사람이 손해를 보게 되죠.

제인   네. 특히 여성들은 경력이 많은 것이 득이 되지 않을 때가 많죠.

미츠우라   맞아요. 단순히 조언 한 마디를 해도 곱게 보지 않아요. 그냥 부드럽게 한 마디 했을 뿐인데 '별 것도 아닌 일로 ○○씨를 혼내더라' 이렇게 소문이 돌다가 어느 순간 보면 '○○씨를 일부러 괴롭히더라. 질투하는 거 아냐?'라고 소문이 퍼져 있기도 하구요.

제인   갱년기 히스테리 부린다 라고도 하죠.

미츠우라   무서운 왕언니 소리를 안 들으려면 하고 싶은 말도 참고, 나이 어린

	여직원들의 눈치도 봐야 하나 봐요.
제인	저도 라디오 방송을 하고 있는데요. 너무 센 언니 캐릭터로 보이지 않기 위해 조심하는 부분이 있어요. 남녀를 불문하고 여성이 강한 포지션에 있으면 거리감을 두는 사람들이 아직도 많더라구요. 그렇다고 일부러 약한 척하는 건 아니지만 항상 '난 당신을 해치지 않아요'라는 보이지 않는 신호를 보내죠.
미츠우라	네. 마치 양손을 번쩍 들고 '저 총 없어요'하는 것처럼요.
제인	맞아요. 비무장 상태라는 것을 지속적으로 알려줘야 해요. 제가 라디오 방송을 시작할 무렵만 해도 여자가 라디오에 출연해서 말하고 있는 것 자체가 마음에 들지 않는다 뭐 이런 사람들도 있었어요. 어디까지나 여성은 어시스턴트 역할에 머물러야 한다는 사고 방식에 젖어 있는 사람들이죠. 지금 저희 방송에서는 남성이든 여성이든 파트너라는 호칭을 써요. 어시스턴트라는 말 자체가 없죠. 그리고 보면 세상이 많이 변했다는 생각도 드네요. 특별한 이력도 없는 저 같은 아줌마가 월요일부터 금요일까지 라디오에 나와 떠들어 대도 항의 전화하는 사람은 없으니까요.
미츠우라	아! 파트너라고 부르는군요. 여성 파트너, 월요일의 파트너 등 다양한 응용 표현이 가능하겠네요. 음, 그런데 저는 '여성 어시스턴트인 미츠우라 야스코라고 합니다'라고 말하는 것도 괜찮은데요.
제인	어시스턴트라는 말의 의미를 제대로 이해해야만 통할 수 있을 것 같아요. 현실에서는 아직도 여성 어시스턴트라고 하면 잡일을 담당하는 아가씨 정도의 인식을 가진 사람들이 있다는 것이 좀 씁쓸하죠.
미츠우라	진짜 똑똑한 사람들은 '여성 어시스턴트인 미츠우라 야스코라고 합니다'라고 한들 그 사람을 무시하거나 차별하지 않을 텐데 말이죠.

제인	그러게나 말입니다.
미츠우라	참 어렵네요.

나이 어린 여자 후배와 어느 선까지 어울려도 될까

제인	미츠우라씨는 왠지 동성 친구가 많을 것 같아요.
미츠우라	동성 친구들이 있긴 하죠. 그런데 나이가 들면서 예전만큼 자주 보지는 못하는 것 같아요. 다들 결혼해서 아이 낳고, 서로의 생활에 바쁘다 보니 만날 기회가 점점 줄어 들었어요. 특히, 저랑은 생활 패턴 자체가 다르니까요. 밤 11시 이후에 '뭐해? 나와' 이런 연락을 받아 본지가 언젠지… 반대로 제가 그 시간에 전화하면 친구가 그래요. '애들 자니까 내일 내가 다시 전화할게'
제인	'저녁 늦게는 좀 그렇고 낮에 점심이나 같이 먹을까?' 이러기도 하죠.
미츠우라	모처럼 친구들 만나서 기분 전환 좀 할까 하다가 김이 확 새죠. 완전 짜증나요. (웃음)
제인	그럼 미츠우라씨보다 어린 연령대의 분들과는 자주 어울리시나요?
미츠우라	딱히 연령대나 성별을 정해서 만난다거나 한 사람과 자주 만난다거나 그러기 보다는 다양한 그룹의 사람들을 만나고 있는 것 같아요.
제인	고정적으로 만나는 멤버는 없다는 말씀이시네요.
미츠우라	제 나이가 마흔 다섯이잖아요. 30대 이하의 젊은 사람들 입장에서 보면 좀 짜증나긴 하겠지만 '저 아줌마는 어디든 꼭 끼여 있더라'라고

제인	생각할 것 같아요.
	40대가 되면서 젊은 여자 후배와 어느 정도까지 어울려도 될까 이런 고민을 많이 하게 되더라구요. 함께 식사를 하거나 술을 마실 때 웃으면서 즐겁게 수다를 떨거든요. 그런데 내심 이 친구가 사실 나랑 있는 것 자체가 부담스러운데 억지로 와 준 건 아닌지 눈치를 살피게 돼요. 그 다음부터는 '같이 밥 먹을까?' 이런 말도 조심스럽더라고요.
미츠우라	같이 밥 먹을 정도로 친한 사이도 아닌 사람이 마침 옆에 있는 거네요. 예의상 '같이 식사하러 가실래요?'라고 했더니 상대방도 오케이 하는 거죠. 그렇게 어색한 식사를 마치고 헤어진 다음 날 '별로 친하지도 않은데 같이 밥을 먹자는 거야. 거절하는 것도 예의가 아닌 것 같아서 따라 가긴 했는데 엄청 불편하더라' 뭐 이런 뒷말을 듣는 경우도 있잖아요.
제인	아, 나름 상대방에 대한 배려를 하긴 했는데 배려의 방향이 좀 어긋났다고 해야 할까요? 호의를 거절하는 것은 예의가 아니니, 싫지만 따라주자 이런 타입이네요. 그런데 이 사람이 이런 타입의 사람인지 아닌지는 어떻게 구별할 수 있을까요?
미츠우라	'진짜 저랑 같이 밥 먹으러 가고 싶어요? 진짜요?' 이렇게 재차 물어보면 어떨까요?
제인	에이, 누가 거기에 대고 '사실은 가고 싶지 않아요'라고 말을 하겠어요. 다들 정말 가고 싶다고 말하죠. 어린 후배가 '선배님, 언제 한 번 초대해 주세요. 같이 식사하고 싶어요'라고 먼저 말을 걸어오면 밥 한 번 사줘야겠다는 생각은 드는데 동시에 '진짜 초대해도 되나?'라며 고민이 되기도 해요.
미츠우라	맞아요. 예의상 한 말일 수도 있고, 무엇보다 제가 식사 초대를 해도

	거절하기 쉽지 않잖아요. 후배 입장에서는 뭔가 명령 아닌 명령을 받은 느낌일 것 같아요.
제인	그러니까요. 아줌마들은 아줌마들끼리 놀아야 하나 봐요.

우주 최강 아줌마 군단 증식 중

미츠우라	저는 아줌마라는 말을 듣는게 좋거든요. 뭐랄까, 기운이나 연륜이 느껴지는 단어인 것 같아요. 저도 나이가 나이인지라 주변에 아줌마들 천지거든요. 그런데 다들 보면 왜 이렇게 말들을 잘하는지, 말로는 당할 자가 없을 것 같아요.
제인	말빨로는 우주 최강이죠. 우주 최강 아줌마 군단 증식 중!
미츠우라	아줌마 집단이 너무 좋아요. 사실 아줌마들은 사방이 적이잖아요. 시댁 식구들, 남편, 잘 나가는 여고 동창, 하다 못해 옆집 아줌마, 뒷집 아줌마 등등 같은 아줌마끼리도 적이 되기도 하죠. 오랜만에 친구들이랑 만나면 '아, 어제 또 남편이랑 한판 했어' 이런 대화가 대부분이에요. '또 싸웠어?'라면서도 마치 내 이야기인 듯 감정 이입해서 듣게 되죠. 그러다 보면 뭐랄까 '아, 나만 이렇게 사는 건 아니구나'라는 안도감이 들기도 하구요.
제인	저는 '마흔 살 이상=아줌마'라고 하는 것은 그렇다 쳐도 '더 이상 젊음을 무기로 사용할 수 없다=불쌍하다'라는 것은 부정하고 싶어요.
미츠우라	자신만의 삶의 방식으로 그렇지 않다는 것을 보여주는 수밖에요.
제인	40대 여성들의 삶의 방식이 좀 더 다양해질 필요가 있어요. 이미 그런

	변화들이 보이긴 하지만요.
미츠우라	역사상 이렇게 1인 가구가 많은 적이 없었다고 하잖아요. 주변에 보면 싱글이 정말 많아요.
제인	맞아요. 게다가 자신의 인생을 즐기면서 사는 행복한 40대 싱글들도 많죠.
미츠우라	'결혼하지 않아도 충분히 행복해'라고 말할 수 있는 사람들이죠.
제인	친구들 중에는 30대에 결혼했다가 다시 싱글로 돌아온 친구들도 있어요. 도대체 어떻게 된 일일까요?
미츠우라	아마도 저희는 1900년대 모던 걸이라 불리던 여성들처럼 새롭게 등장한 신인류 같은 존재가 아닐까 싶어요.
제인	그야말로 신인류네요. 모던 아줌마라고 불러야 하나요?
미츠우라	아줌마는 남성, 여성 이분법으로는 나눌 수 없는 또 다른 성별이라고들 하잖아요. 뻔뻔스러울 만큼 남의 시선 따위는 의식하지 않는 이미지이죠. 그래서 그런가 가까이하기에는 좀 부담스러운 존재로 인식되기도 해요.
제인	맞아요. 상대하기 쉽지 않은 사람들이긴 하죠.
미츠우라	처음 만난 사람은 다가 오는 것 조차 부담스러워 하는 경우도 있잖아요.
제인	이런 아줌마 느낌의 프로그램이 있으면 재미있을 것 같지 않으세요? 저는 하루 종일 봐도 질리지 않을 것 같아요.
미츠우라	「자꾸만 보고 싶은 야스코 TV」 이런 거 어때요?
제인	하하, 좋은데요. 아침에 방송되면 더 좋을 것 같아요. 출근 준비하면서 가볍게 웃을 수 있잖아요.
미츠우라	박장대소가 아니라 나도 모르게 입 꼬리가 올라가는 그런 개그가

	좋겠어요.
제인	맞아요. 그리고 저녁에 누우면 또 생각나서 나도 모르게 피식 거리게 되는… 특별한 연출 없이 그냥 대화만 나누는 것만으로도 충분히 재미가 있을 것 같아요.
미츠우라	여자들 두 세명이 모여 두런두런 이야기를 주고받고 하는 것 자체가 정말 즐거운 일이죠.
제인	오늘 대화를 나누면서 느끼게 된 것인데요. 미츠우라씨는 처음 데뷔하셨을 때에만 해도 남성 시청자들이 재미있게 느낄 만한 역할들을 주로 해 오셨잖아요. 그러다가 남성 중심의 개그계 불합리성을 느끼고 거기에서 벗어나 여성 개그우먼만이 할 수 있는 자신만의 개그 스타일을 만들어 내셨다고 생각하거든요. 그렇기 때문에 저 같은 여성 시청자들이 미츠우라씨의 개그를 좋아할 수 밖에 없는 것 같아요.
미츠우라	네. 말씀하신 대로 벗어났죠. 남성 중심의 개그계에서요. 그 덕분에 개그계에서는 미운 털이 박히기도 했지만요.
제인	시청사 입장에서 보면 '이 사람은 자신이 소신대로 개그를 하는 구나'라는 느낌이 들어요. 자신의 뜻과 맞지 않는 일은 절대 받아들이지 않을 것 같은 그런 느낌이요.
미츠우라	그래도 돈은 벌어야 하니 가끔은 받아들이기도 해요.
제인	아! 그런가요? 제가 보기에는 돈 때문에 하기 싫은 일을 할 것 같은 분은 아닌데 말이죠.
미츠우라	그래도 일하는 건 열에 아홉은 즐겁긴 하거든요. 물론 생각했던 것보다 녹화가 길어지거나 하면 짜증나긴 하지만요. (웃음)
제인	요즘 '명예 남성'이라는 말을 들어 보셨죠? 남성들이 여성에게 바라는 역할만을 충실히 수행하는, 그야말로 남성이 아닌데도 남성 권력을

	대변하는 듯한 사상을 가진 여성들을 일컫는 말이죠. 그런데 미츠우라씨는 그런 여성들과는 정반대 이시잖아요.
미츠우라	저야 뭐 영원한 처녀이니까요.
제인	하하하. 저는 어차피 시청자의 입장이라 하고 싶은 말은 다 하는 편이지만, 미츠우라씨는 그런 말씀하셔도 괜찮으시겠어요?
미츠우라	저도 뭐 공인으로서의 막중한 책임감 같은 것을 느끼면서 방송 활동을 하는 것도 아니고, 미래에 대한 원대한 계획을 품고 사는 것도 아니거든요.
제인	아니, 이시가키 섬에 가서 살겠다는 계획이 있잖아요.
미츠우라	아~~ 물론 개인적인 소소한 계획들은 있죠.
제인	주변에서 보면 남자란 말이야 자고로 한 번 하기로 마음먹은 일은 무슨 일이 있어도 끝까지 해내는 거야, 이런 말하는 사람들이 있잖아요. 마치 성공 지향적인 삶의 방식이 인생 최대의 과업인 것 마냥 말하는 사람들이죠. 그런데 저는 중간에 내려 올 수 있는 것도 용기라고 생각해요. 어차피 내 인생인데 나를 최우선으로 생각해야 하잖아요. 그래서 저는 남들이 뭐라고 하든 눈치 보지 않고, 자신의 인생을 사랑할 줄 아는 40대 아줌마들이 많아졌으면 좋겠어요. 다른 사람들에게 피해를 주자는 것은 아니지만 단지 과도한 자기 희생을 참는 것은 좋지 않다고 말하고 싶어요.
미츠우라	나이가 들수록 동성 친구는 늘어도 연인 관계로 발전할 만한 이성 친구는 만나기가 점점 어려워져요. 아무래도 나이 때문이겠죠? 주위에 저를 이성으로 보지 않는 사람들만 잔뜩 있는 것 같아요.
제인	개그우먼이라는 직업과 관련이 있지 않나 싶어요. 실제로 미국의 한 대학에서 '남성은 유머러스 한 여성을 꺼려한다'라는 연구 결과가

	나오기도 했죠. 아마도 유머라는 것은 지성과 비례하기 때문이지 않을까요? 자신보다 머리 좋은 여성을 피하고 싶은 그런 심리이죠.
미츠우라	여성이 농담을 던지는 것에 대해 '조신하지 못하다'라고 말하는 사람들도 있죠.
제인	백치미라는 말도 있잖아요. 전 뭐 어차피 사람들의 시선 같은 것은 신경 쓰지 않는 타입이긴 하지만요.
미츠우라	그래요?
제인	제가 많은 사람을 상대로 하는 그런 무대에 서는 사람은 아니니까요. 그러한 부분이 미츠우라씨와는 좀 다른 부분이죠. 매니아 층이 있다고는 생각하지만요.
미츠우라	매니아 층이 있죠.
제인	물고기를 잡을 때도 그물로 한번에 여러 마리를 잡는 법도 있지만 낚시대로 한 마리씩 잡기도 하잖아요. 그것처럼 개인의 취향에 맞는 이야기로 접근하면 좋을 것 같아요. 관심사는 저마다 다르니까요. 다만, 미츠우라씨의 행동 반경 이내에 그런 매니아 같은 사람이 있느냐가 관건이겠네요.
미츠우라	그래 봤자 결론은 남자다운 남자가 인기가 있고, 예쁜 여자가 인기가 있는 세상이지만요.
제인	미츠우라씨는 결혼을 왜 하고 싶으세요?
미츠우라	음, 한 번도 경험해 보지 못한 일이니까요. 이제껏 사랑하고 사랑받는 그런 느낌을 제대로 경험해 본 적이 없어서인지 정말 사랑하는 사람과 결혼하게 되면 어떤 세상이 펼쳐질지가 너무 궁금해요. 방금까지 같이 있었는데도 또 보고 싶은, 그런 두 사람이 매일 같이 있을 수 있다는 것 자체가 최고의 행복인 것 같아요. 그런 행복감은 다른 데서는

제인	맛볼 수 없는 거잖아요. 그래서 한 번은 해보고 싶다는 생각이 들어요. 그런데 이제 비슷한 연령대의 남자들은 대부분 짝이 있잖아요. 그렇다면 아주 연하이거나 반대로 아주 연상이거나 그런 상대를 찾아야 하는 것 아닌가요?
미츠우라	저보다 연상을 만나면 조만간 병수발을 들어야 될까 무섭네요. 아무리 그래도 사랑하는 사이인데 닭살 돋는 스킨십도 하고 싶고 그렇잖아요.
제인	그런데 40대 중반의 남녀가 만나 연애를 하다 보면 서로에 대해 필요 이상으로 아줌마, 아저씨로 보는 경향이 있는 것 같아요. 연애를 오랫동안 해 온 커플들은 별개로 보더라도요.
미츠우라	마흔 다섯도 그럴까요?
제인	상대방이 마흔 다섯 살 먹은 아줌마로 대하지 않을까요? 단지 외모가 아니더라도 어떤 사람의 아저씨 같은 부분, 아줌마 같은 부분은 비슷한 연령대의 사람들이 가장 잘 알아보더라구요.
미츠우라	아! 그런 의미이군요.
제인	물론, 연애 기간이 길어지면 그런 것은 별 문제가 아닌 것 같긴 해요. 얼마 전에 친구에게 들은 얘기인데요. 꽤 오래 솔로로 지내던 친구가 마흔 세 살에 남자 친구를 한 번 만들어 보겠다고 소개팅도 하고 막 적극적으로 그랬데요. 그러다가 '중년 남녀가 만나서 새롭게 연애를 시작한다는 것은 정말 힘든 일이더라. 넘어야 할 산이 너무 많아'라고 하더라구요.
미츠우라	우와, 친구분 능력자이시네요. 마흔 세 살에도 남자 친구를 만들겠다고 마음먹으면 만들어지는군요.
제인	마음 먹기 나름 아니겠어요? 결국 제 친구도 더 이상 비슷한 연령대의

남자 친구를 만나는 것은 힘들겠구나~ 하는 생각이 들었다고 하더라구요. 그리고는 마치 자기가 육상 선수라도 된 듯 '이제 워밍업은 끝났으니 다시 트랙으로 돌아가 볼까? 거기에 누가 달리고 있을지는 모르겠지만 어쨌든 다시 돌아가 보지 뭐' 이렇게 마음먹게 되었데요. 그러던 어느 날 친구들이랑 밤 늦게까지 놀다가 집으로 돌아가려고 롯폰기에서 신바시 방향으로 걸어가고 있는데, 30대의 젊은 청년이 말을 걸어왔다고 하더라구요. 그 청년이 지금의 남자 친구에요.

미츠우라 세상에, 그런 일이 진짜 일어나긴 하는 군요. 역시나 친구분도 연하의 남자 친구를 만나셨네요. 아, 저도 한 번 진지하게 생각해 봐야겠어요.

> ## 야마우치 마리코
>
> 1980년 일본 토야마현 출생
>
> 2008년 「여성에 의한 여성을 위한 R-18 문학상」
> 독자들이 선정한 작가상 수상
>
> 2012년 데뷔작 「여기는 심심해, 데리러 와」,
> 「아즈미 하루코는 행방불명」이 영화화 되었으며,
> 「그 아이는 귀족」 등 다수의 저서가 있음
>
> 신작 단편, 에세이 모음집으로 「우리 꽤 잘 하고 있어」가 있음

> ## 엎어지면 코 닿을 데 사는 이웃
> (ft. 도보 2분)

제인   저희가 처음 만난 게 언제였죠?

야마우치   TV Bros(일본 Tokyo News통신사에서 발행하는 TV 정보지)의 특별 기획 때 뵙게 됐죠. '평소 만나 보고 싶었던 인물을 만나러 가자' 이런 기획이었는데 제가 제인씨의 라디오 「상담은 춤춘다」의 애청자라 바로 제인씨를 만나러 가고 싶다고 했거든요.

제인   맞아요. 감사하게도 절 만나러 와 주셨죠. 제 기억에 그때 야마우치씨는 결혼을 앞두고 엄청 망설이고 계셨어요. 이 결혼을 해야하나 말아야하나, 어떻게 할지 고민하고 계셨죠.

야마우치   맞아요. 그때 제인씨가 적극적으로 등을 떠미신 덕분에 결혼하기로 결심하게 됐죠.

제인   이번 여름에 드디어 남편 분과도 만날 수 있는 기회가 있었죠.

야마우치   약간 나무 같은 느낌이 들지 않으셨나요?

제인   나무요? 차분하고 조용한 분 정도로 해 두죠. (웃음) 제가 새로 이사한 집이 야마우치씨 댁과 엄청 가깝잖아요. 걸어서 2분도 안 걸리는 것 같아요. 이사하고 얼마 되지 않아 밤에 베란다에서 친구랑 같이 스미다 강 불꽃 축제를 보고 있었어요. 그런데 누가 밑에서 '안녕하세요?'라고 하길래 내려다봤더니 야마우치씨가 손을 흔들고 계시는 거예요. 그리고는 함께 불꽃 놀이를 봐도 되냐며 저희 집으로 올라오셨죠. 저희 아저씨로 말하자면 마흔 세 살이나 되어서 남자 친구

	라는 표현이 어딘가 낯부끄러워 남들에게 소개할 때는 그냥 함께 사는 아저씨라고 부르는데 야마우치씨도 그날 처음 만나게 되었죠.
야마우치	아주 나이스 한 아저씨이셨어요. (웃음) 아저씨도 저희 남편도 참 조용한 사람들이에요. 성향은 다른 것 같긴 하지만요.
제인	저희 아저씨의 겉모습은 완전 상남자인데 말이죠.
야마우치	맞아요. 그런데 대화를 나누어 보면 완전 다른 느낌이에요.
제인	외모가 그렇다 보니 젊었을 때는 시비를 걸어오는 사람들이 꽤 있었다고 하더라구요. 참, 남자들도 힘들어요. 어찌됐든 그날 밤에는 다 같이 불꽃 놀이도 구경하고 식사도 함께 했죠.
야마우치	갑자기 쳐들어가서 죄송했어요. (웃음)
제인	아니에요. 오셔서 안마 의자도 사용해 보시고 하는 모습들이 재미있었어요.
야마우치	저희 남편도 제인씨 라디오의 애청자 이거든요. 언젠가 제인씨 커플이 최고급 안마 의자를 구입하게 된 에피소드를 들은 적이 있어요. 그래서 어떤 안마 의자인지 꼭 한 번 앉아 보고 싶었다고 하더라구요. (웃음)
제인	이사하기 전에 야마우치씨에게 동네가 어떤지, 살기는 괜찮은지 이것저것 여쭤본 적은 있어도 정확히 어디에 사시는지는 몰랐거든요. 그런데 이사하고 보니 생각했던 것 보다 훨씬 더 가까운 곳에 살고 계시더라구요. 그래서 오다가다 한 번쯤은 마주치겠지 하던 차에 지하철 역 엘리베이터에서 딱 마주쳤죠. 그때 둘 다 엄청 녹초가 된 얼굴로 '어머!' 이러면서 함께 걸어오다 '저희 집은 여기예요' '진짜요? 저희 집은 바로 저기예요'라며 엄청 놀랐었죠.
야마우치	맞아요. '시간 되시면 차 한잔해요'라고 하기에는 서로가 너무 바쁘다

	보니 길 가다 우연히 마주치면 엄청 반갑더라구요. 가까이 사는 이웃이니까 가능한 일이죠.
제인	주변에 멋진 까페들도 많더라구요. 아직 한 번도 가보진 못 했지만요.
야마우치	저는 뭔가 분위기를 내긴 했는데 어딘가 심심한 느낌의 그런 프랜차이즈 커피 전문점이 좋더라구요. 어딘지 모르게 살짝 아쉬움이 느껴지는 그런 가게들 말이죠.
제인	일부러 레트로 감성으로 꾸민 게 아니라 뭔가 어중간하게 세련된 그런 느낌 말이죠? 너무 세련되게 꾸며 놓은 가게들과는 달리 정감이 느껴지긴 하죠.
야마우치	왠지 모르겠지만 그런 가게에는 독특한 느낌의 직원들이 꼭 한 명씩은 있더라구요. 뭐랄까... 요즘 회사들의 채용 기준과는 거리가 멀어 보이는, 이력서를 내면 서류 전형에서 빛의 속도로 탈락할 것 같은, 그런 개성 넘치는 사람들 있잖아요. (웃음) 그래서인지 그런 가게에 가면 마음이 편해지는 느낌이 있어요.

연령대별로 세분화된 문화권

제인	저는 사무실이 미나토구(도쿄 23개 특별구 중 하나로 48개국의 대사관과 대기업 본사들이 위치한 곳)에 있거든요. 그래서 낮에는 오피스 빌딩이 즐비한 곳에서 지내다가 저녁이 되면 한적한 다운타운으로 돌아가는 거죠. 휴일에도 거의 모든 것을 집 근처에서 해결하는

편이고요. 그런데 요즘은 많은 업종들이 프랜차이즈화 되었잖아요. 제가 동네에서 자주 가는 편의점이든 식당이든, 사무실 근처에도 같은 체인점이 있단 말이죠. 그러다 보니 어딜 가도 특별히 다른 풍경이 펼쳐지거나 하진 않는 것 같아요. 적어도 도쿄에서는 말이죠. 그런데 분명 같은 도쿄 하늘 아래에 있는데도 무언가 이질감이 느껴지는 부분들이 있어요. 예를 들면, 거리를 지나다니는 사람들이 그렇죠. 미나토구에서는 아무래도 대사관이 많다 보니 수트 차림의 외국인들을 많이 보게 되요. 그런데 동네 공원에 산책이라도 나가면 어느 나라 사람인지 얼핏 봐서는 알기 힘든 아시아계 사람들의 무리가 보여요. 심지어 기존에 많이 보던 한국인, 인도인, 한족 출신의 중국인들과는 외모나 분위기가 또 다른 느낌의 사람들이거든요. 그리고 미나토쿠는 전 지역이 금연 구역으로 지정되어 있잖아요. 하지만 동네 공원에는 아직도 아무렇지 않게 담배를 피우는 사람들이 있어요. 이제는 같은 도쿄 내 지역이라 해도 구 별로 법률이 다르게 제정되어 있거든요.

야마우치   저는 처음 도쿄에 올라와서 근 10년 간은 중앙선(JR동일본이 운영하는 도쿄 역과 도쿄 외곽의 다카오 역을 연결하는 노선으로 중앙선 문화라는 말이 생겨날 정도로 젊은이들의 핫 플레이스들을 거쳐감) 근처에서만 살았거든요. 그때 정말 재미있게 놀았죠. 그런데 30대 중반쯤 되니까 그런 생활들이 어린애들의 문화처럼 느껴지기 시작하더라구요. 그래서 한적한 주택가로 이사를 오게 되었어요. 그랬더니 생활하기에도 너무 편리하고 안정감도 느껴져서 좋더라구요.

제인   「나니아 연대기」 같은 느낌이 들 정도로 도쿄도 지역에 따라 엄청 차이가 나죠.

야마우치	맞아요. 완전 다른 세상이죠. 이제껏 도쿄에 살면서 주로 이용하는 지하철 노선이 바뀔 정도로 지역을 이동한 건 이번이 처음이거든요. 그러면서 생각한 것이 연령대가 바뀔 때마다 그에 딱 맞는 살기 좋은 곳을 찾아 이사한다면 평생 도쿄에 살아도 괜찮겠다 싶더라구요. 연령대별 선호하는 문화권이 세분화 되어 있잖아요.
제인	맞아요. 연령대에 따라 문화가 달라지죠. 그 외에 소득이나 경제적 능력과도 밀접한 관계가 있고요. 그런 면에서 지금 살고 있는 곳에서는 꽤 오래 살 수 있을 것 같다는 생각이 들기도 해요. 야마우치 씨는 줄곧 작품에서 도쿄와 지방에 대한 이야기들을 써 오셨잖아요. 도쿄 출신과 지방 출신 주인공이 서로 다른 시선에서 바라보는 도쿄의 모습을 그린 작품들이 많죠. 「그 아이는 귀족」이라는 작품에서도 출신지가 다른 두 여성이 등장하잖아요. 한 명은 도쿄, 다른 한 명은 지방 출신이죠. 출신지가 서로 다른 두 여성의 가치관 차이, 삶의 방식 등을 통해 도쿄와 지방, 외부와 내부를 표현하고 있다고 생각해요. 그런데 야마우치씨의 고향에서는 일관제 학교(주로 사립 재단의 학교들이 운영하는 에스컬레이터식 교육 제도로 일단 입학하면 특별한 시험 없이 진학이 가능해 유치원 때부터 명문 일관제 학교에 입학하기 위한 경쟁이 치열하다. 중, 고교 일관제가 일반적이나 일부 명문 재단의 경우 유치원, 초등학교부터 대학교까지 일관제로 운영하기도 한다)에 고등학교부터 입학한 외부 학생과 초등학교부터 줄곧 그 학교를 다닌 이른바 내부생 사이의 편 가르기 같은 것은 없었나요?
야마우치	없었다고 생각해요.
제인	아! 그래요?

야마우치	애초에 제가 학교를 다니던 시절에만 해도 부잣집 애들이나 다닐 수 있는 사립학교 자체가 별로 없었어요.
제인	그렇군요. 하지만 공부를 잘 하는 학생들이 갈 수 있는 학교는 있지 않았나요?
야마우치	제 고향에 국립대학의 부속학교는 있어요. 돈 있는 사람들은 아예 유치원부터 입학을 시켜 버리죠. 그러다 보니 학생들 대부분이 지역의 유명 인사들 자녀예요. 그렇게 초등학교로 진학하고 중학교 과정이 되면 외부에서 머리 좋은 아이들이 시험을 봐서 들어오죠. 하지만 고등학교는 없어요. 왜냐하면 지방에는 명문 사립고나 사립대학이 딱히 없잖아요. 도쿄라면 초등학교부터 중, 고, 대학교까지 일관제로 운영되는 명문 사립학교들이 있지만요. 그래서 지방에서 공부도 잘 하면서 집에 돈도 있는 아이들은 지역에서 진학률이 가장 좋은 고등학교에 입학한 다음 무조건 도쿄의 대학만을 목표로 하죠.
제인	국립대학 부속의 초등학교나 중학교는 있어도 고등학교는 없군요.
야마우치	도쿄에 사는 지방 출신들은 대학교 때 도쿄에 오게 된 케이스가 많잖아요. 그러다 보니 사실, 도쿄 내에 있는 고등학교 이름이나 레벨 같은 것을 잘 모를 수밖에 없어요. 「그 아이는 귀족」을 쓰기 위해 굉장히 많은 분들을 취재했는데 특히나 도쿄 토박이 분들에게 학교에 관한 질문을 드리면 고등학교 이야기를 제일 많이 하시더라구요. 어느 고등학교 출신인지부터 고등학교 동창들과 성인이 된 이후에도 정기적으로 모임을 갖는다든지 특히, 같은 고등학교 출신이라는 소속감과 연대감이 아주 끈끈하게 느껴지더라구요. 줄곧 생활 영역이 변하지 않으니 인간 관계도 계속해서 이어질 수 있는 거죠.

야마우치   지방에서는 졸업과 동시에 인간 관계에 변화가 생길 수 밖에 없잖아요. 특히나 타 지역으로 가게 되면 지금까지의 소속감, 연대감 같은 것들은 거의 사라져 버리죠. 저 같은 경우에도 지금까지 만나는 고향 친구는 한 명 밖에 없거든요. 작정하고 동창회에 나가지 않는 한 못 만나는 게 오히려 당연한 것 같아요.

도망치고 도망쳐서 비로소 다다른 곳, 도쿄

제인   야마우치씨의 작품들을 읽으면서 흥미로웠던 부분이 있었는데요. 바로 지방에서 인기 좀 있는 소위 잘 나가는 사람일수록 절대 자기 지역을 벗어나지 않는다는 부분이에요. 오히려 그런 사람들이 원대한 꿈을 품고 대도시를 향해 떠날 것 같은 이미지가 있는데 말이죠. 솔직히, 주저없이 상경하는 사람들을 보면 대단하다는 생각이 들거든요. 고향을 떠난다는 것 자체가 쉬운 일은 아니잖아요, 익숙함을 버리고 전혀 새로운 곳으로 가야하는 두려움과 부담감이 클 텐데 말이죠.

야마우치   2차 세계대전이 끝날 무렵에만 해도 '요이토마케의 노래'(가수 미와 아키히로가 1966년에 발표해 대히트를 기록한 자작곡. 가족을 위해 헌신하다 돌아가신 친구의 어머니를 회상하며 쓴 곡으로 가난을 극복하고, 성공한 주인공 이야기가 담겨 있다) 가사처럼 가난하지만 열심히 공부해서 성공하는 이른바 개천에서 용 난 케이스가 가장 많은 상경의 이유였죠. 그리고 이때만 해도 앞서 말씀하신 것처럼 도쿄에 가서 보란 듯이 성공하겠다는 원대한 꿈을 안고 고향을 떠나는 지방의 인기 스타들이 있었죠. 그런데 저희 때는 오히려 그 시절과는 정반대로 지역에서 인기 좀 있고, 잘 나가는 사람일수록 고향에 남는 경우가 많았어요. 그리고는 남은 친구들과 차를 몰고 다니면서 정신없이 놀러 다니기 바쁘죠. 아마도 경제 발전과 함께 지방에도 그들이 만족할 수준의 문화나 유흥 시설들이 생겨났기 때문에 굳이 상경할 필요성을 느끼지 못하는 것도 하나의 이유였던 것 같아요.

제인　　마키타 스포츠(일본의 개그맨이자 뮤지션, 배우)씨도 라디오에서 같은 말씀을 하신 적이 있어요. '잘 나가는 놈일수록 자기 영역을 절대 벗어나지 않는다'라고요. 인간이란 자신이 계속해서 우위에 있을 수 있는 곳에서만 살고 싶어하는 존재라고 생각해요.

야마우치　제 경우에는 학창 시절 문화계에 대한 관심이 많았는데요, 딱히 정보를 얻거나 의견을 공유할 만한 대상이 없었어요. 그러다 보니 은연 중에 '내가 있을 곳은 여기가 아니다'라는 생각을 갖게 된 것 같아요. 대학도 당연히 타 지역으로 가야겠다고 생각하게 되었고요.

제인　　관서 지역(오사카, 교토, 효고, 시가, 나라, 와카야마로 구성된 일본 본토 중서부 지역)에서 대학을 다니셨죠?

야마우치　네. 그런데 저랑 오사카는 잘 안 맞더라구요. (웃음) 그래서 교토로 갔는데 거기에서도 그다지 일이 잘 풀리지 않았어요. 그래서 이번에는 도쿄로 가보자 결심하게 되었던 거죠. 도망치고 또 도망쳐 마침내 다다른 곳이 도쿄였어요. 만약, 도쿄도 아니다 싶으면 그 다음에는 아예 뉴욕으로 가버릴까 생각했었죠.

제인　　어떤 느낌인지 알 것 같아요.

야마우치　　도쿄 출신 중에서도 저처럼 나를 인정해 주지 않는 이곳 말고 다른 어딘가로 떠나고 싶어하는 사람들이 있잖아요. 그런 사람들은 뉴욕이나 파리처럼 아예 다른 나라로 떠나는 경우가 많더라구요.

제인　　'지금 이곳에서는 나를 이해해 주는 사람이 아무도 없어. 날 알아주는 사람들이 있는 곳을 찾아 떠나야겠어' 이런 느낌으로 말이죠. 그나저나 글을 쓰는 사람이 되겠다 결심하고, 고향을 떠나 왔다는 것 자체가 대단한 일이라고 생각해요. 엄청난 행동력이잖아요.

야마우치　　지금 와서 생각해 보면 제 자신도 정말 놀라워요. 젊은 날의 객기였다고 해야 하나요? (웃음)

제인　　저는 겁쟁이라 절대 못하거든요.

야마우치　　최근 화제가 되었던 도쿄 여성들의 인터뷰 기사를 읽어 보셨나요? 세련되고 젊은 도쿄 출신 여성들의 대담 내용이 인터넷에서 폭발적 반응을 일으켰죠.

제인　　경제적 여유가 있어 다양한 문화 생활을 즐기고, 어린 시절부터 엄마 따라 Hillside Pantry 다이칸야마(1993년 다이칸야마 Hillside Terrace에 오픈한 수제 빵과 고급 수입 식자재를 판매하는 매장)를 놀이터 드나들 듯 했을 것 같은 느낌의 여성들이었어요.

야마우치　　명문 사립학교 출신에 부모님들도 문화계의 유명 인사들이더라구요. 그렇다 보니 아무래도 일반인들의 눈에 곱게 보이진 않잖아요. 상대적 박탈감도 느끼게 되고, 그들의 말 한 마디 한 마디에 악플이 쇄도 했었죠. 제가 「그 아이는 귀족」에서 귀족이라고 일컬은 특수 계급이 도쿄에도 존재한다는 것을 아마도 대부분의 일반인들은 모르고 계셨던 것 같아요. 그러니 그들의 일반적이지 않은 모습에 충격을 받은 게 아닐까 싶어요. 실은 저도 취재하면서 부글거림을 참느라 혼난 적이 한 두 번이 아니었거든요. (웃음) 그래서 대담 내용 중에 '최고급 호텔 라운지에서 친구들과 가볍게 티 타임을 갖는다'라는 부분을 읽고 저도 모르게 무릎을 탁 쳤죠. 일반인들이 친구와 프랜차이즈 커피 전문점에서 커피 한 잔을 하며 담소를 나누듯이 귀족들은 고급 호텔 라운지에서 티 타임을 갖는다는 이야기는 취재하면서 이미 알고 있었거든요. 그런데 인터넷이라는 공개된 공간에서 그런 글을 보게 되니 '진짜 호텔 라운지에 가서 차를 마시는 구먼~'하고 다시 한 번 놀라게 되었죠.

제인 하하하, 왜 마시는구먼~ 그 부분만 사투리로 말씀하시는 거예요? 사투리 이야기가 나와서 생각난 건데요. 제가 예전에 운영했던 블로그에 도쿄에서 나고 자란, 이른바 도쿄 토박이에 대한 글을 썼다가 악플까지는 아니지만 꽤 가시 돋친 말들을 들었던 기억이 있어요. 도쿄 출신 분들 중에는 '제 얘기하는 줄 알았어요. 완전 공감' 이런 반응을 보여주신 분들도 계시긴 했지만요. 그런데 가시 돋친 말들을 쓰시는 분들 중 공개적으로 SNS 댓글이나 코멘트 형태로 글을 남긴 분은 거의 없었어요. 대부분이 개인 메시지나 메일을 보내시더라구요. 아마도 다들 그렇게 생각은 하고 있지만 입 밖으로 꺼내지 않는 이야기를 인터넷이라는 공개된 공간에서 제가 터뜨려 버린 것이 언짢으셨던 같아요. 도쿄라는 도시를 떠올리면 아주 섬세하고 민감한 그런 느낌을 많이 받거든요. 살짝 스치기만 해도 상처가 생길 듯한 어린 아이의 피부 같은 그런 느낌이요. 도쿄라는 도시의 특성 상 다양한 지역 출신들이 모여 살 수 밖에 없잖아요. 그러다 보니 도시 자체라기보다는 도쿄에 살고 있는 도쿄 밖 출신 분들에게서 받는 느낌인 것 같기도 하구요. 어쨌든 그 일이 있은 후부터 지방 출신이라는 말을 사용하는 것이 조심스럽더라구요. 그래서 글을 쓸 때 '지방에서는~' 대신에 '여러분의 고향에서는~'처럼 의식적으로 표현을 바꾸게 되었어요.

야마우치 　제 사투리로 인해 옛날 일을 기억하시게 해서 죄송해요. (웃음) 말씀하신 글은 저도 읽어보았어요. 이제까지 그 누구도 말한 적 없는 도쿄 사람들의 속마음을 엿볼 수 있어 저는 흥미롭게 읽었거든요. 도쿄 출신이 아닌 저 같은 사람에게는 새로운 사실들을 많이 알게 해주기도 했고요. 생각해 보면 당연한 이야기겠지만 도쿄가 고향인 사람들의 시각에서 보는 도쿄와 도쿄 밖에서 온 사람들이 보는 도쿄는 다를 수밖에 없잖아요. 앞서 언급하신 「나니아 연대기」 만큼이나 차이가 있죠. 「SEX and THE CITY」라는 드라마에 '뉴욕에 10년 넘게 살면 자신을 뉴요커라고 말해도 돼' 이런 대사가 나오거든요. 전 아직도 제 자신을 도쿄 사람이라고 부르기에는 낯 간지럽기는 하지만요. (웃음) 그리고 인터넷이라는 공간 자체에서도 인간적인 느낌의 소소한 이야기들이 더 공감을 받는 곳이라는 생각이 들거든요. 통속적인 콘텐츠들도 많은 관심을 받고요. 마치 고급 레스토랑보다는 집에서 입고 있던 옷 그대로 맥도날드에 햄버거를 먹으러 가는 것이 더 편하게 느껴지는 것처럼요. 그래서 트위터에 글을 올릴 때에도 서민적인 느낌, 인간미 이런 것들을 가미해서 쓰는 것이 암묵적인 룰이 되어 버리지 않았나 싶어요. 그렇지 않고 고급 지향적인 발언을 올렸다간 자칫 악플 세례를 받는 경우도 심심치 않게 있잖아요. 같은 감각을 가진 사람들끼리 하나의 집단을 형성해 가고 있을 뿐만 아니라 확실히 인터넷은 다양한 계층을 단일화시키죠.

제인	인스타그램 처럼 어느 정도 폐쇄적인 공간이라면 다르겠지만요. 인스타에서 가난한 것을 자랑하는 사람은 거의 없잖아요.
야마우치	트위터와 인스타그램은 기본적으로 분야가 다르다고 생각해요. 인스타그램에서는 예쁘면 예쁠수록 인기를 끌잖아요. 흔히 말하는 인스타 감성이 충만해야 사람들의 관심을 받을 수 있죠.
제인	깜짝 놀랐던 적이 있는데 페이스북에서는 굉장히 국수주의적인 글을, 그것도 본명으로 올리는 사람이 있더라구요. 인스타그램과 페이스북은 비교적 폐쇄적인 성격의 플랫폼이라 가능한 거겠죠.

> **지금 일을 그만둔다고 해서
> 새로운 길이 열리는 건 아니잖아**

야마우치	저 사실은, 제인씨가 말하는 도쿄에서의 계층이라고 해야 하나요. 어떠한 환경에서 자라신 분인지 살짝 알 것 같아요.
제인	네? 어떻게요?
야마우치	도쿄에서 나고 자란 사람이라고 해도 다양한 케이스가 있잖아요. 문제 많은 가정에서 자란 사람들도 있을 테고요. 그런데 제가 보기에 제인씨는 귀족 성향의 보수적인 문화 환경에서 자란 분 같아요. 그러다 자신의 정체성을 찾아 멋지게 탈출하신 그런 느낌이에요. 영혼의 탈주범 같은? (웃음) 제가 「그 아이는 귀족」을 쓰면서 참고했던 것 중에 하나가 제인씨의 작품 「여자들의 갑옷, 입었다 벗었다 매일매일이 전쟁이야」에 나오는 '야마다 아키코에 대해'라는

부분이었어요. 도쿄의 귀족 출신에 잘 나가는 여성 모델, 완벽해 보이는 주인공도 상처받지 않고 이 세상을 살아 갈 수는 없었죠. 화려한 결혼 생활도 잠시, 이혼을 하고 혼자 씩씩하게 아이를 키우는 싱글 맘이 되기까지 많은 일들을 겪게 되잖아요. 주인공 이야기를 통해 우리가 얻을 수 있는 교훈을 제인씨께서는 '출생 배경이 어떻든 간에 스스로의 힘으로 쟁취해 낸 것이야 말로 최고의 행복이다'라고 쓰셨는데요. 저도 굉장히 공감하는 부분이었어요.

제인 감사합니다. 저는 주로 에세이나 칼럼을 쓰기 때문에 기본적으로 제가 보고 느낀 것들을 쓰게 되거든요. 그런데 소설을 쓰시는 분들은 가상의 인물을 창조해 그 인물에 자신의 생각을 집어 넣어 움직이게 할 수 있다는 점이 굉장히 멋진 것 같아요. 야마우치씨는 줄곧 여성들의 자립, 사회로부터의 독립을 강조해 오셨잖아요. 「그 아이는 귀족」에서도 자칫 대립하기 쉬운 역할의 여자 주인공 두 명이 등장하잖아요. 대개 여성 두 명이 등장하면 한 남자를 두고 싸운다거나 서로 경쟁한다거나 그런 설정이 있기 마련인데 이 작품에서는 전혀 그런 모습이 보이지 않아 오히려 신선하게 느껴졌어요. 예전에 있었던 일인데요. 갓 스무 살을 넘긴 고졸 직장 여성이 "지금 하고 있는 일이 재미가 없어요"라고 하길래 "그럼 이직하면 어때요?"라고 했거든요. 그랬더니 "지금 하고 있는 일을 그만둔다고 해서 더 나은 일을 찾기는 힘들 것 같아요. 캬바쿠라(1980년대 전후로 일본에서 성매매 금지법이 생겨나면서 등장한 새로운 형태의 유흥업소) 아가씨라면 모를까" 이렇게 말해서 깜짝 놀란 적이 있어요. 겨우 스무 살, 다시 시작해도 충분히 새로운 길을 찾을 수 있는 나이인데, 마치 벼랑 끝에 서 있기라도 한 듯 '여기에서 떨어지면 내 인생은 끝이야'라고 말하는 거죠. 말도

	안 되는 소리 말라며 얼마든지 새롭게 시작할 수 있다고 강하게 조언을 했는데, 집에 돌아와 생각해 보니 '아, 그 아이 주변에는 그런 현실 밖에 없는 거구나'라는 생각이 들더라구요. 사람은 누구나 가까운 곳에서 자기 눈으로 직접 본 것에 가장 큰 영향을 받기 마련이잖아요.
야마우치	맞아요. 환경의 연쇄 작용이 인생에 미치는 영향력은 엄청나죠. 주변에서 단 한 번이라도 본 적이 없는 건 상상 자체가 불가능하잖아요. 특히, 심각한 것이 빈곤의 연쇄 작용이 아닐까 싶어요. 미디어에서도 자주 거론되면서 이제는 빈곤의 악순환 자체가 미디어의 킬러 콘텐츠가 되어 버렸죠. 그런데 사실 그러한 연쇄 작용은 가난한 사람들뿐만 아니라 부유한 사람들에게도 나타나는 현상이거든요. 하지만 정작 미디어를 통해 하류층의 빈곤 문제만 가시화되다 보니 상류층에서 일어나는 문제들은 잘 드러나지 않았던 거죠. 도쿄의 귀족이라 하면 도쿄의 사립학교에 다닌 사람들에게는 주변에서 자주 접하는 가십거리 중의 하나이겠지만 지방에 사는 대부분의 사람들은 그런 계층의 존재 자체를 모르고 있죠. 도쿄 귀족의 대표격이라 할 수 있는 사람들이 바로 세습 정치가들일 텐데요. 이번 작품에서도 현대판 왕자님으로 등장하거든요. 그리고 도쿄의 귀족 출신과 지방 출신이라는 대조적인 배경을 가진 여자 주인공 두 명이 등장하는데, 한 명은 왕자의 부인이 되고, 한 명은 내연녀가 되죠. 그런 사랑 앞에서 두 여성은 대조되는 존재들인데, 이렇게까지 대립되는 설정 속에서 그 두 여성을 싸우게 하고 싶지는 않더라구요. 거기에서 제가 여러분께 드리고 싶은 메시지를 담았죠.
제인	'여적여'라고 하잖아요. 여성의 적은 여성이라고 여성 지식인들조차 거리낌 없이 말하죠. 그런데 그런 논리 자체가 여성들의 목을 조르고

있다는 사실을 많은 여성분들이 아셨으면 좋겠어요. 남성들은 자신들의 이해 관계가 대립되는 상황에서도 남자의 적은 남자라고 말을 하진 않거든요.「그 아이는 귀족」중에 '남자들에게 있어 가장 곤란한 것이 뭔지 알아? 그건 바로 여자들끼리 사이 좋게 지내는 거야'라는 대사가 있잖아요. 읽으면서 '우와! 이런 걸 쓸 수 있다니 정말 대단한 작품이구나'라고 생각했거든요.

야마우치 　그렇게 말씀해 주시니 정말 감사해요. 사실 제 작품 전체가 여자의 적은 여자라는 생각이 틀렸다는 것을 입에 침이 마르도록 외치는 활동이라고 전 생각하거든요. (웃음) 저도 경험해 보았지만 사회는 여성들에게 남성 중심의 가치관을 주입시켜 성장하게 하죠. 그러다 보니 자신도 모르는 사이에 남성의 사고 방식이 스며들어 남성들이 좋아할 만한 여성이 되고자 하는 생각을 갖게 되고, 행동으로도 이어지게 되는 거죠. 여성 스스로가 '여성의 적은 여성'이라는 말을 하는 것도 남성들에 대한 일종의 립 서비스라고 할 수 있어요. 그런데 실제로는 그런 이데올로기 자체가 여성 본인이 인식하지 못하는 수준에 깊게 스며들어 있어요. 그 부분을 제거하지 않으면 여성들은 늘 그 자리에만 머무를 수밖에 없다고 생각해요.

제인 　'저는 특별할 것 없는 평범한 사람이에요'라고 겸손하게 말하는 사람이 일반적으로는 사람들의 호감을 얻기 쉽죠. 하지만 자신의 주장을 세상에 내놓는다거나 타인 앞에 서서 말을 하는 직업을 가진 사람들, 그 중에서도 특히 여성들은 당당하게 '전 이런 것까지 해냈어요. 제 능력이 이 정도라고요'라는 태도를 보여주는 것이 꼭 필요하다는 것을 요즘 많이 느끼고 있어요. 물론 잘난 척을 하라는 말은 아니지만요.

야마우치　남성들은 영웅 만들기를 무척 좋아하는 것 같아요. 공적을 찬양하고 동상을 세우고 싶어 하잖아요. (웃음) 하지만 여성은 앞에 나서지 않고, 뒤에서 조용히 행동하는 것이 미덕으로 여겨지다 보니 '제가 한 것은 아무것도 없어요. 모두 여러분들의 덕이죠~' 이렇게 한 발짝 뒤로 물러서게 되요. 여성 위인이 많지 않은 가장 큰 이유가 이런 것 때문이 아닐까요? 그러니 '전 이런 것까지 해냈어요', '저 여자 진짜 대단하다' 이런 어필이 굉장히 중요하다고 생각해요.

제인　인간의 상상력이라는 것이 어차피 각자의 경험을 바탕으로 한 연역과 귀납의 반복일 수밖에 없잖아요. 하지만 현실은 항상 예기치 못한 곳에서 다가오죠. 소설이든 칼럼이든, 읽는 사람들로 하여금 미래를 상상해 볼 수 있게 하는데 의의가 있다고 생각해요. 글 쓰는 사람의 사명감 같은 거창한 생각은 아니지만, 분명 읽는 사람에게는 메시지를 전달할 수 있다고 믿거든요. 야마우치씨의 작품을 읽을 때마다 굉장하다고 느끼는 것이 바로 그런 점이에요. '도쿄', '여성'이라는 굉장히 민감한 주제에 항상 정면으로 맞서 있으면서 독자들에게 끊임없이 메시지를 전달하고 계시잖아요.

도쿄의 냉혹한 판단 기준

제인　'여자들은 인생을 참 편하게 살아' 이런 말을 하는 남성들이 있잖아요. 어떻게 보면 그런 사람들이 안타깝게 느껴지기도 해요. 그들 나름대로 남의 시선이나 자신의 체면을 의식해 스스로 부족한 부분을

	숨긴다거나 남성다움을 강요받으면서 살아왔을 테니까요. 특히나 지방에서 이런 현상들이 더욱 두드러지게 나타나는 것 같아요. 남성과 여성의 차이에 지역적 격차까지 더해지니까요.
야마우치	맞아요. 아직도 많은 분들이 지방에서는 연령에 관계없이 성차별에 대한 인식이 50년은 뒤쳐져 있다고 말씀하시잖아요. 이미 나이 드신 분들의 가치관은 굳건하게 자리를 잡고 있고, 그러한 고착화된 인식에서 벗어나 구시대적 사고 방식을 깨부순다는 것도 정말 어려운 일이죠. '깨부순다'라는 표현이 부조리에 저항하고 맞서 싸운다 이런 멋진 의미로 들리겠지만 당사자 입장에서 보면 대다수의 사람들에게 무시당하면서도 외롭게 투쟁해 나간다는 의미이기도 하죠.
제인	여성의 지위도 지역에 따라 차이가 많이 나잖아요. 그 고장의 관례에 맞춰 삶의 방식을 선택하며 살아가는 사람들의 입장에서 보면 자기 멋대로, 하고 싶은 대로 자유롭게 살아가는 도쿄 여자들이 언짢게 느껴지는 것도 당연한 것 같아요. 하지만 그렇다고 해서 편 가르기를 할 필요도 없고, 그 자리에 멈춰서도 안된다고 생각해요. 이런 상황을 만들어 낸 건 우리가 아니라 사회의 구조적 문제들 때문이니 우리끼리 송곳니를 드러내며 으르렁거릴 필요는 전혀 없어요.
야마우치	맞아요. 그야말로 시스템, 사회 구조의 문제예요. 여성들끼리 서로 편 가르고 으르렁거리도록 만드는 시스템이죠. 타지마 요코(일본의 여성학 연구가이자 배우, 정치가 등 다양한 이력이 있음)씨의 「사랑이라는 이름의 지배」라는 책을 보면 이런 내용이 쉽게 설명되어 있는데요. 여성의 머릿속이 남성화되어 버리는 것도 이러한 사회 구조적인 문제에서 비롯된 것이죠.
제인	네. 남성들의 말을 필요 이상으로 마음에 두는, 마치 남성들이 조종

하는 로봇 같은 여성들도 있죠. 결국 돈이 있고 없고, 결혼을 했고 안 했고, 인기가 있고 없고 등등 수많은 기준에 의해 판단되는 차별의 냉혹함이 도쿄와 지방에서 또 다른 양상으로 나타나는 거죠. 사실, 학교의 서열화 문제도 많이 보고 듣지만 그런 문제와는 또 다른 세계인 것 같아요.

야마우치 도쿄에서 사립학교에 가려면 엄청난 경쟁률을 뚫고 시험에 합격해야 하잖아요. 그런 사람들에게 학교의 서열화는 어떤 느낌일까요?

제인 저는 유치원부터 초, 중, 고, 대학까지 붙어 있는 국립 부속 학교에서 유치원부터 중학교까지 다녔어요. 좀 씁쓸한 이야기이긴 한데, 이런 초등학교에 자녀를 입학시키는 부모들은 경제적 여유가 있으면서 교육열도 엄청 높은 편이죠. 요즘에는 있을 수 없는 일이지만 저희 때만 해도 학생 명부에 부모의 직업을 기재하는 란이 있었거든요. 부모님이 의사인 아이들이 엄청 많았던 기억이 나네요. 그리고 그런 아이들도 자라서 대개는 의사가 되더라구요. 농담으로 초등학교 동창생만으로도 종합병원 몇 개는 차리겠다 이런 말을 할 수 있을 정도로 의사가 된 동창이 많아요. 그 외에도 아버지가 유명 오케스트라의 지휘자인 아이도 있었고, 집안 자체가 문화재처럼 지정된 엄청난 집안의 아이도 있었어요.

야마우치 진짜요? 제인씨, 제가 생각했던 것보다 훨씬 높은 계층의 분이셨네요.

제인 저는 그런 그룹에는 끼지도 못했죠. 마침 집 근처에 그런 학교가 있어서 보낸 케이스라… 일본대학(일본 도쿄에 위치한 사립대학)을 중퇴한 아버지와 고졸의 어머니가 운동회 때 하는 콩 주머니에 던져 넣기 시합을 하듯 절 그냥 던져 넣었는데 들어간 거죠. 어차피 추첨 입학제라 특별한 시험이 있는 것도 아니라서 운 좋게 입학할

	수 있었거든요. 그런데 문제는 중학교를 진학하면서부터 였어요. 엄청 머리 좋은 애들이 새로 들어오기 시작하더라구요. 그래서 저처럼 학력 카스트의 최하층에 있는 학생들은 같은 부속 고등학교로 진학할 수가 없겠더라구요. 1차 예비고사에서부터 탈락될 게 뻔하니 다른 고등학교 입시를 준비할 수밖에 없었어요. 게다가 같은 중학교에 워낙 머리 좋은 애들이 많으니 제 내신 점수가 바닥을 기는 건 안 봐도 뻔하지 않겠어요? 제 점수로 도쿄 내에서 갈 수 있는 고등학교를 알아보니 이건 뭐, 선택의 폭이 너무 좁더라구요. 그래서 할 수 없이 일반 사립학교 진학을 선택하게 된 거죠. 특이한 케이스에요.
야마우치	정말 특이한 케이스네요. 저 같은 사람에게는 정말 생소한 이야기예요.
제인	그런데 사립학교도 학교마다 제각각이에요. 한번은 입시 학원에서 알게 된 사립여자중학교에 다니던 친구가 대학생들의 파티에 같이 가자고 한 적도 있어요. 믿어지세요? 남자 대학생들과 노는 조숙한 여중생이 있다는 게. 그리고 파티 당일, 약속 장소에 나가보니 가죽 자켓에 청바지를 입고 진한 화장을 한 친구가 기다리고 있는 걸 보고 엄청 당황했죠. 저도 나름 멋 좀 내보겠다고 랄프로렌 스웨터에 체크 무늬 스커트, 무릎까지 오는 양말에 로퍼를 신고 나갔는데 저를 본 친구가 엄청 실망스러운 얼굴을 하더라구요. 아마 그 친구도 제가 그 정도로 순진할 줄은 꿈에도 생각 못 했겠죠. 똑같이 도쿄에서 나고 자란 사람이라도 환경이 다르다 보니 격차가 생길 수밖에 없어요. 그런 데서 오는 소외감도 있고요. 물론 도쿄에서 나고 자란 덕분에 혜택을 받는 부분은 분명히 있긴 하지만 생각하시는 만큼 큰 부분은 아니라고 말씀드리고 싶어요.

야마우치	현실은 생각했던 것과는 많이 다르네요.
제인	그나마 고등학교는 사이타마(도쿄 북쪽에 인접한 현)에 있는 여고에 입학하게 되면서 비교적 평온하게 보냈어요. 그리고 아는 분의 소개로 하라주쿠의 한 사무실에서 모니터링 아르바이트를 한 적이 있는데요. 「Olive나 Seventeen」(일본의 여성 패션 잡지)에서 독자 모델을 할 정도의 멋진 남학생들이 아르바이트를 하고 있어서 무척 놀랐었죠. 그런 애들이 많다 보니 어디를 가나 예쁜 외모가 우대받는 현실에서 저에게는 거의 일거리가 들어오지 않았던 슬픈 기억이 있어요.
야마우치	아, 듣고 있는 것만으로도 짜증나네요. (웃음) 도쿄의 학교 사정에 비하면 제가 나온 시골의 공립학교는 굉장히 평등하고 평화로운 곳이었구나! 라는 생각이 드네요.

도쿄 사람들이 도쿄에서 느끼는 소외감

제인	따지고 보면 정해진 사람들만 앉을 수 있는 자리라고 해서 다 좋은 건 아닌 것 같아요. 공연장 맨 앞자리에 앉으려고 엄청 경쟁하지만 무대를 올려다봐야 하니까 오래 앉아 있으면 목이 아프기도 하거든요. 그러다 대학에 들어가니 이번에는 지방에서 온 친구들의 외모가 점점 예뻐지는 모습이 자주 눈에 들어오더라구요. 어디가 어딘지 앞뒤 분간도 제대로 할 수 없는 상태에서 그 친구들은 오직 행동력 하나로 자신이 있을 자리를 만들어 가는 거죠. 그런 사람들이

	도쿄 스러운 집단을 형성해 간다고 생각해요. 도쿄의 외부에서 모인 사람들이 힘을 합쳐 도쿄를 완성해 가는 거죠.
야마우치	도쿄 출신들이 그러한 도쿄 스러움에 스며들지 못하기도 하나요?
제인	꽤나 서글픈 일이죠. 자신이 태어나고 자란 곳에서 소외감을 느낀다는 것이…
야마우치	자신의 고향에서 소외감을 느낀다는 거 저도 잘 알아요. (웃음) 하지만 도쿄 출신들이 그런 의미에서 소외감을 느끼고 있을 줄은 전혀 몰랐어요. 도쿄 출신들도 자신들이 소외감을 느끼고 있다는 것을 겉으로 내색하지는 않잖아요. 만약, 자신들이 느끼는 서글픔을 표현한다고 해도 아마 그것은 자신이 나고 자란 고장의 모습이 점점 변화해 가는 것에 대한 향수 같은 것 아닐까 싶어요. 자신이 나고 자란 곳에서 재개발이 이루어질 때마다 마치 자신의 일부가 사라져 버리는 듯한 느낌일 것 같거든요. 도쿄 사람들은 줄곧 그러한 경험들을 해 오지 않았나 생각해요.
제인	게다가 도쿄 출신이니까 재개발 이후의 상황까지도 알 수 있다는 것이 당연한 것처럼 여겨지는 것도 참 힘든 일이예요. 밖에서 보는 것 만으로도 뭔가 압도되는 것 같은, 그런 호화로움이 있는 외국계 고급 호텔들이 있잖아요. 제가 어렸을 때만 해도 보기 힘들었거든요. 그러다 보니 지금도 왠지 좀 부담스럽고 몸에 안 맞는 옷을 입은 듯한 느낌이 들어서 쉽게 이용하지는 못해요. 도쿄 사람들 중에서도 일부 부유층이나 오히려 타 지역에서 도쿄로 온 사람들이 쉽게 이용하거든요. 그런 모습이 좀 부럽게 느껴지기도 해서 어느 날 블로그에 '도쿄에는 끊임없이 다른 지역의 사람들이 들어온다.'라고 쓴 적이 있어요. 그랬더니 '지방의 젊은 사람들을 죄다 진공청소기

흡입하듯 빼앗아 가 놓고는 무슨 소리를 하는 거냐?'라고 하시는 분이 계셨어요. 듣고 보니 맞는 말이더라구요. 그 분들의 시점에서는 젊은 인재들이 점점 도쿄로 빨려 들어가는 것처럼 보이겠구나! 하고 깨닫게 되었죠.

야마우치　그야말로 표리일체라고 할 수 있겠네요. 인구 비례만 봐도 한눈에 알 수 있죠. 그래도 과거에는 지방 인구가 그럭저럭 있었으니까 그에 맞게 지역 경제도 어느 정도는 활성화되어 있었죠. 그런데 지금은 옛 추억만 가득한 텅 빈 상점가와 수십 년 전에 지어진 낡아빠진 건물들만 남아 있어 안타깝게 느껴지기도 해요. 그런데 도쿄의 빽빽한 인구 밀도를 보고 있으면 왠지 피로감이 느껴지더라구요. 양극화가 갈수록 심해지고 있죠. 20대에는 내가 있어야 할 곳을 찾아 이리저리 떠돌다 도착하게 된 곳이 도쿄였다면 30대 후반이 되면서 또 다른 관점에서 도쿄와 지방을 보게 되더라구요. 어디 한 곳을 정할 것 없이 아예 인생의 거점을 두 곳에 두고 생활하면 좋겠다 싶기도 해요.

제인　맞아요. 단지 그 자리에 있다고 해서 그곳이 내가 있어야 할 자리가 되는 건 아니라는 사실을 지금의 나이가 되어서야 깨닫게 되더라구요. 스스로가 만들어 나가는 거죠. 땅 위로 머리를 내민 풀처럼 스스로가 뿌리를 내려 자신의 자리를 만들지 않으면 곧 시들어 버리거나 바람에 날아가 버리게 될 테니까요.

야마우치　장소가 아니라 사람을 놓고 본다면 도쿄와 지방의 격차도 애매해지네요. 도쿄에는 대형 쇼핑몰이 많잖아요. 그런데 그 안을 들여다보면 다른 곳에서도 쉽게 볼 수 있는 유명 프랜차이즈 점들이 즐비하죠. 오직 이곳에만 있는 특별한 가게, 이런 것은 갈수록 찾아보기 힘들어지는 것 같아요. 한 가지가 유행하면 우후죽순처럼 비슷한 가게들이 생겨나기도 하구요. 제가 도쿄에 온 시점이 딱 그런 시기였어요. 패션과 문화의 발상지 격이던 샵(Shop)들이 문을 닫기 시작하고, 그 자리를 대기업의 유명 체인들이 차지하며 전국적으로 영업을 확대해 나갔죠. 그 바람에 이제껏 도쿄에 살고 있으면서도 제가 동경하던 도쿄와는 단 한 번도 만나보지 못한 아쉬움이 있거든요.

제인   얼마 전에 홋카이도에 갈 일이 있었어요. 그런데 삿포로 역사 안에 들어가 보니 1층부터 ENOTECA(와인 샵), 록시땅, 아오야마 플라워 마켓에 스타벅스까지 입점 되어 있더라구요. 도쿄와 별반 다를 게 없었죠. 이제 '시골에 가도 Denny's(일본의 프랜차이즈 패밀리 레스토랑), 세븐일레븐 정도는 있잖아' 수준의 이야기가 아니게 되었어요. '그렇다면 도쿄에는 특별히 뭐가 있어?'라고 물어봐도 딱히 떠오르는 게 없을 정도죠. 어차피 새로운 가게가 오픈해도 2년도 채 안 되어 그 자리에 다른 가게가 들어오잖아요. 그런 것은 더 이상 아무 의미가 없는 것이죠. 세련되고 멋진 도쿄란 성냥팔이 소녀가 성냥 불을 켜서 만들어낸 잠깐의 환상과 같은 것이라고 생각해요. 역사적으로 의미가 있는 건축물 같은 것은 지방에도 많이 있는데, 도쿄에 사는 의미는 대체 뭘까? 싶은 생각이 드네요.

야마우치   쇼핑만 보더라도 도쿄에 살지만 옷은 인터넷으로 구매하잖아요.

제인   맞아요. 90년대 그야말로 도쿄의 아이콘이었던 Beams(수입, 오리지널 의류와 잡화 등을 판매하는 편집 샵)도 이제는 전국 어디를 가도 있잖아요. 70년대의 하라주쿠 사진집 같은 걸 보면 정말 부럽더라구요. 앞서 말씀하신 것처럼 '오직 이곳에만 있어요'라는 느낌이 물씬 느껴지죠. 그런 게 바로 도쿄의 아이덴티티인데 말이죠. 예전에는 영화 한 편을 보려고 해도 영화관이 있는 시내로 나가야 했잖아요. 그런데 요즘은 곳곳에 멀티플렉스 영화관이 있으니까 어디서든 영화를 쉽게 볼 수 있죠. 예전의 도쿄는 확실히 도쿄만의 오리지널리티가 있었어요. 그래서 지방 출신들이 도쿄에 발을 들이는 순간부터 환경이 확 바뀌는 것을 체감할 수 있었죠. 하지만 더 이상 그런 도쿄만의 오리지널리티는 찾아보기 힘든 것 같아요. 물론, 에도마에스시(초밥을 중심으로 한 지금의 도쿄 향토 요리), 에도 라쿠고(일본의 전통적인 이야기 예술인 라쿠고 중에서도 에도 시대에 시작된 에도를 중심으로 꾸며진 라쿠고), 아사쿠사(레트로 감성을 느낄 수 있는 다양한 볼거리들로 유명한 도쿄의 전통 관광지)처럼 옛 도쿄를 체험해 볼 수 있는 것들이 있어요. 하지만 그런 것들 또한 외부에서 도쿄를 찾아오는 사람들을 위한 관광 엔터테인먼트에 불과한 것이지 도쿄 사람들을 위한 것은 아니거든요. 게다가 상류층 Highbrow들은 그들만의 세상이 있고요.

야마우치   Highbrow라는 것은 귀족 커뮤니티를 말씀하시는 거죠? 그런 사람들은 아예 다른 세상에 살고 있는 사람들 같아요. 자신들만의 폐쇄된 공간 안에 갇혀 있는 느낌이 있어서 다가가기가 어려워요.

제인   그런 부류의 커뮤니티는 시대와 지역을 막론하고 항상 존재해 왔죠. 과거에는 다이묘(에도 시대에 넓은 영지를 소유한 권력자 무사 집안)이라던지 쿠게(일본 조정에 출사한 귀족이나 상급 관료들)가 있었고, 지금도 곳곳에 존재하고 있어요. 물론, 예나 지금이나 일반인들에게는 닫혀진 그들만의 세상이죠. 글로벌리즘이라는 말을 많이 하잖아요. 사실, 이 말이 어떤 의미인지 잘 와 닿지 않았었는데 이제는 알 것 같아요. 전 세계가 하나가 되어 도쿄도 여러 지방

	도시 중의 하나가 되는 것이죠. '전 세계의 균일화'라고 말할 수 있을 것 같아요.
야마우치	쇼핑몰에 대해 안 좋게 말하고 싶지는 않지만, 지난 일요일에 Lalaport토요스(도쿄 토요스에 위치한 쇼핑센터)에 처음 가 봤거든요. 규모도 크고, 외관도 엄청 멋지더라구요. 만약, 도쿄에서 아이를 낳게 된다면 하루가 멀다 하게 이곳을 들락날락 거리려나 하는 생각이 들어 순간 다리가 굳어지더라구요. (웃음) 분명 시골에 있는 AEON(일본 전국에 점포가 있는 대형 할인점)이랑 별반 차이는 없는데도 뭔가 공기부터가 달라요. AEON에 가면 집안 마루에 누워 있는 것처럼 나른한 느낌이 있는데 Lalaport는 고속버스터미널 앞에 서 있는 것 같은 긴장감이 느껴지거든요.
제인	Karimoku(일본의 가정용 가구 제조사)의 매장이 있느냐 없느냐의 차이 아니겠어요? 어차피 조만간 AEON에도 Karimoku 매장이 들어오겠지만요.
야마우치	결국 Karimoku도 단념하고 지방으로 진출하는 날이 오는 건가요? (웃음) 도쿄에는 여기저기 매장을 운영중인 브랜드들이 지방에는 기껏해야 현청 소재지에 한 개 정도의 매장을 내죠. 인구 비례로 따져 봐도 그게 합리적이긴 하지만요.
제인	맞아요. 수적인 차이가 분명히 있죠. 반대로 지방에서 도쿄로 진출하는 경우도 점점 늘어나고 있어요. 20년 전만 해도 도쿄에서 '세계 제일 야마짱'(일본 아이치현 나고야를 중심으로 한 이자카야 체인점)의 닭 날개 구이를 먹을 수 있을 거라고는 상상도 못 했죠. Panda Express(미국의 중화요리 체인점)도 생겼다고 하니 미국에 가야 할 이유 하나가 줄어들기도 했네요.

야마우치	그러다 보니 오히려 개인이 운영하는 로컬 상점 같은 곳들의 가치가 점점 높아져 가고 있어요.
제인	장사하시는 모든 분들이 프랜차이즈를 원하는 건 아니라는 거겠죠. 물론, 대기업 프랜차이즈라는 거대 자본을 이겨 내기란 쉽지 않겠지만요.

> **젊음도 미모도 없지만
> 인생을 즐기는 여성들**

제인	도쿄란 과연 우리에게 어떤 존재일까? 도쿄의 의미를 생각해 보는 것 그리고 여성들에게 다양한 삶을 대하는 태도를 제시하고, 그 가능성을 보여주는 것 이 두 가지가 제가 할 일이라고 생각해요. 물론, 지역에 따라 여성의 지위나 가능한 범위가 달라지다 보니 불가피하게 편 가르기가 조장되기도 하더라구요. 그렇다고 해서 그런 대립 구도에 편승해서는 절대 안 되겠지만요. 저는 마돈나를 좋아해요. 그녀에게서 마음의 위안과 격려를 많이 받는 편이죠. 지난 미 대선에서 트럼프 대통령이 당선되었을 때 사실 좀 실망스럽더라구요. 그런데 그때 마돈나가 본인 인스타에 '불이 붙었다. 반드시 되돌려주자.'라고 포스팅한 것을 보고 뭔가 제 마음을 대변해 주는 느낌이 들더라구요. '언니 고마워요~'라고 생각했죠. 사실, 마돈나는 러스트 벨트라는 명칭으로 유명한 미시건 출신이면서도 늘 여성들에게 새로운 여성상을 제시해 왔어요.

야마우치	우와, 저도 한마디 해도 될까요? 저도 얼마 전에 마돈나의 인터뷰 기사를 봤는데 현재 리스본에 살고 있더라구요. 그런데 리스본에 간 이유가 다름 아닌 아들의 축구 때문이었어요. '사랑하는 아들을 위해 최선을 다해 지원하고 있어요' 이런 내용이었죠. 물론, 아들에 대한 애정이 느껴지는 훈훈한 이야기이긴 한데 저는 왠지 좀 씁쓸하더라구요. 누군가를 위해 철저하게 내 자신을 희생하는 것이 여성들이 추구해야 할 가장 이상적인 삶의 태도로 여겨지는 사회 시스템에도 굴하지 않고, 척박한 러스트 벨트에서 연예계의 정상까지 억척스럽게 올라온 그런 마돈나조차도 결국에는 누군가를 위해 살아가는 삶을 선택했다고 생각하니 좀 씁쓸해지더라구요. 물론, 마돈나가 행복하다면 상관없겠지만요. 마돈나가 인기 절정을 누리던 80년대에는 일본에서도 비교적 여성의 입지가 꽤 강했다는 이미지가 있어요. 버블 경제 시기이기도 했고 여성들을 많이 추켜 세워주는 사회 분위기였어요. 아마도 남성들에게 경제적 여유가 있었기 때문에 가능한 일이었다고 생각해요. 남자들은 주머니가 두둑하면 여성들을 추켜 세워주는 습성이 있는 것 같아요. (웃음) 겨우 돈 때문에 여성을 대하는 태도가 이렇게 달라지나 싶을 정도로 말이죠.
제인	남성들에게 경제적 여유가 있을 때만 여성의 지위가 올라간다는 것은 외부적 요인에 의해 여성의 지위가 결정되는 시스템이라는 의미겠죠. 앞으로는 남성의 경제 상황이 어떻든 여성의 가치나 발언권에는 아무런 변화가 없는 사회 구조를 여성들 스스로가 구축해 나가야 한다고 생각해요.
야마우치	사회적 측면에서 본다면 가장 먼저 여성 구성원의 머릿수를 늘리는 것부터 시작해야 하지 않을까 싶어요. 내각의 여성 의원 비율만 보더

라도 비참한 수준이잖아요. 그리고 개인적인 측면에서는 남성에게 의지하지 않고, 경제적으로 자립하는 것이 스스로를 지킬 수 있는 가장 빠른 길이겠지만 현실적으로 그렇지 못한 여성들이 많이 있죠. 사실, 결혼 전만 하더라도 가능했거든요. 박봉에 허덕이면서도 어떻게든 스스로 생활을 꾸려 나갈 수 있었어요. 그런데 결혼이라는 시스템 안에 발을 들이는 순간, 경제적 자립과는 거리가 멀어지게 되죠. 제 주변에도 자녀가 있는 여성들, 그 중에서도 특히 지방에 거주중인 분들은 전업 주부가 많아요. 육아만으로도 벅찬데 밖에 나가 일하는 건 꿈도 못 꾸죠. 한때는 저와 페미니즘에 대해 밤새도록 이야기를 나누던 친구도 독박 육아에 지친 나머지 어느 순간부터 '아무 생각도 안하고 싶다'라고 말하더라구요. 요즘은 유일한 안식처인 방탄 소년단의 노래를 들으며 하루하루를 버티고 있다고 해요. (웃음) 그 친구를 위해 제가 지금 해결해 줄 수 있는 건 아무것도 없겠지만 다음 세대, 그 다음 세대 여성들을 위해 사회 환경을 바꿔가는 노력을 하는 것이 저희에게 주어진 미션이 아닐까 싶어요. 거기에 제가 글을 쓰는 의의가 있지 않나 싶기도 하고요. 아, 그러고 보니 저도 누군가를 위해 무언가를 하는 사람이었네요. (웃음)

제인　말씀하신 것처럼 미디어나 창작물, 공개적 발언 등을 통해 그런 사회적 환경을 만들 수 있다는 가능성을 보여주는 수밖에 없다고 생각해요. 요즘 보면 대졸의 20대 후반 젊은이들 중에는 한 달을 꼬박 열심히 일해도 월 200만원도 벌지 못하는 사람들이 꽤 있더라구요. 그런 젊은이들이 돈이 없다고 해서 자기 자신의 가능성이나 가치를 과소평가하지 않도록 기성 세대들이 무언가 가능성을 보여줘야 하지 않을까 싶어요.

야마우치	도쿄가 앞장서서 모범을 보여주면 좋을 것 같아요. 도쿄가 변하면 자연스럽게 지방에서도 변화가 일어나니까요. 먼저, 여성들의 삶의 방식이나 사고 방식에 대한 롤 모델을 제시하고 지방 지역으로 확대될 수 있도록 낙수 효과를 기대해 봐야 할 것 같아요.
제인	제가 보여줄 수 있는 것은 '특별히 젊지도 예쁘지도 않지만, 도쿄에서는 이런 여성들도 즐겁게 살아가고 있다' 정도인 것 같아요.
야마우치	충분히 임무를 수행하고 계시다고 생각해요. 지방에 살고 있는 친구가 Radiko Premium(스마트폰, 앱, PC로 라디오를 들을 수 있는 무료 서비스로 전국의 라디오 방송을 무제한으로 즐길 수 있음)으로 제인씨의 라디오를 열심히 듣고 있는 것을 보면서 '아! 제인씨의 생각이 잘 전달되고 있구나'라는 것이 느껴지더라구요. 물론, 아직 소수파이긴 하지만요. 몇 년 전에 지방의 젊은 여성들이 줄어들면서 지역 자체가 소멸될 수 있다는 통계 보고가 위기감을 조성했던 적이 있었죠. 가임 여성이 줄어드니 당연히 출산율도 떨어질 것이고, 지역 자체가 존속되기 힘들어지게 되는 것이죠. 그런 위기감이 조성되면 지방 지역에서는 '시골의 젊은 여성들을 도시로 내보내지 말자'라는 분위기가 너무나도 쉽게 형성되어 버리거든요. 사실, 그런 분위기를 무시하고 도시로 떠나버릴 수 있는 여성들만 있는 것은 아니니까요.
제인	괜찮으니까 걱정말고 도시로 나가라며 등 떠밀어 주는 분위기는 아니죠.
야마우치	2000년 전후에만 해도 지금보다 훨씬 더 여성들이 자유롭게 살아갈 수 있는 사회적 분위기가 있었어요. 몇 년간 열심히 직장 생활을 해서 돈을 좀 모으면 워킹 홀리데이를 간다거나 어학 연수를 떠난

	다거나 하면서요. 그런데 요즘은 그런 인생 코스를 계획하는 여성들을 보기가 힘든 것 같아요.
제인	젊은 사람들이 결혼 시기를 앞당기는 것도 현명한 선택이라는 생각이 들지만 인생의 여러 선택지들을 하나씩 지워 가다 보니 마지막에 남은 게 결혼밖에 없는 경우라면 좀 서글프긴 하네요. 비록, 환상일지라도 여성들에게 도쿄가 마치 노아의 방주처럼 보여지는 것도 좋을 것 같다는 생각이 들어요. '이 안은 안전하니까 하고 싶은 대로 맘껏 하며 살아도 괜찮아'라고 말해주는 것 같잖아요. 하지만 생활권이라는 의미에서 말하자면 도쿄도 하나의 지방도시이자 정령지정도시(일본 내각의 정령(政令)에 의해 지정된 20개 도시)의 하나일 뿐이거든요. 게다가 도쿄 내에서도 아직까지 재개발에서 밀려난 곳이 많이 남아 있어서 같은 도쿄 안에서도 지역적 격차가 발생하기도 하죠. 재개발이라는 것이 그곳에 원래 살고 있던 사람들을 다른 곳으로 떠나도록 하는 사업이기도 하고, 갑자기 없던 댐이 생기기도 하는 그런 것이잖아요. 그러다 보니 도쿄는 늘 예측 불가능한 카오스 상태이면서 다양한 얼굴을 가지고 있는 도시라는 생각이 들어요. 그런 게 바로 '도쿄다움'이 아닐까 싶기도 하구요. 같은 도쿄라도 후타코타마가와(도쿄 세타가야구의 지구명) 같은 곳에 저 같은 사람은 살기 힘들겠다는 생각도 들거든요… 주로 아이를 키우는 가정들이 많이 모여 사는 곳이다 보니 저 같은 사람은 괜히 눈치 보이고 주눅들 것 같아요.
야마우치	아이 키우기 좋은 지역도 아닌, 중앙선 근처 젊은이들의 문화 중심지도 아닌, Highbrow들만의 커뮤니티가 형성된 곳도 아닌 곳. 우여곡절 끝에 다다른 도쿄의 한적한 주택가는 결혼 유무와 상관없이

	한 남자와 함께 살기에 딱 좋은 곳이다 라는 결론인 건가요?
제인	맞아요. 정말 살기 좋은 곳이죠. 야마우치씨도 저도 다른 지역에서 왔지만 지금은 같은 마을에 살고 있잖아요. 평생을 이곳에서 살게 될지는 아직 모르겠지만 지금 당장 살기 좋은 곳을 확보한 것만으로도 저는 만족하고 있어요. 한 동네 이웃끼리 잘 지내 보자구요.

나카노 노부코

1975년생 뇌과학자이자 의학박사, 동일본 국제대학 교수

도쿄대학 공학부 졸업 후 동 대학원 의학계 연구과

뇌신경의학 전공 박사 과정 수료

2008년부터 3년간 프랑스 국립연구소 NeuroSpin 근무

저서로는 「싸이코패스」 등이 있음

여자들끼리의 미묘한 관계

나카노 오늘은 저희 세대의 아가와 사와코(일본의 소설가이자 에세이 작가로 방송 캐스터, 탤런트 등 다양한 분야에서 지적이면서 친근한 이미지로 일본 여성들의 많은 지지를 받음, 대표작 「듣는 힘」)라고도 할 수 있는 제인씨를 만나게 되는군요.

제인 무슨 말씀이세요. 갑자기…

나카노 평소에는 그런 말 하는 거 어렵잖아요. 친구처럼 말이죠.

제인 친구처럼이라… 듣기 좋은데요. 사실, 저희 둘 다 사람들과 쉽게 친해지거나 친구라는 이름으로 서로 간의 거리를 좁혀간다 던가 하는 것을 잘못하는 사람들이죠.

나카노 여자들끼리의 관계에서는 미묘한 무언가가 있어요. 관계의 균형이 조금만 기울어져도 서로 우위를 차지하려고 신경전을 벌이죠. 그래서 저는 오래 보고 싶은 사람에게는 오히려 어느 정도의 거리를 두는 편이에요. 평소에는 서로 부담되지 않을 만큼의 간격을 두고 있다가 힘들 때 서로 도움을 주고받을 수 있는 그런 관계가 되도록 말이죠.

제인 남성이든 여성이든 너무 가깝게 지내다 보면 분명 서로 맞지 않는 부분이 보이기 마련이죠. 그런 부분에서 상대방이 불만을 가지면 '연애하는 것도 아닌데 이런 걸로 그러냐' 이렇게 생각하게 되기도 하구요.

나카노	여자들끼리 서로 간에 지나치게 의존하는 것을 보고 있는 것도 피곤해요.
제인	'우리 그 정도로 친한 사이였던가?' 이렇게 생각하게 되잖아요. 남녀 사이로 말하자면 '어? 내가 얘랑 잔 적이 있었나?' 이런 느낌이예요.
나카노	'어, 내가 얘한테 책임질 만한 일을 했던가?'라고 말이죠.
제인	'니가 그냥 하룻밤 즐기자고 해서 같이 잤을 뿐인데' (웃음) 이런 건 꼭 남녀 사이가 아니더라도 이성애자인 동성 간에도 일어날 수 있는 일이죠. 그나저나 오늘 이렇게 나카노씨를 모시게 된 것은 사실, 그동안 저희 두 사람이 차분히 서로의 생각을 듣고 의견을 나눌 기회가 제대로 없지 않았나 하는 생각이 들더라구요. 그래서 오늘 이런 자리를 마련하게 되었죠.
나카노	LINE은 자주 했는데 말이죠. 1시간씩 대화를 주고받은 적도 있잖아요.
제인	오늘 말씀을 나누려고 생각했던 이야기들도 아마 LINE을 통해 한 번쯤은 언급했을 것 같긴 해요.
나카노	지나간 대화 내용을 다시 봐도 재미있더라구요. 예전 대화 기록이 사라지는 게 너무 아쉬워요. (웃음)
제인	나카노씨와 저는 나이는 다르지만 같은 세대잖아요. 저희 어렸을 때랑 비교하면 시대도 가치관도 정말 많이 달라지지 않았나요? 과학 분야는 말할 필요도 없을 정도로 진보했고요.
나카노	맞아요. 저희 어렸을 때만 해도 과학은 아이들에게 꿈과 희망을 심어주는 존재였어요. 그런데 지금의 현실은… 극단적인 표현으로 말하자면 연구 기관은 과학자들의 살벌한 자리 뺏기 게임의 장이 되어버렸고, 자리를 확보하기 위해 허위 데이터로 논문을 쓴다거나

하는 사람들도 있어요. 일본 과학 논문의 인용 수가 줄어든 것은 그 때문이라고 지적하는 사람들도 있을 정도예요.

제인   네. 확실하다고 믿었던 것들이 무너지기 시작하면서 혼돈에 빠져 버린 상태라고 할 수 있을 것 같아요. 앞으로도 이런 혼란은 점점 고조되어 가겠죠. 매일 새로운 것들이 등장하고 있기도 하고요. 저희 어렸을 때만 해도 듣기 어려웠던 뇌 과학 같은 생소한 분야들이 많은 주목을 받고 있기도 해요.

잘 사는 것에 대한 기준

제인   과학이 발전하면서 확실히 예전보다 많은 것을 알게 되었잖아요. 그런데 나카노씨의 책을 읽을 때마다 항상 마지막에는 커다란 의문들이 남더라구요. '그래서 앞으로 어떻게 살아가면 될까', '우리는 언제까지 이상적인 인간으로서 존재할 수 있을까' 이런 의문들 말이죠. 물론, 나카노씨는 그런 의문에 대해 '주어진 현실을 열심히 살아가는 것이야 말로 최고의 생존 전략'이라고 제시하고 있지만요.

나카노   읽는 분들이 제 글을 그대로 받아들이지 말고 스스로 생각해 보셨으면 하는 마음에 앞으로의 나아갈 방향을 일부러 제시하지 않았던 것 같긴 해요. 스스로 생각할 힘이 없는 사람은 살아가기 힘든 세상이니까요.

제인   맞아요. 지금 저희가 살아가는 시대 자체가 엄청난 과도기이죠.

나카노   불과 몇 년 전만 해도 '일본은 곧 끝날 것이다.'라고 말하는 사람들도 있었잖아요. 물론, 사람들의 불안 심리를 이용한 일종의 비즈니스이긴 하지만 그럼에도 불구하고 사람들은 불안해하고 비관적인 사고 방식을 갖게 되기도 했죠. 예전에 한 프랑스인과 대화를 나눌 기회가 있었는데요. 그분도 똑같은 말씀을 하셨어요. '프랑스야말로 끝을 향해 가고 있다'라고요. 이민자 문제에 연이어 발생한 테러 사건까지… 그래서 제가 물었죠. '그렇다면 프랑스는 진짜로 끝나는 건가요?' 그러자 그분이 '그렇진 않을 거라 생각해요'라고 하시더라고요.

제인　　끝을 향해 가고는 있지만 끝이 나는 건 아니다…

나카노　지금의 프랑스는 과도기적 단계 즉, 다음 세대의 프랑스 또는 아예 새로운 프랑스로 전이되고 있는 시기라고 말씀하시더라구요. 그 말을 듣고 정신이 번쩍 들었죠. 이제껏 일본인들에게는 그런 발상 자체가 없었구나 하는… 새로운 일본을 탄생시킨다는 발상 자체가 말이죠.

제인　　우리 사회에서는 새로운 일본을 탄생시키기 보다는 오히려 이전으로 되돌아가려는 힘이 더 강하게 느껴지는 것 같아요.

나카노　맞아요. 정말 그래요.

제인　　구태의연한 과거로 말이죠. 어차피 되돌아가는 것도 불가능한 일이지만요.

나카노　과거로 돌아가지도 못하면서 그렇다고 새롭게 변화하는 것도 거부하는 그런 분위기가 강하게 느껴지죠.

제인　　맞아요. 딱 과도기의 느낌이죠. 따지고 보면 과도기라는 것은 어느 시대에나 존재했어요. 지나고 나서야 '여기서부터 여기까지는 전국 시대(15C~16C말 전란이 빈발하던 시기를 지칭하는 시대)'라던가 '이쯤은 헤이안 시대(일본 시대 구분의 하나로 8C말~12C말경)'라고 구분 지은 것뿐이니까요. 항상 크고 작은 과도기가 반복되고 있었던 것이죠. 그렇게 과도기를 반복해오는 사이, 나이 탓인지 시대 탓인지는 모르겠지만 지금까지 기준으로 삼았던 것들이 더 이상 기준으로서 사용할 수 없게 되었음을 느끼는 순간들이 많아졌어요. 저는 어렸을 때부터 잘 사는 것을 신조로 살아왔어요. 그런데 요즘은 어떻게 사는 것이 잘 사는 것인지 잘 모르겠더라구요. 지금까지 기준으로 삼아 왔던 것들을 더 이상 적용할 수 없게 되었으니까요. 5년 전쯤이었나 초 개인주의적 시대에 접어들었을 무렵에는 기존의 기준과 새로운 기준 두 가지를 병용하는 것이 그렇게 힘들진 않았거든요. 그런데 지금은 그 두 가지 모두가 기준으로 삼기에는 맞지 않다는 느낌이 들어요. 잘 살기 위해서는 어떤 기준이 필요한지 잘 모르겠더라구요.

나카노　이제껏 기준이나 지침이 되었던 것들이 하나씩 뒤바뀌어 가는 것을 보면 그 어느 것도 쉽게 믿지 못할 것 같은 생각도 들고요. 하지만 저도 일반적인 사람의 범주에 속하지는 않아서 모두가 진실이라고 생각하는 것에서 벗어나려는 경향이 있거든요. 그런 부분에서부터 이야기해 보면 좋을 것 같아요. 모두가 인정하는 기준에 부합하지 못했을 때 주위에서 받는 압박감이 있잖아요. 어느 사회이든 자신들만의 관례나 관습에서 벗어난 사람이 있을 때 그것을 받아들일 관용이 있는 사회와 그렇지 못한 사회가 있죠.

제인　그렇죠. 최근 몇 년 사이에 관용 또는 다양성을 촉구하는 많은 움직임들이 있었죠. 그런데 한편으로 배타(排他)주의가 등장하면서 모두가 혼란스러워하고 있다고 생각해요.

나카노　모두들 '불관용은 절대 안된다', '서로 이해하고 사이 좋게 지내자'라고 입으로는 말하거든요. 물론, 기본적으로는 좋은 현상이라고

| 제인 | 생각해요. 하지만 '사이 좋게 지내자'라는 것이야 말로 불관용의 근원이 되고 있다는 것을 아무도 눈치 채지 못하고 있다는 생각이 들어요. '사이 좋게 지내자'라는 말 자체에 '내 말에 당신도 좀 따라줘'라는 무언의 압박이 들어 있으니까요. |

| 나카노 | 맞아요. 냉정하게 보일 수도 있겠지만 가장 최선의 해결책은 서로 간의 '방치'라고 생각해요. 그야말로 다른 사람 일에 참견하지 말자라는 거죠. 그런데 사실, 다들 그렇게 못 하잖아요. 그 이유가 인간의 뇌 속에 있는 사회성이라는 올가미 때문이거든요. 불교에서 말하는 '업(業)'과 같은 것이죠. '사이 좋게 지내자'라는 말을 뒤집어 보면 모두의 화목함을 어지럽히는 사람, 그런 화목함에서 벗어난 사람을 절대 용서하지 않겠다는 폐쇄성이 표출된 것이거든요. 실제로 인간에게 동료 의식을 높이기 위한 호르몬을 투여하면 규칙에 따르지 않는 사람에 대한 공격적 성향이 강해지는 것을 볼 수 있어요. 다시 말해 동료 의식과 더불어 아웃사이더들에 대한 배타심 또한 높아진다는 것을 알 수 있죠. '관용적인 사람이 되자'라는 슬로건을 내세울수록 오히려 그것이 불관용의 원천이 되어버린다는 것은 생각해보면 참 무서운 일이 아닐 수 없죠. |

나는 왜 집단에 흡수되지 못하는가

| 나카노 | 사실, 저처럼 집단에서 일탈하기 쉬운 사람에게 동료 의식이 높은 집단은 엄청난 공포의 대상이에요. 저는 애초에 누군가와 동료가 |

	되는 것 자체를 피하는 성격이라 겪어보지는 않았지만 동료 의식이 높은 집단일수록 집단 따돌림, 괴롭힘 문제가 심각하죠. Hate Speech가 공개적인 혐오 발언 수준에서 폭력, 테러까지 일어날 정도로 과격화 되어 가는 것도 같은 현상이라고 볼 수 있겠죠. 그러한 시선들이 집단 내의 아웃사이더가 아닌 집단 밖으로 향해지게 되면 최악의 경우 전쟁으로까지 이어지게 되는 것이고요.
제인	동료 의식과 배타심은 한 세트라고 할 수 있겠네요.
나카노	동조 압력이 강해지는 것은 '동료 의식을 높이지 않으면 살아갈 수 없다'라는 환경적 압력이 강해질 때 많이 나타나요. 재난 피해를 입었다거나 모두가 한마음 한뜻으로 이겨내야 할 국가적 위기에 처했던 시절처럼 말이죠. 그런 때가 아웃사이더들에게는 가장 힘든 시기가 아닐까 싶어요. 저도 종교적으로 엄격한 집안에서 자랐기 때문에 동조 압력이 얼마나 힘든 것인지 잘 알거든요.
제인	아, 그러셨군요.
나카노	모난 돌이 정 맞는다는 말도 있듯이 사실, 모두에게 맞추는 편이 훨씬 편하게 살아갈 수 있는 길이잖아요. 조직 내에서도 훌륭한 사람으로 평가받을 수 있고요. 그런 것을 머리로는 이해하는데 막상 행동으로 옮기는 것은 잘 못하겠더라구요. 그래서 '왜 남들은 아무렇지 않게 받아들이는 것을 나만 못할까?', '왜 나만 집단에 완전히 흡수되지 못할까?'에 대해서 많이 고민을 했었죠.
제인	완전히 흡수되지 않았기 때문에 자신의 정체성을 확립할 수 있게 된 것이 아닐까요? 남과 다르기 때문에 가능한 일이잖아요.
나카노	중학생 시절 어떤 소설책에서 '내가 미쳤다고 말한다면 당신도 미쳐 있는 거야. 시대가 미쳐 있으니 멀쩡한 놈들도 모두 미친놈으로

보이거든' 이런 취지의 문장을 읽고 엄청 공감한 적이 있었어요. 어느 쪽이 진짜 미친 건지 사실 알 수는 없잖아요. 누구나 남들이 만든 기준에 맞추지 않고 살아갈 수 있다면 그거야말로 가장 좋은 사회이지 않나 생각하거든요. 가만 보면 저는 제가 아웃사이더라는 이야기를 약간 농담처럼 말하잖아요. 약자로 보이는 편이 이득이 되는 부분도 분명 있고요. 하지만 그렇다고 해서 주변 사람들에게 맞추면서 살아야겠다고는 별로 생각하지 않아요.

제인　　　관용과 불관용 그리고 다양성. 이러한 다양성을 수용하는 태도로써 서로 방치해야 한다는 생각에 동의해요. 그런데 문제는 자신이 간섭할 수 없는 대상에 대해 애착을 가질 수 있느냐…인거죠.

나카노　　음, 애착을 갖기 어렵겠죠.

제인　　　간섭할 수 없는 대상에 대해서는 개인의 책임이라는 명목 하에 '난 몰라, 네 일이니까 네가 알아서 해'라며 내쳐 버리기 쉽잖아요. 물론, 내쳐 버린다는 것도 어떻게 보면 관심의 일종이라고 할 수 있겠지만요. '간섭하지 않는다'와 '사회가 지켜주고 도와준다' 이렇게 두 가지를 한 세트로 묶는 것이 참 어려운 일이죠.

나카노　　한 세트로 묶게 되면 그로 인해 도움받은 사람들에 대해 배척하는 분위기가 생겨버리니까 일본에서는 아마 상당히 어려운 일이라고 생각해요. '저 사람 뭔가 속임수 쓰는 거 아냐?'라는 식의 의심이 만연해지기 쉬우니까요.

제인　　　그게 바로 일본의 특징이라고 나카노씨가 말씀하셨었죠. 몇 대가 함께 사는 대가족, 종신고용 등 장기적인 인간 관계가 지속되는 사회에서는 모두에게 맞출 수 있는 능력이야말로 생존 전략에서 우위를 차지한다고 말이죠.

나카노	사회에서 개개인의 생존뿐만 아니라 배우자를 판단하는 기준으로도 사용되죠. 예를 들면 '저 사람이라면 직업도 안정적이고, 평판도 좋으니 우리 딸을 시집 보내도 되겠어' 이런 식으로요.
제인	생존을 위해 요구되는 능력 또한 급속도로 변해 온 것 같아요. 과거에는 대학을 졸업하자마자 신규 채용으로 입사한 회사에서 정년까지 다니는 것이 능력이었던 시대가 있었어요. 하지만 그렇게 미래를 보장해주는 것이라 여겨지던 것들도 엄청난 속도로 변화를 겪게 되었죠.
나카노	이미 고학력, 좋은 학벌이 더 이상 여유로운 삶을 보장해주지 않는 시대가 되어버렸잖아요. 과거에 중요시 되어 왔던 것들이 점점 붕괴되어 가고 있어요.
제인	생존 전략이라던지 여기저기서 그럴듯한 말들로 이러한 상황을 설명하고 있지만, 정작 본질에 대한 설명보다는 단어 자체만 둥둥 떠 있는 듯한 느낌이 들어요.
나카노	아마도 요즘은 트위터 같은 공간에서 갑론을박이 이루어지다 보니 말의 깊이나 설득력이 떨어져서 그런 느낌을 받게 되는 것 같아요.
제인	어떤 단어에 대해 정의를 내리기 어려워 고민하고 있을 때 '이건 이런 거야'라고 딱 정해주는 사람이 등장하면 그 사람이 그렇게 대단하게 보일 수가 없어요. 그래서 무언가에 대해 한치의 망설임 없이 '이건 이거다'라고 단언할 수 있는 사람은 많은 사람들에게 호감을 얻기 쉽잖아요. 왜냐하면 스스로 생각하고 결정하는 것보다 남에게 의존하는 게 훨씬 편하거든요.

스스로 생각하지 않으면
살아가기 힘든 시대

나카노　　말씀하신 것과 관련해서 '인지 부하 이론'이라는 게 있어요. 우리 뇌는 엄청나게 자원을 소비하는 기관이라 사실 평소에는 그다지 사용하고 싶어 하지 않거든요. 실제로 1.5킬로그램 정도밖에 되지 않고, 크기도 그리 크지 않죠. 체중 전체로 따지자면 2~3% 정도에 불과해요. 예를 들어, 어떤 회사에서 전체 인원의 2~3% 정도만 할당된 작은 부서가 있는데 그 작은 부서가 회사 예산의 1/4을 사용하고 있다면 다들 어떻게 생각할까요? 아마도 예산을 너무 과하게 쓰고 있으니 할당 예산 비율을 줄여야 한다고 생각하겠죠. 아예 그런 부서는 없애 버리는 게 좋겠다고 생각할 수도 있고요. 아니면 평소에는 다른 일을 하다가 필요할 때만 다시 그 부서에 모여 일을 하는 방법도 있을 것이고, 그렇게 절약한 예산을 다른 곳에 사용하면 좋을 텐데…라는 생각이 들지 않을까요?

제인　　당연히 그런 생각들이 들죠.

나카노　　그게 바로 '뇌'인 거예요. 뇌를 많이 쓰게 되면 쉽게 피곤해지니까 평소에는 별로 사용하고 싶지 않아 하는 거죠.

제인　　'사용하지 않아도 된다면 사용하고 싶지 않다'라는 거네요.

나카노　　뇌는 자고 있는 상태에서도 60% 정도가 활동을 해요. 우리 몸이 쉬고 있을 때조차도 산소나 포도당을 엄청나게 소비하고 있죠. 그런데 예를 들어 '주말에 어디 갈까?' 이런 의사 결정을 강요당한다면

	뇌 입장에서도 짜증이 나지 않겠어요? 뇌를 60%~100%까지 사용해야만 되는 순간이 왔을 때 과부하를 느낀 뇌가 '날 좀 가만히 내버려 둬!'라고 짜증을 내게 되거든요.
제인	아하하. 그래서 다들 그렇게 짜증을 내는 거였군요. 매 순간순간 판단을 강요받고 있으니까요.
나카노	'오늘 점심 뭐 먹을까?'라던가...
제인	아! 정말 귀찮죠. 특히나 피곤할 때는 결정이고 뭐고 아무것도 하고 싶지 않잖아요.
나카노	스스로 머리를 쓰고 싶지 않으니까 '이건 이거다'라고 결정해 주는 사람의 의견에 쉽게 따라가게 되죠.
제인	하지만 자신 주변의 모든 것들이 하루가 다르게 변해 가는 것을 보면서 무작정 다른 사람의 결정을 따르는 것에 불안함을 느끼게 되는 거죠.
나카노	본질을 이해하지 못한 채 그대로 받아들이며 사는 것은 더 이상 불가능한 일이 되어버렸어요. 본인의 주관 없이는 살아가기 힘든 세상이 된 것이죠.
제인	'스스로 생각하고 결정한다'라면 뇌에 엄청난 과부하가 걸리겠는데요. 불안함 때문에 보험을 들어 놓는다고 해서 안심할 수 있는 것도 아니고요.
나카노	극단적인 얘기로 보험회사 자체가 망해버릴 수도 있죠. 그리고 국산 브랜드에 대한 신뢰와 애정을 가지고 있던 사람이 회사에 취직을 했는데 어느 틈엔가 그 회사가 중국 회사에 인수되는 일이 일어나기도 하니까요. 이런 시대일수록 불안 심리를 이용해 알기 쉬운 말로 대중들을 현혹하는 정치가들이 가장 무서운 것 같아요.

제인	강력하게 시선을 잡아 끌면서 쉽게 이해할 수 있는 것들이 많은 사람들에게 호감을 불러일으키는 시대가 된 거죠. 요즘뿐만 아니라 예전에도 분명 이런 분위기는 존재했겠지만요.
나카노	미국 대선에서 트럼프 후보가 당선되었을 때 저한테 한탄의 메시지를 보낸 거 기억나죠? 미국이 앞으로 어떻게 되려고 그러나…라고 보냈잖아요.
제인	맞아요. 뭐가 그렇게 마음에 들지 않았냐 하면요. 어차피 일본은 대개 몇 년 후에는 미국을 그대로 따라갈 거란 말이죠. 지금까지 늘 그래 왔던 것처럼요. 그건 다시 말해 미국에서 어떠한 사회 문제가 발생하게 되면 결국 일본에서도 같은 문제가 발생하게 된다는 뜻이거든요.
나카노	종전 후의 일본은 일본이라는 국가 자체라기 보다는 미국이 극동 아시아에 세운 디즈니랜드 같은 곳이었어요. 그러다 보니 미국을 그대로 따라가는 것을 당연하게 받아들였던 거구요.
제인	일본과 미국은 엄연히 다른 국가인데 말이죠. 그러니까 앞에서 말한 대명제 '그럼 앞으로 어떻게 살아가야 할까'를 깊게 생각해 봐야 될 시점인 것 같아요.

인간은 쓸모 있는 것만 추구하는 존재가 아니다

나카노	생각하는 것을 좋아하는 사람일수록 앞으로 다가올 세상에 잘 적응할 수 있다고 생각해요. 가치라는 것도 점점 변해 가니까요. 어떤

	현상이든 다양한 관점에서 접근하고, 받아들일 수 있는 사람일수록 세상을 보다 즐겁게 살아갈 수 있을 거라 생각해요.
제인	맞아요. 그런 능력을 갖추지 못하면 정말 살기 어려운 세상일 거예요. 그런데 그런 능력은 후천적 노력으로 얻을 수 있는 것일까요? 과거와 달리 유래없이 빠른 속도로 변화하고 있는 가치관에 적응하고 받아들이는 데에는 사고의 유연성과 열린 마음을 가질 필요가 있어요. 동시에 나카노씨의 책에도 나와 있는 내용입니다만 생존에 꼭 필요한 요소가 아니더라도 그 가치를 발견하고 의미를 찾아내는 것이 중요하다고 생각해요. 이를테면 예술이나 순수 과학이 그렇죠.
나카노	과학은 무엇을 위해 존재하는가? 과학자라면 한번쯤 고민해보게 되는 질문인데요. 대학원생 시절에 저 또한 교수님과 이것에 대해 토론을 했던 기억이 있어요. 의학이나 과학 분야의 연구는 전기의 발명 또는 신약 개발처럼 인간의 삶에 도움이 되는 것이라고 대부분 생각하잖아요. 그런데 소립자 물리학이라든지 우주의 끝은 어떤 모습일까? 같은 연구는 인간의 삶에 직접적인 영향을 미치지 않지만 인간의 지적 호기심을 충족시켜주는 흥미로운 분야이죠. 2015년에 노벨 물리학상을 수상한 카지타 타카아키씨의 스승이신 토츠카 요지 선생님이 생전에 지금의 Super Kamiokande(일본에서 만들어진 말로 일본 기후현 카미오카 광산 지하에 건설된 양자 붕괴 실험 장치)의 연구 발표 자리에서 '이 연구가 대체 인류에게 어떤 도움이 되는 겁니까?'라는 질문을 받은 적이 있다고 해요. 그 질문에 대해 토츠카 선생님께서는 프레젠테이션 슬라이드에 우문(愚問)이라는 두 글자를 적으셨다고 하더라구요.
제인	'도움이 된다 안된다'로 과학을 판단하지 말아라.

나카노	인간은 쓸모 있는 것만을 추구하며 살아가는 존재는 아니란 말이죠.
제인	맞아요. 인간의 착각일 수도 있겠지만 인간은 동물과 달리 발전적 사고와 상상력을 가지고 있잖아요.
나카노	'인간은 즐거움을 추구하며 살아가는 존재이다' 앞서 말씀드렸던 대학 시절 교수님과의 토론에서는 그렇게 결론을 내렸었죠.
제인	인간은 근원적으로 '즐기고 싶다'라는 생각을 가지고 있으니까요.
나카노	도파민을 분비시켜 인간으로 하여금 '즐겁다, 행복하다'는 감각을 느낄 수 있게 해주는 것 자체가 감사한 일이죠. 물론 돈이나 안정감, 이런 것들이 인생에 있어 굉장히 중요한 건 사실이지만 그런 것들이 살아가는 이유가 된다면 본말이 전도된 것이죠.
제인	'즐겁다'가 세계적으로 통용되는 가치가 되는 시대가 된 거죠.

미지의 길에 선 아웃사이더들의 반전

나카노	범용 AI(인공지능)가 개발되면 즐거움의 가치는 더욱 높아질 거예요. 왜냐하면 인간의 감정과 관련된 부분들을 AI가 충족시켜 줄 수는 없으니까요.
제인	그 부분에 대해서도 이야기를 나눠보고 싶었어요. AI로 절대 대체할 수 없는 일이 무엇일까 생각해보면 아침 일찍 회사에 나와 AI 전원을 켜는 관리인? (웃음) 아니면 예외적인 상황이 많아서 AI로 하여금 학습시키기 어려운 그런 일들이 아닐까 싶어요.
나카노	앞으로는 인간의 감정을 충족시켜 준다거나 AI가 하지 못하는 일을

	찾지 못하면 인간이 생계를 유지하기 힘든 세상이 될 거예요. 분명 인간이 할 수 있는 대부분의 일을 기계가 대신하는 세상이 될 것이고, 기계로 가능한 업무라면 인간은 기계를 절대 이길 수 없을 테니까요.
제인	AI가 할 수 없는 일이라는 것은 앞에서 언급한 집단에 흡수되지 못하는 아웃사이더들의 이야기와 비슷한 것 같아요. 이제껏 소외되어 온 사람들에게 유리하다고 할 수는 없더라도 분명 그들에게도 새로운 기회가 찾아올 수 있을 거라는 생각이 드네요.
나카노	에이, 제가 마지막에 말하려고 했던 것을 제인씨가 먼저 말씀하시면 어떡해요? (웃음)
제인	네??
나카노	이 자리를 빌어 처음으로 확실히 말씀드리는 건데요. 아웃사이더라는 것이 실은 가장 유리한 위치에 있다는 의미이거든요. 나 혼자만 대열에서 밀려 나온 사람이라고 자학적으로 말하지만, 실은 아웃사이더야 말로 마지막까지 살아남아 번영을 누릴 존재라고 전 생각해요. 인류 진화의 역사를 거슬러 올라가 보면 알 수 있죠. 먼저, 아프리카의 이야기부터 시작해 볼까요?
제인	우와, 엄청 기대되네요.
나카노	그 옛날 우리 선조들은 숲에서 생활을 했잖아요. 그런데 '아, 이제 나무 열매는 질렸어'라며 숲을 벗어나 위험한 야생 동물들이 곳곳에 숨어 있는 사바나로 사냥을 나서는 아웃사이더들이 있었단 말이죠. 그리고 이번에는 풍요롭고 비옥한 아프리카에 만족하지 않고, 어렵게 사냥으로 얻은 짐승의 가죽과 털로 옷을 만들어 입지 않으면 버틸 수 없는 혹한의 유럽으로 발걸음을 옮기게 되죠. 여기서 끝나느냐… 이번에는 바다를 건너 혹은 사막을 건너고 높은 산을

	넘어 더 멀리 가려고 했죠. 배우자를 얻지 못했다거나 또는 집단에 흡수되지 못했던 사람들. 요컨대, 인류의 역사는 그러한 아웃사이더들의 역사였다라고도 할 수 있겠죠.
제인	미지의 길에 선 아웃사이더들이 새로운 길을 계속해서 개척해 주었기에 인류가 발전할 수 있었다는 거네요. 거기에 누군가의 희생은 꼭 필요 했겠지만요.
나카노	네. 분명 희생당한 사람들이 있었죠. 하지만 사람은 누구나 언젠가는 죽게 되잖아요. 바다를 건너 대륙을 발견해 새로운 삶을 이어간 사람들은 자손을 남겼겠지만 희생당한 사람들 또한 어떠한 형태로든 다음 세대를 위해 공헌을 한 게 아닐까요? 그들이 없었다면 지금 우리가 이 자리에 있을 리 없잖아요. 그러한 역사의 후예이니까 아웃사이더들에게도 분명 다양한 기회가 열려 있다고 생각해요.
제인	과연, 그렇군요.
나카노	그런 의미에서 마이너리티의 중요성이 더 부각되죠. 인간이 이렇게나 다양성을 갖게 된 데에는 분명 이유가 있어요. 다시 과학적 이야기로 되돌아가면 단위 생식을 하는 게 훨씬 쉬운데도 불구하고, 인간이 유성 생식을 하게 된 데에는 이유가 있거든요. 바로 다양성 때문이라는 것이죠. 다양성은 인류의 생존과도 직결되는 것이니까요.
제인	아메바처럼 세포 분열 한 번으로 끝내면 쉬운데 말이죠.
나카노	맞아요. 배우자를 찾기 위해 고생할 필요도 없고, 애초에 배우자의 생식 세포 없이도 다음 세대를 이어갈 수 있잖아요. 자손을 낳는 것이 곧 신진대사의 연장선인 셈이죠. 이러한 생식 방식은 효율적이면서도 단기적으로 개체 수를 늘리기에는 적합하다고 생각해요. 하지만 이런 방법으로 번식하게 되면 작은 문제 하나로도 금방 멸종

될 위험성이 있죠. 그 이유는 바로 유전적 다양성이 부족하다 보니 외적인 환경 변화에 취약할 수밖에 없기 때문이에요. 쉬운 예로 바나나가 있어요. 지금 우리가 먹는 바나나는 씨앗이 아니라 복제로 생산되잖아요. 자칫, 단 한 종류의 병원균으로도 전체가 멸망해 버리릴 수 있다는 거죠. 인간 사회가 다양성을 잃어가고 있다는 것은 인간도 머지않아 바나나처럼 될 수 있다는 것 아닐까요? (웃음)

제인 단 한 명만 바이러스에 감염되어도 인류 전체가 멸망해 버리겠네요. 그런 의미에서 보면 다양성은 꼭 필요한 것이라고 머리로는 이해가 되거든요. 그런데 진짜 문제는 그런 다양성에 대해 우리가 어떤 태도를 취해야 하느냐인 것 같아요.

의사 결정은 기분 좋은 행위인가?

나카노 먼저 스스로가 마이너리티를 인정하는 것부터 시작해야 한다고 생각해요.

제인 뭔가 흥미로운 이야기인데요… 구체적으로 말씀해 주실 수 있나요?

나카노 많은 사람들이 자신에게 다양성이 있다는 점을 인정하지 않으려고 하죠. 왜냐하면 자신은 안전한 메이저리티의 영역 안에 있고 싶거든요. 그렇다 보니 속으로는 마이너리티를 비웃고 무시하면서도 겉으로는 인정하는 듯 말하죠.

제인 맞아요. 확실히 '내가 받아들여 줄게' 이런 태도를 취하게 되죠.

나카노 마이너리티 쪽에 있는 사람들은 '그럼 당신이 이쪽으로 오지 그래?'

	라고 생각하지 않을까요?
제인	어떤 사람이든지 다양성이라는 퍼즐의 한 조각을 담당하고 있을 가능성이 있는 거죠.
나카노	네. 그러니 좀더 스스로에 대한 자각이 필요하다고 생각해요.
제인	어떻게 하면 스스로 깨달을 수 있을까요? 저희도 '일반적으로는~, 보통은 말이야~' 이런 말들을 많이 쓰잖아요.
나카노	맞아요. 자주 쓰죠.
제인	하지만 이게 왜 일반적이고 보통의 것이지? 라고 생각하는 사람도 있다는 것을 인정하는 것이 곧 다양성을 인정하는 것이라고 생각해요.
나카노	바로 그거예요. 제가 포스트 닥터(박사 학위 취득 후 임기제 연구직)로 프랑스에서 3년간 공부하고, 귀국한 날에 지하철을 탔거든요. 그런데 지하철 안에 있는 여성들이 전부 똑같은 얼굴을 하고 있어서 소름이 돋은 적이 있어요. 이 나라가 결국 이렇게까지 획일화되었구나! 하고 깜짝 놀랐죠. 남들과 똑같지 않으면 배척당하는 무서운 나라… 그런 모습을 보니 머리 색을 남들과 다른 색으로 하고 싶다는 생각이 들어서 바로 금발로 물들여 버렸죠. 그 상황에서 저와는 반대로 남들과 똑같이 해야겠다고 생각한 사람도 있었겠지만요.
제인	같은 상황을 보고도 생각에 차이가 생기는 건 왜일까요? '여기에 속하면 위험해'라고 느끼는 사람과 '여기에 속해 있지 않으면 위험해'라고 느끼는 감각적인 인지의 차이겠죠.
나카노	그런 걸 시사하는 실험이 있긴 한데요. 실험 대상자들에게 잘못된 룰을 알려주는 거예요. 그리고 도중에 그게 잘못된 것임을 깨달았을 때 어떻게 반응하는지를 관찰해보는 실험인데요. 결과적으로 잘못된 것임을 깨닫더라도 그 룰을 그대로 따르는 사람과 자신이

생각하는 올바른 룰을 적용하는 사람 이렇게 두 부류로 나뉘는 것을 알 수 있었죠. 그런데 각각의 유전자를 분석해 보니 도파민 분해 효소의 종류가 다르다는 것이 발견되었어요. 스스로 의사 결정하는 것을 기분 좋은 행위로 생각하느냐, 아니냐의 차이인 거죠. 의사 결정을 기분 좋은 행위로 생각하지 않는 사람에게는 옷 한 벌 사는 것도 쉬운 일이 아니거든요. 무슨 옷을 살지 결정하는 게 정말 어렵게 느껴지죠. 결국, 남들이 사는 옷을 따라 사게 되죠. 영화 한 편을 보더라도 흥행 순위 1위 영화를 선택하게 되고요. 아마도 일본 인구의 70% 이상은 이런 타입의 사람들이 아닐까 싶어요.

혼네(本音)는 변하는 거야

제인   아, 맞다. 그러고 보니 오늘 혼네(속마음, 본심)와 다테마에(겉으로 드러내는 태도가 다르게 나타나기 쉬운 일본인의 특징을 대표하는 말)에 대한 이야기도 나눠보고 싶었어요. 요즘 들어 혼네의 가치를 높게 평가하는 묘한 분위기가 느껴지는데요. 사실, 전 그게 좀 불만스럽거든요.

나카노   맞아요. 사실 일본인 하면 떠오르는 게 겉과 속이 다르다는 이미지이죠. 그런데 일본 사회에서 겉과 속이 다르다는 건 부정적인 의미이기 보다는 어떤 상황에서도 냉정함을 잃지 않고 다른 사람을 배려한다는 의미가 강하죠.

제인   혼네야 말로 가치가 있는 것이라고 생각하는 사람들이 있잖아요.

하지만 저는 혼네라고 말하는 것들을 그다지 신뢰하지 않거든요. 그때그때 자신에게 부족한 것 혹은 충족되어 있는 것이 무엇이냐에 따라 본심은 변할 수 있으니까요. 그것을 지금 자신이 느끼는 기분 또는 감정이라고 말할 수는 있어도 신뢰성 있는 영속적인 본심으로서 도마 위에 올리는 것은 매우 위험한 일이라고 생각해요. 예부터 '툭 까놓고 얘기해서'라는 말은 있어도 요즘처럼 '속마음을 솔직히 밝히는 것은 정말 대단한 일이야' 이런 분위기는 도대체 뭔지 모르겠어요.

나카노	SNS의 영향이 크다고 생각해요. 트위터만 봐도 누가 더 고차원적인 관점에서 세상을 바라보고 있느냐를 가지고 설전을 벌이기도 하잖아요.
제인	맞아요. 트위터는 그야말로 불꽃 튀는 설전의 장이 되었죠. MIXI(일본의 인터넷 커뮤니티 사이트) 시절이 그립네요. 소박하고 평화로웠는데 말이죠.
나카노	트위터를 통해 '나에게 네 놈은 겨우 이 정도 수준으로밖에 보이지 않아'라는 식의 거만한 태도로 말로 치고 받는 싸움이 벌어지죠. 승자의 판단 기준 또한 누가 더 고차원적이고, 지적으로 보여 지느냐에 따르다 보니 어떤 사람이 잘난 척 허세를 부렸다는 것이 밝혀지는 순간 그 사람의 생각은 순식간에 무시당하게 되죠. 허세라는 것 자체가 '거짓으로 과장되게 꾸미지 않으면 안 될 만큼 스스로에게 콤플렉스가 있다'라는 반증인 셈이니까요. 그런 의미에서 혼네를 내세우는 사람일수록 '나에게 약점 같은 건 없어'라고 어필하고 있는 것이 아닐까 라는 생각이 들어요. 상대보다 우위에 설 수 있도록 말이죠. 혼네를 내세우며 '너보다 내가 더 진심을 말하고 있어'라는

	식으로 상대를 짓밟고 올라가려고 하죠.
제인	진심이라는 말만큼 위험한 건 없어요. 사실, 그 당시 자신의 감정과 기분에 불과한 것인데 말이죠. 그런데 저는 한편으로는 누구나 자신만의 이상이나 신념을 가지고 있어야 한다고 생각해요.
나카노	아무리 세상이 변한다고는 해도 말이죠.
제인	맞아요. 절대 움직이지 않는 북극성처럼 자신만의 길잡이가 되어주는 무언가가 없다면 스스로가 어려움에 처했을 때 어느 방향으로 배를 저어가야 할지 알 수 없으니까요.
나카노	그런 게 바로 인간이라는 존재이죠.
제인	단지 생존만을 위한 것이 아닌 힘든 일이 있을 때 헤쳐나갈 수 있게 도와주는 인생의 길잡이가 필요하다고 생각해요. 물론, 쉽지는 않겠지만요.

인간은 언제나 다음에 올 상황을 기대한다

나카노	보상 예측(Reward Prediction)이라는 실험이 있어요. 보상 기대라고 부르기도 하는데요. 예를 들어 맛있는 음식을 먹는다거나 어떤 일에 대한 구체적인 보상이 있을 때 우리의 뇌는 음식의 맛이나 보상에 대한 쾌감을 기억하게 되거든요. 제 책에서는 '뇌 속 마약'이라고 표현되어 있어요.
제인	네. 읽어 봤어요.

| 나카노 | 읽어봐 주셨다니 감사해요. (웃음) 보상 기대라는 것은 쉽게 말해 지금 당장 '치킨을 먹을 수 있다'라는 것이 아니라 '어디선가 치킨 냄새가 나는데' 혹은 '오늘 저녁에 친구랑 치킨에 맥주 한 잔 하기로 했는데 벌써 군침이 도네' 이런 상황처럼 기대감이 고조되면서 치킨을 먹는 즐거움보다 기대하는 즐거움이 더 커져버린 상황을 의미해요. 즉, 인간은 기대감을 모티베이션으로 살아가는 존재라는 의미이죠. 그래서 이미 평화로운 시대가 되어 버린 상태에 인간은 전혀 매력을 느끼지 못하는 거죠. 더 이상 도파민이 분비되지 않으니까요. 그런데 '우리는 앞으로의 평화를 위해 무언가를 해야 한다'라고 한다면 상황이 달라지죠. 자신도 모르는 사이에 도파민이 펑펑 쏟아져 나오거든요. 이렇게 두 상황은 분명한 차이가 있어요.

제인 치킨으로 예를 들어 설명하니 바로 이해가 되네요.

나카노 맛있는 음식을 먹을 때 행복을 느끼잖아요. 그렇지만 그 순간이 인간이 느낄 수 있는 행복의 절정은 아니거든요. 그래서 항상 더 맛있는 음식을 원하게 돼요. 즉, 인간은 그러한 업(業)을 짊어지고 태어난 존재라서 현재 상황에 만족하지 못하고 끊임없이 새로운 무언가를 추구하게 되죠. 이런 것들이 개개인 삶의 목표나 지침이 된다면 정말 좋겠지만 악의적으로 이용하는 사람들이 있다는 게 문제이죠.

제인 맞아요. 요즘 열정 페이라는 말도 있잖아요. 저는 개인적으로 '절대 포기하지 않는다, 도망치지 않는다, 끝까지 책임진다' 이런 것들을 제 인생의 모토로 삼는 편이거든요. 단순히 죽기 살기로 하면 안되는 것이 없다는 식의 근성론이 아니라 스스로를 포기하지 않는 삶의 자세를 갖고 싶다는 욕망이 표출된 것이라고 생각해요. 그런데 나카노씨의 책을 읽다 보면 인간의 습성을 속속들이 엿볼 수 있거든요. 그럼 '어차피 나도 일개 인간에 불과한데 뭘~'하고 자신을 단념하고 싶어지는 순간이 종종 오기도 하거든요. 어떤 느낌인지 아시겠죠?

나카노   알죠, 알죠. 그래서 저는 제가 뭐라도 되는 것 마냥 제 글을 읽는 사람들에게 길을 제시하거나 하고 싶진 않아요. 누구나 자신을 둘러싸고 있는 현재 상황의 끝을 두려워하면서도 이어질 다음 상황을 기대하고 있다고 해야 할까요? 그래서 누군가가 '짠~!'하고 나타나 현재의 상황을 해결하고, 더 나은 나를 만들어 주지는 않을까 내심 기다리고 있는 듯한 느낌이 들어요. 그래서 그런 사람들에게 해결책을 제시해 주는 책들도 많이 있지만 저는 그런 마약 판매상 같은 역할은 하고 싶지는 않거든요. 지금 스스로를 단념한다고 해서 인생이 끝나는 것은 아니니까요. 현재 자신이 가진 조건들을 가지고 어떻게 살아가야 할지 스스로 생각해 보았으면 하는 취지로 글을 쓰고 있어요.

제인   맞아요. 그야말로 Life goes on이죠.

나카노   종말론이 종종 등장하는 것도 그런 이유 때문이라고 생각해요. 모두가 지금의 세상이 끝나고 다음 세상이 올 것을 기대하고 있는 거예요. 하지만 끝은 절대 오지 않고, 다음 세상도 없죠. 예전에 한해가 끝나갈 즈음 불현듯 12월 31일의 다음에는 1월 1일이 오는 것뿐이라는 생각이 들더라구요. 담담하게 흘러가는 시간의 연속만이 있을 뿐 애초에 끝도 시작도 없었던 거죠. 끝도 시작도 상관없이 내 인생의 시간들을 담담하게 음미하면서 '산다는 것은 참 재미있는 일이네'라고 말할 수 있다면 그것으로 된 것 아닐까? 라는 생각이 드네요.

의식(意識)을 부산물로 받아들이다

제인　　나카노씨에게 삶의 동기 부여가 되는 것은 무엇인가요?

나카노　음, 뭐라고 할까요… 게임이 끝나고 추가로 나오는 보너스 게임 같은 거요?

제인　　어렵네요.

나카노　의식이 만들어지는 과정에 대한 이론 같은 것을 읽다 보면 더더욱 그런 생각이 들어요. 우리 인간들은 의식적으로 사고(思考)라는 행위를 할 수 있잖아요. 뇌의 전두엽이 마치 중앙 관제 센터처럼 사고를 지휘하죠. 이처럼 인간 스스로의 사고를 통한 의식(意識)이라는 것이 존재하기는 하지만 지금까지 밝혀진 연구 결과들을 살펴보면 어떤 것을 통해 부산물 형태로 만들어지는 것이 인간의 의식이라고 해요. 따라서 생존의 의미에서 보면 의식 같은 건 없어도 아무런 지장이 없다는 말이죠.

제인　　아, 심뇌 문제와도 관련되는 이야기처럼 들리네요.

나카노　맞아요. 의식이라는 것은 비교적 자유롭게 모습을 바꾸기도 하죠. 만족을 얻기 위해 여러가지를 희생시키는 것과 살아가고 있다는 것 자체를 중요시하는 것은 전혀 다른 수준의 이야기이죠.

제인　　희미하긴 하지만 뭔가 알 것 같은 느낌이에요.

나카노　예를 들어, 인간을 분자 기계라고 가정할게요. 그러면 인간이 작동하는 상황 그 자체로도 엄청난 일인데 거기에 의식이라는 것까지 추가된다면 이것은 과히 혁명이죠. 다들 '어떻게 이런 걸 만들 생각을

	다 했을까'라고 놀라겠죠. '즐겁다', '좋은 대우를 받아서 기쁘다', '저 사람 너무 좋다' 이런 감정들을 느낀다는 것 자체만으로도 엄청난 기능 아니겠어요? 이런 것은 AI에게 기대하기 어려운 일이잖아요.
제인	아.. 알겠다! 의식, 즉 어떤 행위 뒤에 오는 마음의 움직임 자체가 삶에 동기 부여가 된다는 말이네요. 우와! 방금 말하면서 소름 돋았어요. 이럴 때 정말 기분 좋은 것 같아요.
나카노	맞아요. 방금 느끼신 기분 좋은 감정, 이런 것이 바로 스스로 생각한 후에 얻을 수 있는 보상인 거죠. 그리고 이러한 마음의 움직임이 삶의 동기가 되기도 하고요.
제인	아! 그렇네요.
나카노	우리 인간은 의식적으로 살아감으로써 이런 보상들을 받을 수 있어요. 게다가 내 돈 나가는 일도 아니잖아요. 가성비 면에서 최고네요.
제인	요즘 책값이 비싸다는 말들을 많이 하시지만 디올 립스틱 한 개 값에 비하면 사실 책 한 권 값은 아무것도 아니죠.
나카노	맞아요. 치킨 한 번 시켜 먹는 값보다도 저렴하니까요.

마음이란 무엇이며 의식이란 무엇인가?

제인	'인간이 태어난 이후부터의 의식은 보너스 게임과 같다'라는 말은 신체 기관들의 움직임을 통해 본인 스스로가 살아 있다는 것을 느끼는 것 자체가 본 게임이라면 그 이후에 인간이 갖는 의식들은

	보너스와 같다는 뜻이네요. 의식의 질이 어떻든 간에 말이죠.
나카노	애초에 내가 가진 점수는 한 80점 정도라고 생각해요.
제인	살아 있는 것만으로도 기계로서는 충분히 작동하고 있는 것이니까요. 나카노씨가 쓰신 뇌에 관한 책들을 읽다 보면 '그래서 마음이라는 건 도대체 어디에 있는 건데?'라는 생각이 들거든요. 그래서 제 나름대로 좀 찾아보니 이미 '심뇌 문제'라는 커다란 주제로 다뤄지고 있다는 사실을 알게 되었어요. 아주 오래전부터 말이죠.
나카노	맞아요.
제인	그런데 어디서부터 어떻게 접근해야 할지를 잘 모르겠더라구요. 과학뿐만 아니라 철학과도 관련이 있으니까요. 최근에 철학자이신 와시다 키요카즈씨의 책을 읽었는데요. 우와, 너무 어려워서 깜짝 놀랐어요. 그래도 한 세 번 정도 읽으니까 어느 순간 눈앞이 조금씩 밝아지는 것을 느끼면서 이해가 되기 시작하더라고요.
나카노	재미있는 책이죠.
제인	몇 번이고 같은 부분을 다시 읽다 보면 무릎을 탁! 치게 되는 순간이 오거든요. 그럴 때 정말 짜릿할 정도로 기분이 좋죠.
나카노	맞아요. 짜릿한 깨달음의 순간이 있죠. 불교의 경전도 비슷한 부분이 있어요. 불교계에 계시는 분들도 그런 말씀을 많이 하시더라구요. '인간은 무엇을 위해 사는 것인가, 행복이란 무엇인가', '열반을 추구하는 삶'에 대한 해답을 얻으려 몇 번이고 경전을 읽는다는 말이죠. 그런데 '아니, 열반은 죽은 다음의 이야기 아니었어?'라고 생각하면서 읽다 보면 화성(법화도사가 법력으로 만들었다는 성)이라는 개념이 등장하는 거예요. 어쩌다 보니 종교적 이야기로 빠지게 되었네요. (웃음)

제인	종교는 정말 중요한 부분이죠.
나카노	이 세상에는 다양한 신앙들이 있는데요. 그 중에서도 전 세계 수많은 사람들이 믿고 있는 불교라는 종교가 있어요. 불교의 창시자는 석가모니라는 사람인데요…
제인	그렇게까지 세세하게 설명하지 않으셔도 괜찮아요. 그 정도는 알고 있거든요.
나카노	네. 하하하. 그 석가모니라는 분이 다양한 경전들을 남겼어요. 물론, 제자들에 의해 편집된 부분도 있긴 하지만요. 그 편집된 경전 중에 법화경이라는 게 있는데요. 거기에서 화성(化城)이라는 개념이 등장해요. 화성에 대해 잠깐 말씀드리자면 한 지도자가 수많은 사람들을 이끌고 행복의 나라를 찾아 사막을 건너고 있었어요. 도중에 먹을 것도 다 떨어지고, 사막의 혹독한 모래 바람에 지친 사람들은 모두 불만을 토로하며 여정을 그만두고 싶다고 말하죠. 그때 이 지도자가 법력을 발휘해 한 성(城)을 만들어 내죠. 법력이라는 것은 불교 설화에서 나오는 이야기이니 감안해 주시고요. 이쨌든 일행은 성에서 오랜만에 아주 평안한 하룻밤을 보내게 되죠. 그런데 아침에 눈을 떠보니 그 성은 온데 간데 없는 거예요. 이 성이 바로 화성이에요. 그리고 그들의 여행은 계속되었답니다. 끝!

롯폰기 힐스 위에
화성(化城)이 있던 시절

나카노	전 이 이야기를 듣고, 도파민으로 인한 뇌의 환각 작용이라는 생각이 가장 먼저 들더라구요. 그런데 잘 생각해보면 '그래서 그 사람들은 이후에 목표 지점에 도달했을까?'라는 의문이 생기잖아요. '우여곡절 끝에 목표 지점에 도착했더니 그곳 또한 화성인 거잖아?'라고 생각하게 되죠. 이야기를 통해 알 수 있는 것은 화성이라고 하는 완벽한 목표 지점은 아무리 시간이 흘러도 나타나지 않는다는 것이죠. 왜냐하면 우리 인간들은 설령 화성에 도착하더라도 거기에 만족하지 않고, 또 다른 화성을 찾아 나서게 되는 존재이기 때문이에요. 그렇다고 해서 인간에게 화성이라는 존재가 없어서도 안 되거든요. 인간은 목표를 가지고 살아가는 존재이기 때문이죠. 인간에게 도파민의 분비 없이 살아간다는 것은 불가능한 일이거든요.
제인	잘 산다는 것이 아마도 그런 것일지도 모르겠네요.
나카노	인생을 살아가는 모토가 되어줄 무언가가 필요해요.
제인	간다라 같은 거요?
나카노	맞아요. '그곳에 가면 모든 꿈이 이루어진다'는 간다라 말이죠.
제인	10년 전만 해도 목표를 세우고 노력하면 틀림없이 도달할 수 있을 거라는 믿음이 있었어요. 하지만 경제가 불안정해지면서 '꿈을 어떻게 해야 이룰 수 있지?'라는 막막한 상황이 되어 버렸죠. 점점 화성(化城)의 존재가 희미해져 가고 있다는 생각이 들어요. 그렇다 보니

과거 롯폰기 힐스(도쿄 미나토구 롯폰기에 위치한 롯폰기를 대표하는 랜드마크로 모리 타워를 중심으로 유명 글로벌 금융 기업이나 IT 기업들이 들어와 있으며 다양한 쇼핑과 문화 시설, 고급 호텔과 레지던스 등으로 이루어진 복합 시설) 위에 화성(化城)이 있다고 믿었던 시절이 훨씬 살기 좋지 않았나 라는 생각도 드네요.

나카노   롯폰기 힐스로 IT 분야의 억만 장자들이 모여들기 시작했죠.

제인   요자와 츠바사(일본 Young&Rich의 대표적 인물)가 롯폰기 화성(化城)의 종지부를 찍었죠.

나카노   그 사람을 따라 한동안 싱가폴에 이주 붐이 일기도 했잖아요.

제인   다들 요자와가 사는 세상이 화성이라고 착각을 하고 있었던 것 같아요. 그런데 실상을 알고 보니 '어, 내가 생각했던 거랑 많이 다른데?' 이런 느낌이 들었던 거죠.

나카노   맞아요. 드라마틱하게 성공한 젊은 CEO로 알고 있던 요자와씨의 스토리가 사실은 거짓과 허세로 가득한 것이었죠. SNS에 자신의 부를 과시한다거나 대중에게 부자 되는 법에 대한 고액의 유료 강의를 하는 등 구설수가 많았죠.

제인   뭐랄까, 점점 성공 스토리가 퇴색되어 가는 느낌이었어요.

나카노   네. 과거에는 대중에게 뭔가 스토리를 가지고 접근하는 사람이 많은 관심을 얻었고 돈도 벌 수 있었죠. 하지만 인터넷이나 SNS를 통해 개인의 사생활이 쉽게 노출되는 요즘 시대에 진정성 없는 스토리는 대중들에게 금방 탄로 나게 되죠. 즉, 자신만의 스토리를 찾아내지 못하면 성공하기 힘든 세상이 되어버렸어요.

의식은 타인과의 관계 속에서 탄생한다

제인   다시 의식에 대한 이야기로 돌아와서 모든 신체 기관들이 서로 잘 연계해서 동작하고 있는 상태를 기적이라고 받아들인다면 의식이라든지, 어떻게 살아가야 하는가 등은 전혀 다른 개념의 문제가 되어 버리죠. 마음이라는 의식과 신체 기능은 별개라고 생각하니 '내 몸 어디에 마음이 있는 걸까?'라는 질문 자체에 대해 의미가 없어지는 것 같아요.

나카노   신체 기능을 살아 있다는 것 그 자체로 인정하면 좋을 것 같아요. 그런데 누구나 살다 보면 의식이 심하게 괴로움을 느끼는 때가 있잖아요. 그때 너무 괴로운 나머지 '살아있다'라는 신체 기능에 해를 가하거나 상처를 입히는 사람들이 있거든요. 그런 사람들에게 꼭 말해두고 싶어요. 신체 기능으로서 '살아 있다'라는 것 자체가 엄청나게 대단한 일이라는 것을요. 의식이 너무 괴로워서 몸부림을 치던 그렇지 않던 살아간다는 것은 계속되는 것이죠.

제인   설명하기 어렵지만 자신의 내면에서 나 자신을 찾으면 절대 안 된다는 생각이 들거든요. 앞서 말씀드린 와시다씨의 책에 보면 '자기 자신이라는 것은 타인과의 관계성 안에서만 존재하는 것'이라는 내용이 있어요. 읽으면서 '자신이라는 것 자체가 타인 없이는 존재할 수 없는 것이구나'라고 납득하게 되더라구요. 다시 말해 외부 세계와의 관계성 안에서 자기 자신이라는 존재가 정의된다는 거죠.

나카노	철학자들의 이야기는 정말 흥미롭네요.
제인	의식을 다양하게 변형시키는 것 자체가 혼자서는 불가능한 일이죠. 만약, 이 세상에 나 혼자뿐이라면 아무리 자신의 의식을 다양하게 변형시켜 봤자 아무런 의미도 없잖아요. 옆에 아무도 없으니까요. 누군가와의 사이에 자신을 놓아야만 의식의 변화도 의미가 있어지죠.
나카노	이토 케이카쿠(일본의 SF 작가)씨의 소설 「하모니」를 읽어보셨나요? 스포일러일 수도 있지만 결론부터 이야기하면 우리의 의식을 전부 없애 버리자! 이런 내용인데요. '의식이 없어지면 고통을 느끼는 일도 없다'라는 것에 기초해서 행동하는 소녀가 등장해요. 어느 정도 일리는 있다고 생각이 들지만 그냥 순수하게 의문이 드는 것은 엄청난 고통을 느끼고 있을 때 그렇게 생각할 수도 있지만 '의식을 없애는 것이 모든 고통에서 벗어날 수 있는 처방전이다'라고 쉽게 생각할 수 있을까요? 저는 아닌 것 같거든요.
제인	쉽게 생각하기 힘들죠.
나카노	고통이 있더라도 그것이 내가 살아 있는 증거라고 생각하는 편이 더 낫지 않을까 싶어요.
제인	자해까지는 아니더라도 의식이 신체 기능의 활동성을 변화시키는 경우도 있잖아요. 그 부분에 대해서는 어떻게 생각하세요?
나카노	부정적인 감정은 신체적으로도 부정적인 행동을 취하게 만들잖아요. 그래서 긍정적인 감정보다 훨씬 불쾌하게 느껴지게 되죠. 의식의 유무는 우리 뇌의 전두엽 크기와도 관련이 있을 것 같아요. '인간 이외의 동물들에게도 의식이 존재할까?'라는 의문도 가지게 되죠. 가령, 지능이 의식 유무에 연관이 있다고 한다면 뇌가 너무 작을 경우 의식이 생겨나지 않게 되죠. 하지만 단순히 크기가 크다고

해서 지능이 높아지는 것은 아니거든요. 이와 관련해서 뇌의 상대비(相對比)라는 개념이 있는데요. 이것은 '몸 전체 크기 대비 뇌 용량이 어느 정도 되는가?'의 척도를 말해요. 그러니까 몸에 비해 뇌가 크고 무거울수록 지능이 높아지는 경향이 있는 거죠.

제인 공룡의 지능이 낮은 이유이네요.

나카노 바로 그거예요. 공룡의 경우 뇌 용적의 절대비를 따지자면 뇌가 엄청 커야 하잖아요. 하지만 상대비가 작다 보니 지능이 낮을 수밖에 없었죠. 그런데 인간에게서도 연관성은 미약하지만 그런 경향이 나타난다고 하더라고요. 2005년도 「사이언스」지에 그런 논문이 실린 적이 있어요. 음… 저를 포함해서 도쿄대 여학생들이 머리가 큰 이유가 납득이 되네요. 그런데 네안데르탈인과 현생 인류의 뇌 크기를 비교해 보면 네안데르탈인의 뇌 용적이 더 크다고 해요. 체격 차이가 그리 크지 않았다는 점을 감안하면 네안데르탈인의 지능이 훨씬 높은 거죠. 하지만 실제로는 현생 인류만이 지구상에 살아남았을 뿐만 아니라 지능도 더 높다고 하잖아요. 도대체 어떻게 된 일이냐… 여기에서 전두엽의 크기 차이가 가장 큰 요인이 아니였냐는 생각이 드는 거죠. 골격을 비교해 보면 현생 인류의 전두엽이 현저하게 발달해서 둥글게 돌출되어 있음을 알 수 있죠. 즉, 여기가 현재 의식의 좌(座)로 불리는 부분이에요. 이에 대한 연구는 여전히 진행되고 있긴 하지만요. 그래서 이렇게 비정상적으로 발달한 전두엽이 있었기에 현생 인류가 지구상에 살아남을 수 있지 않았을까… 생각할 수 있는 거죠. 그렇다면 전두엽이 발달하면 어떤 차이가 발생하느냐… 지능이 높아지는 것은 물론이고, 동시에 사회성이 높아지는 효과를 가져오죠. 전두엽의 기능은 위치에 따라 달라지는데요.

바깥쪽은 합리성이나 계획성 그리고 안쪽 부분은 공감 능력과 커뮤니케이션을 담당하고, 어떻게 하면 보다 더 잘 살 수 있는가 등의 양심 이런 것들은 안쪽에서 담당한다는 것이 지금까지의 연구에 의해 알려진 바 있어요. 그런데 방금 말씀드린 양심의 부분이 재미있는 것은 만약, 해당 부분이 스스로 만족감을 느끼지 못하면 뭔가 찜찜한 느낌이나 불쾌감, 자신이 뭔가 나쁜 일을 한 듯한 죄책감 등의 스트레스 반응이 일어나게 되어 스트레스 호르몬 수치가 상승한다고 해요. 그렇다면 왜 이런 기능을 갖게 되었는가 하면 애초에 우리 인간은 포유류이잖아요. 그런데다가 성숙한 하나의 개체가 되기까지 많은 시간이 걸리는 종이기도 하고요. 그런 인간 집단에 이타성이 약하고 자신만을 생각하며 살아가는 개인주의적 개체만 있다면 약한 개체 즉, 임신한 암컷이나 미숙한 어린 개체들부터 먼저 죽게 되죠. 그렇게 되면 결국 다음 세대를 이어갈 수 없으니까 곧 인간 자체가 멸종하게 될 가능성이 높아지게 되는 것이죠. 게다가 개체가 계속해서 살아남을 수 있을 만큼, 우리의 육체는 강인하게 만들어지지 않았단 말이죠. 곤충들처럼 단단한 외골격을 가지고 있는 것도 아니고, 아무리 근육을 발달시킨다고 해도 한계가 있죠. 적으로부터 재빠르게 도망치는 것도 힘들고요.

제인 혼자 있을 때의 인간은 정말이지 약한 존재네요.

나카노 맞아요. 맨손으로 야생 곰과 싸워서 이긴 사람이 화제가 되어 뉴스에 나오는 것만 봐도 알 수 있잖아요.

각자의 베스트 퍼포먼스를 지향할 것

제인   인간이란 일정 수준의 사회성을 갖추지 못하면 생존 전략조차 세울 수 없는 존재란 것이군요. 방금 머릿속에서 뭔가 번쩍하고 지나갔는데요. 신체 기관이 활발하게 움직이면 그 결과로 의식이 끊임없이 생기게 되잖아요. 그야말로 부산물이죠. 인간의 '살아간다'는 행위로 인해 의식이라는 부산물이 나오게 되는 거죠. 그리고 그렇게 나온 결과물, 즉 의식이 어디에 놓여지느냐, 누구와의 사이에서 일어나느냐에 따라 기계의 성능이 변한다고 한다면 '무엇을 위해 사는가?'라는 질문에 대해 '기계가 최고의 성능을 발휘할 수 있게 하기 위해서'라고 말할 수 있을 것 같아요.

나카노   정말 그러네요.

제인   기계의 성능을 떨어뜨릴 만한 삶의 방식으로 살면 안 된다는 말이죠.

나카노   이미 기계 자체에 내장되어 있는 진단 기능이 '그렇게 살면 안돼!'라고 작동하는거죠.

제인   방금 이야기한 잘 사는 것에 대해 강하게 반응하는 뇌와 그렇지 않은 뇌가 있다고 생각해요. 이렇듯 사람마다 뇌의 특성이 다르다면 각자의 뇌가 최대 역량을 발휘할 수 있는 상태를 유지하는 것이 최선이지 않을까 싶어요. 저의 경우에는 잘 사는 것을 인생의 모토로 삼았을 때 말 그대로 열심히 살려고 노력하게 되더라구요. 그렇게 제 자신을 다잡지 않으면 아마 점점 병들어 가게 되지 않을까 싶어요. 신체 기능도 점점 저하될 거구요.

나카노	인간에게는 저마다 퍼포먼스의 최대치가 있지 않나 싶어요. 예를 들어, 미국의 트럼프 대통령에게 수많은 사람들이 아무리 '그렇게 살아서는 안 된다'라고 한들 그는 죽을 때까지 지금의 상태 그대로 바뀌지 않을 거라고 생각해요.
제인	결국, 우리가 타인을 위해 할 수 있는 일이란 그 사람의 역량이 최대치로 발휘될 수 있도록 환경을 만들어주는 정도인 것 같아요. 뒤에서 억지로 등 떠밀어 주는 게 아니라는 거죠.
나카노	네. 딱 그 정도가 좋은 것 같아요. '너! 기름 떨어진 것 같은데 괜찮으면 내 것 좀 가져다 쓸래?' 이런 정도의 거리감이 가장 좋다고 생각해요.
제인	그리고 저마다 베스트 퍼포먼스를 만들어내는 방식에 차이가 있을 경우 과잉 간섭하는 것은 역시나 좋은 선택은 아니라고 생각해요. 단지, 인간은 사회성이 있는 동물이기에 공존하면서 함께 발전해 왔잖아요. 하루 종일 아무와도 말하지 않고 있다가 갑자기 말하려고 하면 말이 잘 안 나오는 경우가 있잖아요. 즉, 신체 기관이 기능을 제대로 수행하지 못하게 되는 거죠. 그런 것을 보면 결국 자신을 위해서라도 타인과의 관계는 어느 정도 필요하지 않을까 생각해요. 마음이라는 건 도대체 무엇일까? 늘 의문이었는데 오늘 나카노 씨의 의식에 대한 이야기를 듣다 보니 이해가 되네요.
나카노	역시, 이해력이 빠른 분이시네요.
제인	대화라는 건 정말 즐거운 일이죠. 그러니까 서로 몇 시간이고, 즐겁게 LINE도 하는 거고요.
나카노	화장실 가는 시간도 아까울 정도로 말이죠.
제인	전 화장실 갈 때도 휴대폰을 들고 가요. 어차피 상대방은 제가 화장

	실에 있다는 걸 모르잖아요.
나카노	아! 듣고 보니 그러네요. (웃음)

사회성이 필요하지 않은 시대가 올 것인가?

제인	오늘 말씀을 나누면서 그동안의 의문점들이 많이 해소된 느낌이에요. 물론, 화성(化城)이 진짜로 존재하지 않는 것처럼 느껴지기는 하지만 자신의 최대 역량을 발휘할 수 있는 분야를 목표로 삼는다면 그걸로 된 것 아닐까 싶어요.
나카노	네. 그걸로 충분하다고 생각해요. 저마다의 목표를 갖고 있으면 되는 거죠.
제인	모두가 같은 목표를 갖는다는 건 포기하는 게 낫죠. 그런 의미에서 보면 사회성의 의미나 정의가 변하겠네요.
나카노	사회가 계속 유지되느냐 마느냐! 저는 사실 이 부분에 대해 약간의 의구심이 들거든요. 물론, 사회가 곧 없어지는 것도 아니고, 앞으로 몇 백 년은 계속 유지되겠죠. 하지만 앞으로 인간에게 필요한 많은 것들이 점차 기계로 대체되는 세상이 되어 가고 있잖아요. 수요가 있으니 경제적 원칙을 생각해보면 이런 분야들이 성장하게 될 것이란 건 불을 보듯 뻔하죠. 결국, 인프라가 구축되어 가고 있으니 일찍이 우리 인간들이 공동체를 만들어야만 했던 이유들이 점차 필요 없어지게 되는 거죠. 임신한 여자와 어린 아이들을 돌보는 중대한

	일을 책임감 없는 남성이나 집단 내 다른 성인 개체를 대신해 기계가 하게 된다면 더 이상 공동체가 필요하지 않게 되잖아요. 집단을 형성하지 않아도 되는 시대에 사회성을 가져 봤자 아무 의미가 없는 거죠. 오히려 사회성이라는 것이 리스크가 될 가능성마저 있어요. 그렇다면 그런 시대가 되었을 때 우리 인간의 의식이라는 것은 어떻게 변화할지가 궁금해지네요.
제인	영화 매트릭스 같네요. 그런데 저는 그 영화를 보면서 뭔가 좀 찝찝했던 부분은 '우리가 사는 이 세상은 모두 거짓일지도 모른다'라는 장면이 나오는데, 그 내용은 확인하고 싶어도 확인할 수 없는 거잖아요. 의심하면 없던 귀신도 생긴다는 말이 있듯이 의혹과 불안감을 주는 영화가 아닌가 싶어요.
나카노	저는 오히려 뭐라고 말하기 힘든 그런 불안감이 좋았어요. 어느 쪽이 진짜인지 알 수가 없죠. 오카지마 후타리(이노우에 이즈미와 토쿠야마 준이치 두 명으로 구성된 일본의 추리 소설 작가 콤비의 필명)의 80년대 작품 중 「클라인의 항아리」라는 책이 있는데요. 이 작품 역시 겉과 속이 구분되지 않는, 즉 현실과 가상 세계의 경계가 불분명해진 세상을 그린 미스터리 소설이거든요. 간략하게 소개하자면 한 게임 개발 회사가 3D 가상 현실을 만드는 도중 피실험자인 소녀의 사망 사고가 발생하고, 그녀와 함께 실험에 참여했던 소년이 진상을 밝히려고 노력하죠. 그런데 가상 현실 속으로 다시 들어가 원래대로 돌아가자 죽었던 소녀가 살아 있는 거예요. 그래서 소년은 '아, 내가 꿈을 꾼 것인가?'라고 혼란에 빠져 있었는데 다시 만난 소녀의 귀에 늘 하고 있던 귀걸이가 걸려 있지 않다는 것을 발견하게 되는 그런 이야기이거든요.

제인	무엇이 진짜이고, 무엇이 가짜인지 알 수 없는 문제이네요.
나카노	맞아요. 그래서 결국은 총으로 자신의 머리를 쏴서 무엇이 진짜인지 확인해 보자는 것으로 이야기는 끝이 나요. 만약, 자신이 살아 있다면 가상 현실 속에 있다는 것이 밝혀지는 거잖아요. 그런데 소설에서는 방아쇠를 당기는 장면에서 이야기가 끝나거든요. 결국 진실은 아무도 모르는 거죠.
제인	'아~ 의식이라는 것이 점점 우리 몸에 주체가 되어 우연히 얻어진 부산물이구나'라는 것이 이해가 되네요. 반대로 의식이 주체이고, 그로 인한 부산물이 몸이라고 하는 것은 말이 안 되잖아요. '의식은 우리 몸이 움직일 때 나오는 찌꺼기' 이런 내용은 어디에 좀 메모해야 될 것 같아요. 돌아서면 금방 잊어버려서 말이죠.
나카노	겨울철 피부 각질 같은 느낌일까요?
제인	더러운 때죠. 기계가 제대로 작동하고 있을 때 나오는 기름 때 말이죠. 기름 때든, 부산물이든 결국 찌꺼기인 거잖아요. 그러니 기계 속에서 마음을 발견해 내려고 하면 절대 안 되죠. 아, 이 말도 메모해야 되겠네요. 결국, 저는 기계의 관리인인 셈이네요.
나카노	다가올 미래가 기대되네요. 물론, 연애는 옵션이고요.
제인	그런데 많은 사람들이 옵션에 발목을 잡혀 버리기 쉽죠.
나카노	맞아요. 옵션이 원인이 되어 스스로 목숨을 끊기도 하잖아요.
제인	옵션 따위에 기계를 망가뜨려 버리는 건 말도 안 되죠. 그리고 의식이라는 것은 환경이나 타인과의 관계가 없으면 생겨나지 않잖아요. 다양성을 용인(容認)한다는 명목하에 많은 사람들이 타인의 일에 개입하려 들죠. 마치 허락도 없이 남의 주머니 속에 손을 쑥 집어넣는 것과 같다고 생각해요. 그런데 기계 작동에 오류가 났을 때 유지 보수를

	도와주는 정도라면 지나치게 개입하지 않고서도 충분히 해줄 수 있는 일이죠. 인간이 서로 공존하지 않고서는 살아갈 수 없는 생물이라면 다른 사람을 돕는다는 것은 곧 나 자신을 위한 일기도 하죠.
나카노	심리 상담은 의식에 대한 일종의 도수 치료 같은 거라고 생각해요. 상담 받는 사람의 의식에 대해 '여기를 부드럽게 이완시켜주면 근육이 잘 움직이게 돼요'라고 조언을 해주는 느낌이잖아요.
제인	마음의 마사지, 의식 마사지라고도 할 수 있겠네요. 예전에 친구가 '이상한 짓을 하는 사람들은 모두 외로운 사람들이야'라고 말한 적이 있거든요. 누구나 혼자일 때 의식이 쉽게 폭주해 버리죠.
나카노	일리 있는 말이네요. 그런 괴로움은 어떻게 해도 채워지지 않죠.
제인	외로움이란 외부와의 우호적인 관계에서 오는 '기쁘다'라는 의식이 일어나지 않기 때문에 느끼는 감정이거든요.
나카노	공감을 받지 못한다고 느끼는 거죠. 그럴 때 본인은 매우 괴롭다고 생각하겠지만 한편으로는 인간이 외로움을 느낄 때에만 생기는 특별한 힘도 있기든요.
제인	맞아요.

과잉 정서적 엔터테인먼트는 더 이상 인기가 없다?

제인	저희가 사실 그렇게 공통점이 많은 사람들은 아니잖아요. 유일하게 공통점이라고 한다면 정서적 과잉 상태를 참지 못한다는 것 아닐까요?

나카노	맞아요. 오글거려서 참을 수가 없죠. 저는 가능하면 감정이 섞이지 않은 중립적인 과학적 언어를 사용하고 싶어요.
제인	뭔가 방대한 정보를 가지고 이야기하는 것을 잘못하잖아요. 단순히 잘하고, 못하고의 문제이긴 하지만요.
나카노	저에게 감정적으로 다가온다 싶으면 일단 피해 버리게 되요. 그런데도 다가온다면 무미건조한 말들로 가까이 다가오지 못하게 선을 그어 버리죠.
제인	그런데 생각해 보면 자아도취는 곧 상상력이 풍부하다는 증거이기도 하잖아요. 그런 면에서는 이야기를 창조해 내는 작가들에게 꼭 필요한 것일 수도 있겠네요.
나카노	네. 하지만 제가 보기에는 앞으로 그런 작가들은 점점 외면받게 될 것 같아요.
제인	왜죠?
나카노	하나의 이유를 꼽자면 인터넷 세상의 엄청난 정보들을 무료로 이용할 수 있기 때문이죠.
제인	아, 굳이 감정이 얽히고설켜 질척질척해진 이야기들을 소설로 읽을 필요는 없다는 말씀이시군요.
나카노	네. 그리고 한 가지 더 말씀드리면 사회가 변화하면서 사람들이 더 이상 그런 것들을 필요로 하지 않게 되었다는 것이죠.
제인	대중들이 스스로의 욕망을 거리낌 없이 표출할 수 있게 된 것도 하나의 원인이 되었을 것 같아요. 그렇다면 앞으로는 어떤 엔터테인먼트가 등장하게 될까요?
나카노	다른 건 몰라도 정치가 엔터테인먼트로 되는 것은 생각하기도 싫네요.

제인	미국은 이미 그런 나라가 되어 버렸죠.
나카노	무관심한 것 보다야 나을 수는 있겠지만 모두가 이상한 것에 관심을 갖는 것만큼 무서운 건 없다고 생각해요. 물론, 제가 아무리 이렇게 이야기해 봤자 이미 세상의 흐름은 그런 식으로 바뀌고 있지만요. 하지만 혹시나 제 말에 영향을 받을 분이 한 명이라도 계실 수 있으니 이 자리에서 말씀 드릴께요. '저는 정치가 엔터테인먼트화 되는 것을 반대합니다!'라고요.
제인	앞으로 세상이 어떻게 변하게 될지 기회가 된다면 다시 한 번 이야기를 나눠보고 싶네요. 나카노씨! 오늘 나와 주셔서 감사합니다.

다나카 토시유키

1975년생 다이쇼대학 심리사회학부 준교수

무사시 대학원 박사 과정 취득, 사회학 박사

후생노동성의 이쿠맨(육아하는 남성) 프로젝트 추진위원회위원

시부야 구 남녀 평등 및 다양성 사회추진회의위원 역임

저서로는 「중년 남성 르네상스」 등이 있음

남성의 자살률이 압도적으로 높은 이유

제인　저는 인터넷 기사를 통해 교수님에 대해 처음 알게 되었어요. '남성들이 쉽게 힘들다는 소리를 하지 못하는 이유', '남성이 사회로부터 받는 압박감' 등에 대해 말씀하신 것을 보고 정말 공감되는 부분이 많아 제 트위터에 올리기도 했죠. 이후 함께 대담에 참여하게 되었는데 그게 벌써 3년 전이네요. 당시의 대담 내용이 Cybozu(일본의 그룹웨어 서비스 기업) 사이트에 여전히 게재되어 있더라고요. 대담 이후 3년이 지난 지금, 실제로 남성학에 대해 변화되었다고 느껴지는 부분이 있나요?

다나카　솔직히 남성학에 대한 인지도는 여전히 낮은 게 현실이죠. 하지만 과서에 비하면 어느 정도 비판의 목소리도 나올 만큼 남성학에 대한 관심이 조금은 높아지지 않았나 라고 생각하고 있어요. 제인씨처럼 공감해주시는 분들이 계신 반면, 남성들이 겪는 '세상 살기 힘들다'라는 문제 설정에 반발하시는 분들도 계시거든요.

제인　반발하는 의견에는 어떤 것이 있나요?

다나카　크게 두 부류로 나눌 수 있는데요. 하나는 여성들이 훨씬 살기 힘든 사회에서 무슨 남성의 어려움을 주장하는가? 이런 의견이죠.

제인　아, 남성과 여성 중 어느 쪽이 더 살기 힘든가? 라는 문제네요.

다나카　물론, 일본처럼 뿌리 깊게 여성에 대한 차별이 남아 있는 사회에서 남성의 어려움을 논하는 것 자체에 거부감을 느끼는 것은 이해해요.

다만, 제인씨도 말씀하셨다시피 여성의 문제, 남성의 문제는 동전의 양면과도 같은 것이거든요. 예를 들어, 세 살까지는 어머니가 자녀 양육에 전념해야 아이가 제대로 성장할 수 있다는 이른바「세 살의 기적」이라는 말이 있잖아요. 그런데 이「세 살의 기적」이라는 것은 아버지가 정년까지 일해서 가족들을 부양한다는 대전제가 있을 때 성립되는 것이거든요. 그러니까 이렇게 두 가지가 한 세트인 셈인데, 그 중 어느 한 가지만 해결하는 것은 사실상 불가능하죠. 그래서 남성학을 통해 성별이 자신의 삶에 미치는 영향에 대해 남성들이 주체적으로 생각해 볼 수 있는 계기를 마련했으면 하는 바램이에요. 그리고 한 가지 더, 제 개인적으로는 납득하기 어려운 의견이긴 하지만 '남자들이 힘들 게 뭐가 있냐', '애초부터 남자들은 힘들게 살지 않았다'라는 의견들이 있어요. 이런 상황으로 봤을 때 예전 보다는 확실히 남성학에 대한 사회적 관심이 높아지긴 했지만 앞으로는 어떻게 하면 좀 더 심도 있게 논의를 해 나갈 수 있을지를 생각해 봐야 하지 않을까 싶어요.

제인 그동안 숨어 있던 남성학이 수면 위로 모습을 드러내기 시작했으니 다양한 목소리도 나올 수 있는 것이죠. 어쨌든 진일보 했다고 볼 수 있겠어요.

다나카 네. 이제껏 남성학에 대한 인식 자체가 없었으니 당연히 리액션도 없었던 거죠. 사회적 인식이 생겨나면서 그에 대한 반응이 따라온 것이니 말씀하신 것처럼 한걸음 전진했다고 볼 수 있겠네요.

제인 말씀 나누기에 앞서 남성학이란 무엇인가? 간단히 설명을 부탁드려도 될까요?

다나카 네. 남성이 남성이라는 이유로 떠안게 되는 고민이나 갈등 같은 문제들을 사회 구조 및 역사적 배경과 연관 지어 고찰해보는 학문을 남성학이라고 해요. 가장 이해하기 쉬운 예가 바로 자살인데요. 일본에서는 1990년대 후반부터 2010년대 전반까지 14년 연속으로 매년 3만 명이 자살을 했어요. 그런데 수치를 살펴보면 여성이 1만 명을 넘은 해는 한 번도 없어요. 항상 남성이 2만 명 이상 자살을 한 것이죠.

제인 70% 정도가 남성이네요.

다나카 같은 일본 사회에 살고 있으면서 성별에 따라 자살자의 수가 이렇게나 차이가 난다는 것은 이상한 일이죠. 결국, 이러한 차이는 남성이라는 성별이 자살의 원인이 되고 있다고 생각해야만 이해할 수 있는 것이에요.

제인 그동안 자살자의 70%를 남성이 차지하고 있다는 사실이 크게 문제화되지 않았다는 것 자체가 엄청 무서운 일이네요.

다나카 과로사, 과로로 인한 자살 등 사실, 있어서는 안 될 일이죠. 그런데 이런 시대에 대한 세간의 반응도 성별이나 연령에 따라 차이가 나타나거든요. 예전부터 중년 남성들은 항상 피곤하고 지친 존재라는 이미지가 있잖아요. 중년 남성에 대한 고정 관념이죠. 그러다 보니 야근에 주말 출근까지 지칠 대로 지쳐 있지만 본인도, 주위 사람들도 '남자들은 원래 다들 이렇게 사는 거 아닌가요?'라고 수긍해 버리게 되죠. 지쳐 있는 게 당연한 중년 남성 집단에서 누군가 건강이 안 좋아져 쓰러진다 해도 놀라지 않는 세상이 되어 버렸어요. 게다가 과로사나 과로로 인한 자살 같은 심각한 사태에 대해서 한 번 정도만 뉴스에서 보도되고, 계속적으로 거론되는 일은 거의 없거든요.

실제로 대형 마트에서 근무하던 40대 남성이 과로사 했을 때는 신문에 작은 기사로 딱 한 번 실렸을 뿐 후속 기사도 없었죠. 모두 살기 위해 일하는 것이지, 일하기 위해 사는 것은 아니잖아요. 성별을 불문하고 일하다가 죽는 일은 있어서는 안 되겠죠. 사실, 남성 스스로가 자신보다 일을 먼저 생각하는 측면도 있기 때문에 가장 먼저 남성들 스스로 자신을 소중하게 여기라고 말하고 싶어요.

제인 확실히 그동안 남성들은 사회적으로 많은 특권을 누렸으니 좀 함부로 대해도 괜찮지 않을까? 라는 역차별적 사고를 가진 사람들이 있어요. 그런데 거기서 '그 동안 많이 누렸으니 좀 참지 뭐'라고 수긍하는 남성은 거의 없거든요. 왜냐하면 이득을 보는 남성들만 있는 건 아니니까요. 기득권자들이 가져가고 남은 것들을 일부의 남성들이 차지하는 것에 불과하죠. 그러다 보니 아예 손해만 보는 남성들도 생겨나게 되고, 그들에게 쌓인 스트레스가 자신보다 약한 대상의 여성, 어린 아이, 애완 동물에게까지 향하는 일이 발생하게 되거든요. 결국, 어느 한쪽의 문제만 해결된다고 OK라고 할 수는 없는 문제라고 생각해요. 등을 맞대고 서로에게 기대고 있는 모습과도 같죠. 제가 이런 이야기를 하면 저에게 명예 남성이라고 말하는 사람들도 분명 있을 거예요. 이 세상에 여자로 태어나 페미니즘을 전면에 내세워도 모자랄 판에 남성의 편에 서서 이야기한다고 말이죠. 하지만 여성이 스스로 결정권을 갖는 성차별 없는 사회를 만들려면 한쪽의 의견에만 귀를 기울여서는 해결되지 않잖아요. 양쪽의 입장을 모두 고려하지 않으면서 그런 사회를 만든다는 것 자체가 어불성설이죠.

> **'이거 좀 문제가 있는데?'라는
> 생각이 드느냐, 그렇지 않느냐의 차이**

다나카   남성은 여성에 비해 사회적 지위를 얻기 쉬웠고, 그로 인해 경제적으로도 우위에 있을 수 있었죠. 따라서 자살이나 장시간 노동은 특권에 대한 일종의 비용 아니냐고 말하는 사람들도 있잖아요. 하지만 현실을 살펴보면 그런 특권들이 점점 줄어들고 있어요.

제인   맞아요. 앞서 말씀하신 대형 마트 근무 중 과로사 한 40대 남성의 경우만 하더라도 목숨을 걸 만큼 많은 급여를 받고 있었던 것도 아니잖아요. 단순히 특권을 갖는 대신 비용을 지불하는 부류와 특권을 갖지 않는 대신 비용이 발생하지 않는 부류의 이분법으로 생각할 수 있는 문제도 아니고요. 그렇다 보니 어떻게 하면 불공평하지 않게 개선해 나갈 수 있을지 저는 사실 잘 모르겠거든요. 왜냐하면 성별 간의 문제가 해결된다고 해도 개인 간의 불평등 문제가 여전히 남아 있기 때문이죠.

다나카   무엇으로 평등을 실현시킬 수 있는가의 문제네요. 일본의 경우 입사 동기라도 대개 여성보다 남성의 진급이 빠르죠. 정규직 풀타임 근무에서 조차, 여성의 임금이 남성의 70% 수준에 불과해요. 남성이 300만원을 받는다면 여성은 210만원을 받게 되는 셈이죠. 게다가 직장 내에서 여성들에게 중요한 보직이 돌아가지 않는다는 건 안 봐도 뻔한 일이잖아요. 그러니까 애초에 종합직(기업에서 기획 등 종합적 판단이 필요한 업무에 종사하여 장차 관리직 임원으로

	진급될 수 있는 직무 층)과 일반직의 구분을 없애고, 누구나 평등하게 일할 기회를 제공할 필요가 있지 않나 생각해요.
제인	네. 확실히 기회의 평등을 실현하는 것이 선결되어야 한다는 점에 동감해요. 한편에서는 여성 관리직 비율을 20%로 늘리자, 30%로 늘리자, 목표 달성하는 것처럼 말씀하시는 분들도 계시잖아요. 단순한 숫자 차원의 문제가 아닌데 말이죠. 기업과 개인의 대립 방식도 과거와는 많이 달라져서 점점 기업과 개인이 1:1의 대등한 관계로 변해가고 있다고 생각해요. 그렇다 보니 기업은 경영 전반에 걸쳐 책임 의식을 갖지 않으면 비난 여론에 휩싸이기 쉽죠. 이런 상황을 방지하기 위해서라도 근무자들의 다양성이 필수 불가결한 일이겠지만 그런 것에 대해 문제 의식을 갖는 경영자들이 많지 않다는 생각이 들어요. 예를 들어, 누군가가 '이거 좀 문제가 있어 보여요'라고 말했을 때 '정말 그렇네요'라고 문제 의식을 갖는 사람이 주변에 단 한 명도 없다면 혼자서 왜 이것이 문제인지에 대해 주위 사람들을 일일이 설득시켜야 하잖아요. 게다가 이런 일이 반복되게 되면 그때마다 엄청난 에너지를 소비하게 되죠. 회사 전체를 설득하러 다니느라 정작 다른 일을 할 기회들을 놓치게 되어 버리기도 하고요. 그러다 보면 '혼자서 목소리를 높여 봤자 아무것도 변하는 것은 없구나'라고 포기하게 되는 상황이 발생할 수 있다고 생각해요. 그런 것들이 결과적으로 그동안 간과되어 오던 기저귀나 여성 생리용품 광고에 대한 비난 여론으로 이어지게 된 것이 아닐까 생각해요. 광고를 보며 '아니, 어떻게 저런 광고가 사내 회의를 통과한 거지?'라고 생각하지만, 사실 기업의 결정권자 이외에도 뭔가 광고에 문제가 있다는 것을 인식한 사람이 많지 않았다는 이야기이겠죠.

하지만 이건 문제 의식을 가진 사람이 아예 없었다는 말은 아니거든요. 문제 의식을 갖는 부류의 층이 두터워지지 않으면 이런 일은 앞으로도 계속 일어나게 될 거라고 생각해요.

다나카   말씀하신 점에 저도 전적으로 공감해요. 특히나 유명 대기업들의 경우 명문 중학교나 고교 일관제 남자 고등학교를 나와 일류 대학을 졸업한 중년 남성 군단이 회사 내에도 비슷한 집단을 형성하고 있는 경우가 많거든요. 그렇기 때문에 앞서 제인씨께서 말씀하신 사태들이 발생하는 거구요. 더욱이 젠더 갈등의 경우 이 문제에 가장 관심을 가져야 할 사람들에게는 절대 전달되지 않는 경향이 있거든요. 무엇이 문제인지, 그것이 왜 문제가 되는지조차 관심이 없는 경우가 많죠. 그리고 이 부분은 3년 전과 크게 달라지지 않았다고 생각해요. 남성들의 경우 경제나 정치 같은 굵직한 주제에 대해서는 이야기하기 쉬워도 자신의 일상 생활로 시선을 옮겨 생각하는 것은 어렵게 느끼는 경우가 많거든요. 그러다 보니 그런 문제들을 직면해도 제대로 인식하지 못하게 되는 거죠.

제인   3년 전에도 같은 말씀을 하셨었죠.

다나카   네. 그런 부분은 아직도 변함이 없어요. 자신들의 생활로 시선을 옮겨 생각해 본다는 것이 너무 어렵다고 말하는 남성들이 여전히 많아요. 물론, 최근에는 제 강연에 오시는 분들 중 남성이 차지하는 비율도 늘어나긴 했지만 남성학이라는 타이틀이 붙어 있음에도 여전히 청중의 70~80%는 여성분들이거든요. 그리고 그분들의 대다수가 '오늘 이야기는 남편에게도 들려주고 싶어요'라고 말씀하세요. 결국, 얼마나 문제 의식을 불러 일으킬 수 있느냐가 관건이라고 생각해요.

제인   맞아요. 강연에 참석한 여성들도 교수님의 이야기를 듣고 그동안 '남자가 겨우 그 정도 밖에 안돼?'라고 아무렇지 않게 내뱉었던 말들이나 자신도 모르게 남녀 문제에 대해 이중 기준을 가지고 있었다는 점에 대해 깨달은 바가 있었을 거라 생각해요. 어떤 문제점에 직면했을 때 바로 문제 의식을 갖느냐, 그렇지 못하느냐 라는 점에서 좀 더 이야기해 보도록 하죠. 20여년 전 유학 시절에 친구 한 명이 백인 남성으로부터 '나는 자유주의자라서 너희 같은 아시아인과도 차별 없이 이야기할 수 있어'라는 말을 들은 적이 있었어요. 이런 이야기를 들은 일본인의 99.9%는 분노가 치밀어 오를 거라고 생각하지만 막상 당사자가 아닌 사람들 중에는 분노를 느끼지 않는 사람도 있다고 해요. 왜냐하면 그 말을 듣자마자 '문제다!'라고 느낄 수 있는 환경에 있지 않기 때문이죠. 실제 사례를 본 적이 없으니 상상력이 발휘되지 못하는 거예요. 다양성이란 것이 이제까지는 일종의 논리관에 근거해 중요하게 여겨져 왔지만 지금은 다양성에 관한 문제를 보고도 문제 의식을 느끼지 못하는 기업이 있다면 기업의 존속 자체가 위험해질 수도 있다고 생각되거든요. 모든 일을 이해타산적으로만 생각하다 보면 '논리나 도덕적인 문제뿐만이 아니라 회사에 직접적인 손해가 발생할 것'이라고 경고해 주고 싶을 정도죠. 실제로 저도 기업의 PR 컨설팅 업무를 몇 번 의뢰받은 적이 있었는데요. '이 기획대로 진행하면 비난 여론이 엄청날 것 같은데요'라고 솔직히 말씀드렸더니 여성 담당자분께서 '실은 저도 문제가 있다고 생각했지만 사내에서 제 의견을 공유할 만한 분들이 없어서요'라고 말씀하신 적이 있어요. 분명 문제를 직감했지만 혼자서는 어떻게 할 수가 없었던 거죠.

다나카	ENEOS(석유 제품의 정제 및 판매를 하는 일본 기업)의 광고 중에 '저렴한 전기로 바꿀 것인가, 돈 잘 버는 남편으로 바꿀 것인가'라는 광고는 비난 여론이 조성되는 듯했지만 의외로 그렇게 큰 파장이 일진 않았잖아요. 남성에 대한 성차별이라는 개념으로 설명할 수 있는 광고이지만 여성이 겪는 성차별 문제에 비하면 그다지 주목받지 못했죠. 남성에게 돈을 많이 벌어 오기를 바라는 것은 여성에게 가사나 육아에 전념하라는 것과 같은 차원의 이야기인데 말이죠.
제인	'돈을 잘 버는 남편으로 바꾼다'라는 발상은 아내가 남편만큼 벌지 못한다는 전제가 있어야만 가능한 것이거든요. 남편이 밖에 나가서 일하는 편이 돈을 더 많이 벌 수 있다는 사회 구조가 그 광고 안에 녹아 있는 거죠. 그 광고를 보면서 남성들뿐만 아니라 여성들까지 무시하고 있다는 생각이 들었어요.

바람직한 미래의 모습을 상상해 보다

다나카	확실히 아직까지는 풀타임으로 맞벌이를 하는 가정이 많지 않기 때문에 광고에서 가사나 육아를 어떤 식으로 표현하느냐는 어려운 문제라고 생각해요. 현실적으로 남성들의 가사나 육아에 대한 참여도가 높지 않으니 어떻게 보면 광고에서 집안 일하는 남편, 아이를 돌보는 아빠의 모습이 등장하지 않는 건 당연한 일이죠.
제인	기업 광고가 현실을 그대로 반영해야 하는 것인가, 지향해야 할 바람직한 미래의 모습을 보여줘야 하는 것인가의 문제네요. 앞에서도

말씀드렸지만 한 기업에서 기저귀 광고가 많은 상황에 대해 비난을 받은 적이 있잖아요. 광고 속에 등장한 전쟁 같은 일상이 주부들에게는 흔히 있는 일상 생활이라고 대수롭지 않게 말하고 있는 것도 문제지만, 가장 문제가 된 점은 '이러한 전쟁터 같은 현실도 지나고 보면 언젠가는 소중한 추억으로 남는다'는 카피 문구가 아닐까 싶어요. 참! 쉽게들 말하는 것 같아요. 인간의 상상력이란 것이 어차피 기존에 알고 있던 것들을 짜깁기해서 재구축하는 것이다 보니 보고 싶은 미래의 모습을 어느 정도는 가시화해서 제시해줄 필요가 있다고 생각해요. 그래야 변할 수 있으니까요. 3년 전 교수님과 대담을 나눴을 때만 해도 중, 노년층 남성들이 가게 계산대에 서서 일하는 모습을 보면 왠지 좀 짠한 기분이 들었거든요. 그런데 지금은 도쿄 어디를 가도 남성들이 계산대에서 일하는 모습을 쉽게 찾아볼 수 있잖아요. 사실, 성 평등이 실현되었다는 것 보다는 경기 침체가 주요한 원인이긴 하지만 그래도 그런 광경이 눈에 익숙해지다 보니 더 이상 '짠하다'라는 마음이 들지 않게 되더라구요. 결국, 일상적으로 보게 되는 것들을 통해 사람들의 인식도 바뀔 수 있다는 것이죠. 다시 기저귀 광고 이야기로 돌아가서 팸퍼스의 세계, P&G의 광고에서는 '아이들은 사회 전체가 함께 키워나가는 존재'라는 메시지가 있어요. 그것이 진짜인지 아닌지는 차치하더라도 광고를 통해 전달된 메시지에 사람들의 시선을 향하게 함으로써 스스로 본 것들을 구체적으로 자신 안에서 이미지화할 수 있게 되는 것이 아닐까 생각해요.

다나카   맞아요. 시선을 향하게 한다는 점에서 보면 제인씨 원작의 만화 「미중년(未中年)」이 생각나네요. 주인공이 중년 여성이라는 설정은 사실 보기 드물잖아요. 스토리가 탄탄해서 저도 그 세대 여성들이

	안고 있는 고민이나 갈등을 이해할 수 있어서 아주 흥미롭게 읽었어요.
제인	드라마로 화제가 되었던 「도망치는 건 부끄럽지만 도움이 된다」도 원작 만화가 굉장히 참신했어요. 결혼하면 집안 일을 무료로 해결할 수 있다는 생각에 대해 그야말로 애정 페이 아니냐는 대목은 정말 압권이었죠.
다나카	결혼이나 자녀 계획에 대해 개인이 선택할 수 있는 시대가 되었잖아요. 하지만 독신에 자녀가 없는 사람의 경우 중년 이후의 인생을 어떻게 살아갈 것인가? 라는 것은 아직 미지의 영역이죠. 그렇다 보니 드라마나 만화가 새로운 삶의 방식을 제시해 주고 있다는 생각도 드네요.

> **원 스트라이크 정도는
> 서로 못 본 척하자고요**

제인	그런데 엔터테인먼트 분야에서는 오히려 과거로 돌아가려는 움직임도 보이거든요. 과거에는 방송에서 허용되던 콘텐츠들이 규제 대상이 되기도 하고, 방송 심의 규정도 예전보다 많이 까다로워졌죠.
다나카	특히 텔레비전 방송이 그렇죠.
제인	과거에는 지상파 방송에서조차 여성의 신체 노출이나 선정적 장면들을 여과없이 내보내기도 했었죠. 예전에 한 방송에서 자유분방한 이미지의 개그맨이 '옛날처럼 TV에서 여자 가슴이 나왔으면 좋겠

	다'라고 말하는 것을 본 적이 있거든요. 본인은 재미있는 농담이라고 생각할지 모르겠지만 뭐가 문제인지조차 인식하지 못하는 위험한 사고 방식의 전형이 아닐 수 없어요.
다나카	개그맨들의 세계는 단순히 숫자만 따져보더라도 그렇지만 개그 경쟁에서 이기는 것에 가치를 두는 점에서도 남성 중심 사회라고 할 수 있어요. 그렇기 때문에 그러한 발언도 자연스럽게 나올 수 있는 것이죠.
제인	그리고 혹여 문제 인식을 하지 못하는 사람이 있더라도 어느 정도 관대함을 가지고 대하는 것이 중요하다고 생각해요. 원 스트라이크 정도는 서로 간에 못 본 척해주는 센스가 필요한 것 같아요. 요즘은 사회적으로도 화가 나면 애써 참지 말라는 분위기가 강하게 나타나고 있잖아요. 참지 말아야 한다는 점에서는 저도 찬성이지만, 화를 내는 목적이 단순히 감정을 발산시키는 것이라면 불이 확 붙었다 금방 꺼져버리는 가스 점화기 같은 화는 결국 자신에게 독이 될 뿐이라고 생각해요.
다나카	그렇죠. 결국, 자신의 감정을 주체하지 못하고 내가 화났다는 것을 보여주고 싶은 것뿐이거든요. 그래서 화를 낼 때에도 화를 내는 목적이나 화를 낸 이후의 영향에 대해서 생각해 볼 필요가 있지 않나 싶어요.
제인	재미있는 것이 라디오에서 제가 강한 어조로 말을 하면 청취자들에게서 바로 거부 반응이 나타나거든요. 그런데 같은 말을 어조만 살짝 온화하게 바꿔 말하면 그런 반응이 안 나타나요. 그런 걸 보면 말 자체가 아니라 어조에 따라 말하는 사람의 감정이 다르게 전달되는 게 아닌가 싶거든요.

| 다나카 | 그런 것이 바로 척수 반사이죠. 뇌의 개입 없이 즉각적으로 나타나는 무의식적 반응인 거예요. 1975년에 하우스 식품(일본의 대형 식품 회사)에서 '저(여성)는 만드는 사람, 저(남성)는 먹는 사람'이라는 인스턴트 라면 광고를 찍었다가 여성단체로부터 거센 항의를 받은 적이 있어요. 마침 그 해가 UN에서 지정한 국제 여성의 해였다는 점도 작용해서 왜 이런 표현이 문제인지에 대해 논의가 심화되는 계기가 되었죠. 만약, 그때 제인씨 말씀처럼 원 스트라이크를 눈 감아주지 않았다면 근본적인 문제 인식과 앞으로의 개선 방향에 대해 생각해 볼 기회조차 없었을 거라 생각해요. |
| 제인 | 한 번 실수하면 끝인 원 스트라이크 아웃 사회는 참 냉혹하죠. 그런 의미에서 바로 문제 의식을 직감하지 못하는 사람이더라도 비난만 할 게 아니라 그것이 왜 문제인지 생각해 볼 수 있는 기회를 주도록 의식적으로 노력해야겠다는 생각이 드네요. 반대로 바로 문제 의식을 직감하지 못하는 사람들도 다른 사람의 이야기에 귀를 기울일 줄 아는 여유를 가져야만 변화할 수 있을 테니까요. 말하고 보니 이 두 가지도 한 세트네요. |

다양성, 놀이 문화 그리고 여가 생활이 있는 삶

| 다나카 | 모두가 살기 편한 사회를 만들기 위해서는 당연히 다양성을 지탱해 줄 관용이 필요하죠. 그런데 지금의 일본은 얼핏 보기에는 친절하고 |

예의 바른 사람들이 많은 사회처럼 보이지만, 그러한 친절은 관용이라기 보다는 어쩌면 무관심의 다른 표현이라는 생각이 들거든요. 중요한 것은 타인에 대한 존중과 오픈 마인드가 전제된 관용이라고 생각해요.

제인　　　모두가 사이좋게 지낼 수는 없잖아요. 서로 존중해 주는 것만으로도 충분하죠. 그러다 보면 기회의 균등도 실현될 수 있지 않나 생각해요.

다나카　　규격화된 틀에 스스로를 딱 맞게 끼워 맞춰야만 안심하는 사람들이 있잖아요. '나이가 이쯤 되었으니 결혼해야지', '결혼했으니 아기도 낳아야지', '하나는 외로우니까 둘은 낳는 게 좋지 않을까?', '언제까지 전세로 살 수는 없잖아. 내 집 마련은 꼭 해야지' 이런 식으로 말이죠. 하지만 사람들은 모두 다르잖아요. 무리해서 정해진 틀에 자신을 끼워 넣을 필요는 없지 않을까 싶어요.

제인　　　현재의 자신에게 OK라고 말할 수 있느냐가 중요한 것 같아요. 게다가 인간은 늘 세세한 규칙들을 새로이 만들고 싶어하는 경향이 있죠. 예를 들어, 부의금으로 신권은 절대 안 되는 줄로만 알고 있었는데, 언제부터인가 신권을 준비해서 모서리를 조금씩 구겨서 넣으면 상관없다고 말하기도 하잖아요. 사실, 부의금이라는 것은 마음이 중요한 것이지 신권, 구권을 따질 문제는 아니거든요. 그런데 겉으로 보이는 형식만을 따르다 보니 정작 내용이나 본질에 까지 생각이 미치지 못하게 되는 것이 아닌가 싶어요. 이런 점만 보아도 인간이 규칙 만들기를 얼마나 좋아하는지를 알 수 있죠. 그리고 그렇게 만들어 낸 규칙에서 벗어나는 사람들을 배척하거든요. 형식주의와 다양성은 그야말로 상극이라고 할 수 있겠네요.

| 다나카 | 요즘 젊은 세대들이 구직 활동하는 것만 보더라도 저렇게까지 획일화될 필요가 있나 싶은 생각이 들어요. 약속이라도 한 듯 모두가 검정색 수트에 검정 구두, 검정 가방을 들고 오죠. 여성 구직자라면 한 번쯤은 들어 본 말이겠지만 '면접을 볼 때 화장을 하지 않는 것은 예의가 아니다'라고 매너 강사라는 분들이 말하거든요. 결국, 제인 씨가 말씀하신 것처럼 지금 일본 사회의 구직 활동 테두리 안에서 여성들은 자신을 예쁘게 꾸미는 편이 훨씬 유리하다는 게 하나의 규칙처럼 되어 버린 셈이죠. |

| 제인 | 관례나 관습 같은 것들도 본질적 의미는 생각하지 않은 채 형식만을 따르는 경우가 많잖아요. 이런 현상들이 일어나는 이유는 스스로 생각하지 않고, 그냥 정해진 형식을 받아들이는 것이 훨씬 편하기 때문이죠. 특히나 남녀의 역할 같은 부분에서도 여자들은 가정을 지키고, 남자들은 밖에서 일하는 것이야말로 진정한 가정의 모습이라는 생각을 그대로 받아들여 왔던 것이죠. 그리고 또 하나는 바로 스토리텔링도 중요한 키워드라고 생각해요. 누구나 스토리가 있는 걸 좋아하잖아요. 온라인 쇼핑몰에서조차 상품을 팔기 위해서는 스토리텔링이 필요하게 되었죠. 우연히 들른 두부 가게에서 연두부 한 조각을 맛보고는 '우와, 이렇게 맛있는 두부는 처음 먹어봐요'라고 감동한 사람이 있었어요. 그런데 두부 가게 사장님이 '하지만 가게를 이어갈 사람이 없어서 조만간 문을 닫게 생겼어요'라고 말하는 거죠. 그 말에 '아, 그렇다면 제가 한 번…' 이렇게 결심하게 되었다는 초짜 두부 가게 사장님의 스토리… 이런 것을 사람들은 원한다는 거죠. 라쿠텐(인터넷 관련 서비스 기업 라쿠텐 그룹에서 운영하는 인터넷 쇼핑몰)만 봐도 남다른 론칭 사연이나 제품의 히스토리로 어필하는 상품들이 많이 보이거 |

든요. 수많은 상품 중에서 소비자들의 시선을 끌기 위해서는 체온이 느껴지는, 다시 말해 진정성 있게 사람들의 마음을 움직일 수 있는 스토리가 필요하게 된 세상이죠.

다나카 　다큐멘터리를 보는 것 같은 느낌이 드는 광고도 있잖아요.

제인 　맞아요. 환경 단체에 대한 후원 캠페인 광고 같은 것들이 그렇죠. 상품뿐만 아니라 인간의 도리나 이치 같은 부분에서도 진정성이 요구되는 시대라고 할 수 있을 것 같아요. 그런 의미에서 볼 때 다양성에 관해 실제로 경험해보는 것이 가장 좋겠지만 현실적으로 한계가 있잖아요. 그러니까 스토리로 보여주는 것이 중요한데, 엔터테인먼트로서 접할 수 있도록 만들어 가는 것이 필요하지 않나 싶어요.

다나카 　그렇죠. 실제로 경험할 수 있는 것에는 한계가 있으니까요.

제인 　다시 여성들의 화장에 대한 이야기로 되돌아와서 얼마 전 TV 출연을 한 적이 있는데, 방송 후 제 트위터에 '화장도 안 한 여자가 무슨 말을 한들 설득력 제로'라는 리뷰가 달렸더라구요. 50대 중반 정도로 보이는 남성이 보낸 내용이었는데, 그분의 트위터를 살펴보니 본인 스스로 만족할 만한 삶을 살고 계신 분은 아닌 것 같더라구요. 앞에서도 언급했지만 이런 사람들의 불만이 해결되지 않으면 결국 그 화살이 여성, 어린 아이, 애완 동물들로 향하게 되는 거죠. 만약, 제가 그분과 동년배 혹은 나이가 더 많은 남성이었다면 그런 리뷰를 달지는 않았을 거라 생각해요.

다나카 　사회 전반적으로 여가나 놀이 문화의 비중이 낮은 것도 영향이 있다고 생각해요. 맞벌이 가정을 인터뷰해 보면 가정과 직장 사이를 왔다 갔다 하는 것만으로도 겨우 버티고 있다는 느낌을 많이 받거든요. 자신만의 시간 같은 것은 없는 거죠. 개인적 시간을 갖는다는 것

	자체가 사치라고 말하는 사람들도 있을 정도니까요. 많은 사람들이 일을 끝내고 곧장 집으로 돌아가 집안 일을 하고, 집안 일이 끝나면 다시 일터로 향하는 반복적인 일상 속에 살고 있어요. 하지만 이런 생활을 언제까지 버텨낼 수는 없는 법이죠. 풀타임으로 맞벌이를 하는 부부들에게 인터뷰를 하면 가장 많이 듣는 말이 바로 '생활이 제대로 돌아가지 않는다'라는 말이거든요.
제인	그렇군요.
다나카	자전거를 탈 때 쓰러지지 않으려면 계속 페달을 밟아야 하잖아요. 그것처럼 무리를 해서라도 지금의 상태를 계속 유지하려고 애쓰는 불안정한 상태인 거죠. 그렇지만 대부분의 경우 외부에서 도움을 구한다거나 가족 문제를 외부에 오픈한다는 발상을 하지는 못하거든요. 그런 면에서 라디오 방송의 상담 프로그램은 매우 좋다고 생각해요. 아무에게도 말하지 못했던 고민들을 이해 관계없이 상담할 수 있으니까요.
제인	메시지 보틀(병) 같은 것 아닐까 싶어요. 내 메시지를 누군가가 읽게 될지 어떨지 모르겠지만 우선 유리병에 담아 띄워 보내는 거죠.
다나카	다른 사람과 대화를 나눠 보는 것도 한 가지 해결책이 될 수 있어요. '우리 집은 이러 이러하다'라고 이야기를 하고 상대방에게 객관적인 의견을 들었을 때 해결의 실마리를 찾을 수도 있거든요. 사실, 당사자들끼리 아무리 얘기해도 좀처럼 발견하기 어려운 부분들이 있잖아요.
제인	타인의 개입이 필요한 일이네요. 미국이나 유럽에서는 부부가 함께 카운셀링을 받기도 하잖아요. 그런데 생각해보면 카운셀링의 효과보다 그동안 숨기고 있었던 자신들의 곪아 터진 상처를 외부에 드러낸다는 것 자체에 의미가 있지 않나 싶어요.

다나카	제가 요즘 Mynavi(일본의 구직 관련 웹사이트)의 기획 연재로 다양한 기업에서 근무중인 아버지들을 인터뷰하고 있거든요. 얼마 전 CyberAgent(인터넷 광고, 미디어, 게임 사업을 주로 하는 일본 기업)에서 만난 분은 남자들끼리 가정에 대한 이야기를 좀 더 나누고 싶다며 언제 한 번 술자리를 갖자고 말씀하시더라구요. 그런 자리에서 자신의 이야기를 가볍게 나누는 것도 좋은 방법인 것 같아요.
제인	네. 와이프에 대한 불만도 좀 얘기하면서 말이죠.
다나카	남자들끼리만 모이면 다들 꽤 수다쟁이가 돼요. 누군가에게 터놓고 얘기하는 것만으로도 마음이 가벼워지거든요. 그런데 많은 남성들이 이렇게 마음이 가벼워지는 것을 별거 아닌 것처럼 생각하기 쉬운데, 사실 굉장히 중요한 부분이라고 생각해요. 만약, 대화 도중 다른 사람의 이야기를 중간에 가로막거나 부정하지 않는다는 규칙을 정해두면 훨씬 더 원활하게 대화가 이루어지겠죠. 그 말은 결국, 평소에 특히나 남자들끼리의 대화에서는 중간에 누군가 내 말을 자르지 않을까, 내 말에 대해 잘못됐다고 말하지 않을까 라고 항상 염려하고 있다는 것이죠.
제인	확실히 남성들은 부정당하는 것에 민감한 것 같아요. 그러고 보니 3년 전에 이런 이야기를 나눈 게 기억이 나네요. 여성들이 '사, 시, 스, 세, 소'로 남성들을 기분 좋게 만들 수 있다는 이야기요. 사(사스가 : 역시~ 하고 상대를 칭찬하는 말), 시(시라나깟다 : 정말? 난 그동안 모르고 있었는데 너로 인해 알게 되었어 라는 말), 스(스고이 : 대단해! 라는 말), 세(센스가 이이 : 감각적이고 센스가 있다는 칭찬의 말), 소(소우난다 : 아~ 그런 거구나! 라고 새삼 놀랐을 때 사용하는 말) 이렇게 다섯 가지 칭찬의 말이었죠. 처음 그 이야기를

들었을 때는 여성 입장에서 불쾌감이 들었거든요. 그런데 지금은 그보다 '남성들에게 있어서 자신이 여성보다 많이 알지 못한다는 것이 그렇게까지 굴욕적인 것인가'라는 생각도 들더라구요. 흔히들 남자들은 자기보다 좀 부족한 여자를 만나는 게 편하다는 말을 하잖아요. 그래야 특별히 노력하지 않아도 상대방을 웃게 만들 수 있고 도움이 되는 존재가 될 수 있다고 생각하는 거죠. 예전에는 그런 생각 자체가 태만이라고 생각했거든요. 그런데 3년이 지난 지금, 이런 것이 남녀의 섬세함 차이에서 오는 문제라는 생각이 들어요. 남녀간에 섬세한 부분과 그렇지 않은 부분이 서로 다르잖아요. '그 부분은 아주 섬세하게 다뤄줬으면 좋겠는데'라고 원했던 부분이 거칠게 다뤄져서 실망하기도 하고, 반대로 '그렇게까지 신경 쓰지 않아도 되잖아'라고 생각해서 한 말이 상대방에게는 엄청난 충격을 주기도 하잖아요.

다나카 최근에 제 학생에게 들은 이야기인데요. 술자리에서 여자들이 사용하는 '아, 이, 우, 에, 오'가 있다고 해요. 아(아게나~이 : 마시던 술을 상대 남성에게 줄 듯하다가 안 줄 거야! 라는 것을 의미), 이(이라나~이 : 필요 없거든), 우(우고케나~이 : 술에 취해서 몸을 가누기 힘들다는 의미), 에(에라베나~이 : 뭘로 하지? 고를 수가 없어), 오(오세나~이 : 누를 수가 없어)라는 건데요. 여기에서 오(오세나이)는 너무 취해서 엘리베이터 버튼조차 누를 수가 없어! 라는 뜻이라고 하더라구요. 결국, 약한 모습을 보이는 것이 남성들에게 인기를 얻는 비결이라는 이야기죠.

제인 정말 세상이 빠르게 변해가는 느낌이네요. 과거에는 남성들에게 보통의 평범한 여자라고 하면 자신보다 경험이 부족하거나 능력이 낮은 여자로 생각하기 쉬웠다면 요즘은 그렇지도 않은 것 같아요. 그러다 보니 남보다 더 눈에 띄게 '아, 이, 우, 에, 오'를 사용해 자신이 부족하다는 점을 스스로 어필하고 있는 것일지도 모르겠어요. 결국, 사회의 통상적인 설정은 여성이 남성보다 위에 있다는 것이죠. 그러니까 스스로가 '저 아무것도 못해요'라고 적극적으로 어필해야만 인기를 끌 수 있는 것이 아닐까 싶어요. 사회 변화의 속도가 이렇게나 빨라졌는데도 여전히 '여자는 남자보다 아래에 있어야 한다'는 마인드에 변함이 없다는 것이 문제라고 생각해요. 커다란 변화의 물결 속에 여러 문제들이 곳곳에 존재하는 것처럼 보이지만 실은 이 모든 것들이 하나로 연결된 문제라는 생각이 들거든요. 여성들의 '사, 시, 스, 세, 소'나 '아, 이, 우, 에, 오'도 남성들이 과로사하는 것을 큰 사회 문제로 인식하지 못하는 현실도 모든 것이 각각 별개의 현상처럼 보이지만 사실은 연관되어 있다는 것이죠. 다시 말해 이런 것들이 모두 젠더로 인해 나타나는 문제라는 점이죠. 단지, 이런 문제들이 각각 하나의 점으로만 인식될 뿐 연결된 선으로 보이지 않고 있을 뿐인것이죠.

공정함을 위한 Core Muscle

제인   교수님께서는 지난 3년 사이에 결혼도 하시고 부모도 되셨잖아요.
다나카   네. 서른 여덟 살까지 싱글로 지내다가 결혼을 기점으로 생활이 급격하게 변하면서 제 스스로도 놀랄 때가 많았어요.

제인   결혼과 출산을 통해 가족 구성원에 다양성이 생기게 된 거네요. 어떤가요? 아이와 여성이 함께 하는 생활이란?

다나카   연애와 결혼은 기능적으로 차이가 있다고 생각해요. 연애를 할 때는 조금 불평등한 부분이 있어도 때로는 연애의 맛을 살려주는 조미료 역할을 하기도 하잖아요. 그런데 결혼은 일상 생활이다 보니 공정함을 잃지 않는 것이 매우 중요하죠. 만약, 결혼을 연애의 연장선으로 생각한다면 그 결혼은 실패할 가능성이 높다고 봐요. 게다가 자녀가 생기면 부모라는 역할이 추가되면서 한 사람이 가정 내에서 남편과 아버지 또는 아내와 어머니라는 두 가지 역할을 수행해야 하잖아요. 부모 자식 관계의 비중이 증가한 만큼 자연히 부부 관계의 비중은 줄어들게 되죠. 그런데 이런 상황을 '애정이 식었다'라고 받아들이게 되면 부부 관계에 문제가 발생하기 시작하는 것이죠.

제인   관계성을 공정하게 유지하는 관점에서 결혼 상대를 고른다면 확실히 연애 상대를 고를 때와는 기준이 달라질 수 있겠네요.

다나카   아이가 엄마, 아빠라 불러주고, 부부간에 서로를 누구 아빠, 누구 엄마라고 부르는 것도 생각보다 꽤 괜찮은 일이라는 것을 아이가 태어나니 알겠더라고요. 제 스스로가 새로운 역할을 맡게 되었다는 사실을 납득할 수 있게 해주거든요. 그리고 부부간에 가사 분담이나 육아에 대해 이야기를 나눌 때는 서로가 평등하게 의견을 주장할 수 있어야 한다고 생각해요. 어느 한 쪽이라도 '연애할 때는 안 그러더니…'라고 말을 꺼내는 순간 대화가 복잡해지기 시작하죠. 연애와 결혼은 별개인데 말이죠.

제인   결혼이란 둘이서 '무슨 일이 있어도 이 회사는 절대 도산시키지 않겠다'는 굳은 신념을 가지고 회사를 운영하는 것과 같다고 생각해요.

그렇기 때문에 공정한 상태를 유지하기 위한 코어 머슬을 단련시켜 흔들리는 다리 위에서도 균형을 잡을 수 있도록 서로가 노력하는 게 아닐까 싶어요. 그렇지만 요즘처럼 맞벌이 부부가 많은 시대에, 특히 도시에 사는 맞벌이 부부에게는 각자 일을 하면서 아이도 키워 가는 생활을 유지한다는 것 자체가 상당히 어려운 일이죠.

다나카 말씀하신 그대로라고 생각해요. 도심에서는 유모차를 끌고 나가는 것 자체로도 엄청난 스트레스를 받잖아요. 길은 좁고 복잡하고, 엘리베이터가 없는 건물도 많죠. 특히나 도쿄에 사는 지방 출신자들은 가까이에 도움받을 만한 가족이 있는 것도 아니다 보니 딱히 의지할 곳이 없는 게 현실이죠. 게다가 자가(自家) 주택 비율도 낮아서 지역에 융화되려는 의식도 높지 않다 보니 공동 육아라는 것도 쉽지 않고요. 도쿄의 교통난을 생각해보면, 설령 직장에 어린이 집이 생긴다 해도 아침마다 콩나물시루 같은 만원 지하철에 아이를 태우고 가기란 쉬운 일이 아니죠. 이 외에도 도쿄의 육아 문제에 대한 불만이 많지만 여기까지만 말씀드리도록 할게요.

제인 '그런 문제들을 해결할 수 있는 것은 결국 돈이다'라고 결론지어 버리면 분명 반기를 드시는 분들도 계시겠지만 가사나 육아 도우미 같은 일상 생활의 아웃소싱을 활용하는 것도 하나의 방법이라는 생각이 들어요. 모든 맞벌이 부부가 무조건적으로 가사나 육아를 1:1로 분담할 수 있는 건 아니잖아요. 그렇다 보니 부부간에 눈치 싸움도 벌어지게 되고, 결국은 어느 한쪽으로 부담이 치우치게 되거든요.

다나카 어린이 집 입학 순위에서도 맞벌이 부부의 자녀가 최우선이긴 하지만 그럼에도 불구하고 도쿄에서는 원하는 어린이 집에 입학하기 위해서는 상당 시간을 대기해야 하는 경우도 많거든요. 말씀하신 것처럼 일상 생활에 아웃소싱을 활용한다면 가사나 육아에 대한 부담도 덜 수 있고, 아이들 걱정도 어느 정도는 해결할 수 있겠다는 생각이 드네요.

제인 말씀을 나누다 보니 더더욱 도시에서 아이를 키우면서 맞벌이를 한다는 것은 쉬운 일이 아니라는 게 실감이 되네요. 그럼에도 불구하고 앞서 언급한 여러 리스크를 떠안으면서까지 아이를 갖고 싶어하는 사람들도 분명 있잖아요. 그런 사람들에게 리스크를 해결할 방안을 제시하지 않으면서 출산율 증가라는 중요한 과제를 맡겨 버린 셈이니 상당히 무책임한 정책이라는 생각이 드네요.

> **가족이나 파트너에게서 해방되어
> 자신만의 시간을 갖기를**

제인 공사 현장에서 폭발 사고를 미연에 방지하기 위해 발생한 가스를 미리 밖으로 뽑아내기도 하잖아요. 부부 사이에도 원만한 관계를 위한 가스 빼기 작업이 필요하다고 생각해요. 그러려면 무엇보다 함께 하는 시간을 줄이고, 각자 자신만의 시간을 갖는 것이 중요하지 않나 싶어요. 물론, 아이가 있는 가정이라면 쉽지 않겠지만요.

다나카 부부 사이에 어느 정도의 거리를 둘 것인가는 참으로 어려운 문제 같아요. 예전에 정년 퇴직자들을 대상으로 인터뷰를 한 적이 있었는데 원만한 부부 관계의 비결로 많은 분들이 '각자의 시간 보내기'를 말씀하시더라구요.

제인	요즘은 자녀를 다 키우고 난 뒤에 졸혼을 하시는 분들도 꽤 계시더라고요.
다나카	저희 집은 일요일 오전은 아내가 오후에는 제가 아이를 보는 것으로 하고 있어요. 그래서 이번 일요일에 저는 오전에 헬스장을 갈 예정이고, 아내는 오후에 대학 동창과 만나기로 했다고 하더라구요. 이렇게 하면 잠시나마 육아에서 벗어날 수 있고, 자신만의 자유 시간도 가질 수 있게 되죠. 일주일에 이런 시간을 한 번이라도 갖게 되면 생활의 질이 180도는 달라지는 게 느껴져요. 단, 온 가족이 다 같이 모일 수 있는 일요일을 이런 식으로 보내게 되면 가족 모두가 함께 할 수 있는 별도의 시간을 마련하는 것도 필요하게 되죠.
제인	어떤 식으로 타협할지가 관건이네요. 저에게는 동거중인 파트너가 있는데요. 서로 간에 너무 가깝지도, 멀지도 않은 관계를 유지하고 있어요. 현재는 합의 하에 제가 나가서 돈을 벌고, 파트너는 집에서 살림을 담당하고 있거든요. 물론, 가사 노동에 대한 대가도 지불하고 있죠. 그런데 수시로 임금 인상 투쟁을 벌이는 바람에 결국 임금 인상을 해 주긴 했지만요.
다나카	파트너분께서 파업을 하시면 생활이 제대로 돌아가지 않게 되겠군요.
제인	파업을 하면 저 혼자 어떻게든 꾸려나갈 수야 있겠지만 효율성이 굉장히 떨어질 거라고 생각해요. 3년 전만 해도 무슨 일이든 잘하는 사람이 하는 것이 최선이라고 생각했었거든요. 그런데 요즘 들어 아무리 자신이 잘하는 일을 한다고 해도 스트레스는 피할 수 없다는 걸 새삼 깨닫게 되었어요. '잘한다'라는 것은 일의 효율성이 좋아진다는 것이지, 스트레스가 발생하지 않는다는 건 아니니까요.

|다나카| 저희 커플의 경우, 제가 나가서 돈을 벌고, 파트너가 집에서 살림을 하는 건 서로 자신이 잘하는 부분을 맡아서 하자는 취지로 내린 결론이거든요. 그런데 방금 말씀드린 대로 효율성과 스트레스는 별개이다 보니 각자가 잘하는 일을 하면서도 스트레스를 받는 경우가 생길 수밖에 없죠. 그렇기 때문에 서로가 스트레스를 해소할 수 있는 공간을 적극적으로 만들어 갈 필요가 있다고 생각해요. 파트너 이외의 또 다른 나를 찾을 수 있는 공간말이죠.

예전에 제인씨께서 저의 출판 기념 토크 이벤트에 참여해주신 적이 있잖아요. 그때 남성 참여자분들께 '내일 갑작스럽게 유급 휴가를 받게 된다면 무엇을 하실 생각인가요?'라는 질문을 던지셨던 것이 매우 인상적이었요. 갑자기 휴가가 생겼을 때 할 일이 있는지, 갑작스런 연락에도 만날 친구가 있는지 이런 것들이 궁금해지는 부분이죠. 그래서 저도 기업 연수나 강연에서 종종 같은 질문을 던져보거든요. 그럼 대부분은 '아, 딱히 할 일도 없고, 만날 친구도 없고… 뭐 하지?'라는 반응을 보이더라고요. 여태껏 한 번도 생각해 본 적 없는 일을 생각하다 보니 새삼 현실이 보이는 거죠. 사실, 하루 종일 바쁘게 일만 하다 보면 좀처럼 깨닫기 힘든 부분이잖아요.

|제인| 저도 일의 효율을 높이는 것에만 급급해하는 제 자신을 볼 때마다 마치 70~80년대 우리네 아버지들 같다는 느낌을 받거든요. 어린 시절 우상 같은 존재였던 아버지 말이죠. 일을 하고 있다는 것 자체가 만족이고, 자신의 일에서 얻는 성취감이야말로 세상에서 가장 기쁜 일이라고 생각하죠. 만약, 더 이상 일을 할 수 없는 상황이 된다면 솔직히 제 자신이 버텨낼 수 있을지 걱정되는 부분도 있어요. 그래서 가능하다면 다면적인 사람이 되려고 노력하고 있어요. 개인의

다면성이 다양성의 허용으로 이어질 수도 있으니까요. 그리고 지난 3년간 LGBT(성적 소수자)에 대해서도 나름대로 이해하게 되었다고 생각은 하지만, 과연 여기에 다양성이라는 사고 방식이 반영되었는지를 놓고 본다면 아직은 부족한 부분이 많다는 생각도 드네요.

다나카　뉴스에서 레인보우 퍼레이드(성적 소수자들을 상징하는 무지개 깃발을 흔들며 행진하는 페스티벌)에 대한 보도를 볼 수 있게 되었죠. 그동안 모르고 있었던 것에 대해 사람들의 시선이 향하게 된다는 것 자체가 큰 의미라고 생각해요.

제인　반대로 과거부터 이어져온 남녀 문제는 사람들의 눈에 전혀 새로울 게 없는 것이잖아요. 그러다 보니 사람들의 관심 밖으로 계속 밀려나면서 항상 제자리에 머물러 있는 것이 아닌가 싶거든요.

다나카　남녀를 둘러싼 문제는 아무리 전문가가 이야기를 해도 본인 나름대로의 의견이라는 게 나오잖아요. 예를 들어, 야마나카 신야(일본 의학자. 교토 대학 iPS 세포 연구소 소장겸 교수) 교수에게 불만이 있는 사람은 아무도 없을 거라고 생각해요. 'iPS 세포는 이렇다'라는 이야기가 나왔을 때 '야마나카 교수님은 그렇게 말씀하시지만 내가 생각하기에는…'이라고 인터넷 게시판에 글을 올리거나 하진 않잖아요. 하지만 남녀 문제는 전문가가 아무리 의견을 제시해도 '아니죠. 그건 당신이 잘못 생각하는 거예요'라던가 '대학 교수인 당신 같은 사람이 실제 사회에 대해 뭘 알겠어요'라고 비판당하기 쉽거든요. 백 번 양보해서 저를 비난하시는 건 상관없다 치더라도 문제는 지나치게 감정만을 앞세운 근거도 없는 이야기가 대중들에게 쉽게 퍼져나갈 우려가 있다는 점이겠죠.

| 제인 | 그럴 때일수록 수학의 역할이 중요해지네요. '통계적으로 봤을 때 이렇다, 실제로 이정도 수치만큼 변했다'라는 숫자를 보여줬을 때 납득하는 사람들도 있으니까요. |

| 다나카 | 여기에서 드디어 사회학이 등장할 차례가 된 거예요. 문제의 배경에는 어떠한 사회 구조와 역사적 요인이 존재하는가에 대해 근거를 제시해 설명할 수 있으니까요. |

| 제인 | 얼마 전에 친구랑 친구의 생후 2개월 된 아기를 데리고 공원으로 피크닉을 나간 적이 있어요. 돗자리를 펴고 앉아 있는데 옆자리의 노부부가 아기를 보시더니 연신 '아이고 예뻐라'라며 말을 걸어오시더라구요. 거기까지는 좋았는데 유모차 안에 있던 아기가 좀 더워 보여서 친구가 안아 올렸어요. 그러자 갑자기 노부부 중 할머니께서 '아이고 애기 엄마! 아기 머리 밑에 수건이라도 좀 깔아 줘야지'라고 하시는 거예요. 그걸 보면서 이게 '처음 만나 알지도 못하는 사람이 당연하다는 듯 지적할 정도의 문제인가'라는 생각이 들더라구요. 아기가 새근새근 잘 자고 있었으니 아무 문제가 없는 상황인데도 갑자기 엄마로서의 개인적인 경험을 내세워 집요하게 참견해 오시는 거죠. 친구는 익숙한 상황인 듯 아무렇지 않아 하긴 했지만요. 친구 얘기로는 갑자기 처음 보는 사람이 '모유 수유해요?'라고 물어봐서 '네, 모유 먹여요'라고 대답했더니 장한 엄마라고 칭찬받은 일도 있다고 하더라구요. 한여름에도 아기에게 양말을 안 신기고 나가면 너나 할 것 없이 한마디씩 참견을 하잖아요. 엄마들도 참 힘들겠어요. |

| 다나카 | 비행기에서 아이가 울면 '도대체 부모는 뭐하고 있는 거야?'라고 말하는 사람도 있잖아요. 그런데 어떻게 해도 안 되는 상황이라는 게 |

있거든요. 아무리 어르고 달래 봐도 아이가 울음을 멈추지 않을 때 할 수 있는 방법을 총동원해서라도 주위에 민폐를 끼치지 않도록 하는 것이 엄마의 사명처럼 여겨지고 있죠. 사실, 주위의 따가운 시선만으로도 부모들은 정말 힘들거든요. 아이가 울더라도 모두 아무 일도 없는 것처럼 행동해주면 조금은 마음이 가벼워질 텐데 말이죠.

제인   저는 아직까지는 아이를 낳겠다는 생각은 없지만, 보통 양자 입양(친부모와 친자 관계를 유지한 채 입양)이나 위탁 부모 제도에는 관심을 가지고 있어요.

다나카   부모의 학대 또는 부양 능력이 없는 등의 이유로 친부모와 함께 살지 못하는 아이들이 많이 있죠. 그런 아이들을 위해 위탁 부모 제도에 관심을 갖는 분들이 많아졌으면 좋겠다는 생각이 드네요.

제인   예부터 '자신의 아이를 낳는다'라는 고귀함이 너무나 당연한 것처럼 여겨져 왔다고 생각해요. 자칫 목숨을 잃을 수도 있는 위험한 행위를 이렇게나 적극적으로 권장하는 건 출산밖에 없지 않나 싶어요. 출산의 고통이나 육아의 어려움으로도 설득이 되지 않죠. 그렇지 않으면 자손을 이어갈 수 없기 때문이겠지만요.

다나카   1953년 한 조사에서 '아이가 없는 가정에서는 양자를 들여야 하는가?'라는 물음에 약 74%의 일본인이 그렇게 해야 한다고 응답했어요. 물론, 집안의 대를 이어가기 위함이기에 남자 아이에게만 한정된 이야기이긴 하지만요. 어머니가 배 아파 아이를 낳아야만 한다는 인식은 60년대 이후부터 급격히 확대된 것이라고 볼 수 있어요.

제인   내 배 아파 낳은 자식이라는 말, 많이 듣는 표현이죠.

다나카   일본에 비하면 미국에서는 양자 제도에 대한 인식이 훨씬 높아요.

제인   미국 유학 시절에 자신을 'I am adopted(나 입양 되었어)'라고 소개

	하는 친구가 꽤 많았거든요. 백인 양부모님에 아이는 한국인 등 다양한 케이스가 있었죠. 물론, 본인들만의 민감한 문제들은 있겠지만 외부에 오픈한다는 것 자체가 굉장히 긍정적으로 보였어요. 최근에는 일본에서도 양자 입양을 알선하는 비영리 단체들이 많이 생겼다고 하더라구요.
다나카	점점 결혼 연령이 높아지는 상황을 생각해 보면 보다 적극적으로 추진해볼 부분이라고 생각해요.
제인	출산 적령기에 대한 개념을 확 뒤집어엎을 만한 기회가 될 수 있겠네요. 그런데 제 경우에는 함께 사는 파트너에게 '당신이 아이는 낳지만 키우는 건 내 몫이잖아. 결국, 당신은 시간 날 때 아이랑 놀아주는 좋은 엄마 역할만 할 게 뻔해서 싫어'라는 말을 들은 적이 있거든요. 듣고 보니 맞는 말이라 딱히 반론도 못하겠더라구요. 그래서 요즘은 주말 위탁 부모라는 제도에 대해 관심을 가지고 있어요.

자신의 OS를 업그레이드하고 있는가?

제인	결국 남녀가 서로 사이좋게 지내기 위해서는 사고의 코어 머슬을 단련시킬 필요가 있다는 것이겠죠. 그러기 위해서는 끊임없이 생각하기, 변화에 대해 두려워하지 않기, 자신이 틀렸을 때 불평하지 않기, 매일 자신을 업그레이드해 나가기 등의 노력이 필요할 것 같아요. 그러고 보면 업그레이드라는 말을 자주 사용하다 보니 그야말로 우리 스스로가 자신을 OS처럼 인식하고 있다는

다나카	느낌이 들기도 해요.
다나카	하지만 너무 구식 컴퓨터에서는 OS의 업그레이드 자체가 불가능하잖아요. 아무리 편리한 OS가 나온다 한들, 구식 컴퓨터만 잔뜩 있다면 결국 구식 컴퓨터에 맞출 수밖에 없는 상황이 계속되겠죠. 다시 말해, OS와 동시에 본체의 하드웨어도 지속적으로 업그레이드시켜 나갈 필요가 있다는 것이죠.
제인	어떻게 하면 업그레이드 시킬 수 있을까요?
다나카	나이에 상관없이 배움의 자세를 갖는 것이 필요하다고 생각해요. 요즘은 사이버 대학이나 평생 교육원 등에서 학위나 자격증을 취득할 수 있는 길도 많이 열려 있잖아요. 그래서 정년 퇴직 후에 제2의 인생을 시작하시는 분들도 많이 계시죠. 그리고 다양한 교육 강좌들을 온오프라인에서도 접할 수 있죠. 학위나 자격증 취득 같은 길이 아니더라도 지역에서 주관하는 시민 강좌에 참여해 보는 것만으로도 삶의 새로운 발견이 있을 거라고 생각해요.
제인	배움에는 나이가 없다는 말처럼 나이가 들수록 오히려 배움에 대한 오픈 마인드를 가져야 한다는 말씀이시네요.
다나카	네. 그런 식으로 긍정적으로 받아들인다면 계속해서 삶의 새로운 발견이 가능하지 않을까 생각해요.
제인	커뮤니케이션 능력이 곧 자산인 시대잖아요. 그런데 호기심이라는 것도 마찬가지라고 생각해요. 호기심의 유무가 인생을 좌우하는 중요 요소가 되는 시대에 접어들었죠. 저희 아버지 이야기를 좀 드리자면 저희 아버지도 호기심이 왕성한 분이시거든요. 그래서 Suica(JR동일본이 개발한 IC 카드의 교통 운임 정산 시스템) 한 장으로 어디든 자유롭게 다니시고, 유니클로에서 옷도 사 입으세요.

	무엇보다 '우리 때는 안 그랬는데 말이야~ 옛날이 좋았지!' 이런 말씀을 하시지도 않고 하루 하루를 즐겁게 살고 계시거든요.
다나카	새로운 것을 거부하지 않고 받아들이며 즐겁게 인생을 살아가는 아버님이시군요. 앞으로 그런 아버님의 모습을 제인씨의 작품에서든, 강연에서든 만나 볼 수 있으면 좋겠네요. 그래서 정년 퇴직한 남성들에게 풍요로운 삶의 방식에 대한 롤 모델이 되어 주셨으면 하는 기대를 가져 봅니다.

> ## 우미노 츠나미
>
> 1970년 일본 효고현 출생
>
> 1989년 「달님에게 부탁해」로 데뷔한 만화가
>
> 「도망치는 것은 부끄럽지만 도움이 된다」
>
> (9권, 제39회 코단샤 출판사 만화상 수상)가 2016년 TBS 계열에서
>
> 드라마로 제작되면서 사회적 이슈로 대두됨
>
> 그 외 「회전 은하」(6권), 「소황녀」(전 5권) 등이 있음

아침 연속극으로 시작하는 하루

제인   저는 예전부터 우미노씨를 보며 용기를 얻곤 했어요. 뭐랄까? 이런 말씀을 드리면 좀 주제넘을 수도 있겠지만 뒤늦게 두각을 나타낸 독신 여성이라는 점에서 동질감을 많이 느끼거든요. 물론, 예전에도 그런 분들은 분명 계셨지만 별로 화제가 되지는 못했죠.

우미노   맞아요. 젊어서 재능을 활짝 꽃피우는 분들이 더 주목받기 쉽죠.

제인   우미노씨의 트위터를 보고 있으면 '이런 게 바로 예술가의 삶이구나'라는 인상이 전혀 느껴지지 않거든요. 아침에 일어나서 아침 연속극을 보고, 작업하고, 가끔 기분 전환으로 쿠키를 굽거나 하시잖아요. 창작하시는 분들 중에는 평범한 삶을 거부하는 타입이 많다는 인상이 깅힌데 우미노씨에게서는 진혀 그린 느낌이 들시 않아요. 그런 부분에 대한 이야기도 잠시 후에 나눠보도록 하죠. 최근에 정신없이 바쁘셨을 것 같아요. 어떠세요? 이제 한숨 돌리셨나요?

우미노   네. 요즘도 물론 「도망치는 것은 부끄럽지만 도움이 된다(이하, 도부도)」 관련 일들이 들어오고 있긴 하지만 그래도 많이 마무리가 되었어요. 특히, 드라마가 방영되고 한달 정도 지난 무렵에는 인터뷰 요청이 정말 많았죠. 매번 비슷한 질문을 받다 보니 같은 이야기를 반복해서 하게 되더라고요.

제인   같은 이야기를 반복해도 어차피 인터뷰하시는 분은 처음 듣는 이야기잖아요. 아니면 독자들을 위해 꼭 필요한 질문일 수도 있고요. 1대

	1의 대화라고는 생각하기 힘든 질문과 대답을 기계적으로 반복해서 소화해야만 하는 경우가 많다는 것은 그만큼 작품이 화제가 되었다는 뜻이기도 하죠.
우미노	제가 말하면서도 인터뷰 처음에 한 말이랑 마지막에 한 말이 달라지는 일도 있더라구요. '아니, 도대체 어느 쪽이 진짜야?'라고 스스로도 신기한 생각이 들었어요.
제인	인터뷰에서 가장 많이 받은 질문은 무엇이었나요?
우미노	'주변에 작품 속 등장 인물처럼 결혼 생활을 하고 있는 사람이 있나요?'라는 질문은 항상 물어 보시더라구요.
제인	진짜요? 사실 좀 놀라운 게 저는 그 작품을 읽으면서 결혼에 대한 사고 전환을 실험해보는 만화라는 생각이 들었거든요. 그래서 더 흥미롭게 읽을 수 있었지만 '이런 사람들이 실제로 있을까?'라는 생각은 전혀 못했네요. 평범한 질문이긴 한데 많은 분들이 「도부도」라고 부르고 계시는 「도망치는 것은 부끄럽지만 도움이 된다」 전후로 변화된 부분이 있나요?
우미노	많은 분들께서 저를 알아봐 주신다는 점이죠. 예전에는 명절에 친척들이 모이면

"요즘은 어디에서 일하니?"

"네~ Kiss라는 잡지에 연재하고 있어요", "그런 잡지 이름은 처음 들어보는구나"

"데뷔는 나카요시(1955년에 발행된 코단샤의 월간 소녀 만화 잡지)에서 했어요"

"아아! 나카요시는 알지"

매번 이런 대화를 주고받았거든요. 그런데 지금은 처음 만나는 분 |

	이라도「도부도」한 마디로 통하니까 저에 대한 일련의 설명을 하지 않아도 되는 점이 편하더라구요.
제인	저는 아직 경력 면에서도 그렇고, 작품 수도 많지 않기 때문에 모르는 사람이 저에게 다가와서 아는 척하는 상황이 발생하면 어색하게 느껴지거든요. 그래서 한때는 '도망치는 것은 부끄러워'가 아니라 '모르는 사람은 무서워' 였던 시절이 있었어요.
우미노	얼굴이 알려져 있기 때문 아닐까요? 저는 얼굴이 알려져 있지는 않으니까 길을 가다가 '저기, 혹시 우미노씨?' 이런 일은 없거든요. (웃음)
제인	저도 TV에는 거의 출연을 안 하니까 길에서 말을 걸어오거나 하는 일은 많지 않아요. 하지만 익명성이라는 게 한 번 드러나게 되면 다시 되돌릴 수 없는 것이다 보니 최대한 지켜 나가야 하는 것이 아닌가…라는 생각이 들거든요. 우미노씨는 얼굴을 드러내지 않는 특별한 이유가 있나요?
우미노	일단, 이웃분들에게도 제 정체를 알리지 않았거든요. 상대적으로 이웃에 대한 관심이 저은 도쿄에서라면 다들 모르는 척 해줄지도 모르겠지만 오사카에서는 '저기, 저 집에 만화가가 살고 있데요!'라고 바로 소문이 나거든요. 실제로 이웃에 사는 중학생 두 명이 갑자기 찾아온 일이 있었어요. 그래서 '나인 줄 어떻게 알았어?'라고 물어보니 문구점 아저씨한테 들었다고 하더라구요.

자신의 영역을 지키는 타입

제인　　지역의 유대 관계가 높을수록 그런 일들이 벌어지기 쉽죠. 이런 질문도 수도 없이 받으셨을 것 같긴 하지만 도쿄로 나오시는 선택지도 있잖아요. 그런데 도쿄로 나오지 않는 것을 선택하신 이유는 무엇인가요?

우미노　젊었을 때는 도쿄에서 혼자 살면서 음악 하는 친구들도 사귀고, 뭐… 이런 환상을 가진 적도 물론 있었죠. 하지만 관서 지역도 꽤 넓다 보니 다양한 가게들도 있고, 일부러 도쿄까지 나가지 않아도 생활하는데 전혀 불편함이 없어요. 또 한 가지 이유를 들자면 친구가 아닐까 싶어요. 일적인 관계가 전혀 없는 오랜 단짝 친구와 한 달에 한 번 정도 만나서 일이랑 전혀 관계없는 이야기들로 수다를 떨거든요. 일과 생활 사이에서 어느 정도는 거리를 두는 게 좋다고 생각해요.

제인　　자신의 영역에 대한 구분이 확고하시네요.

우미노　아, 그런가요?

제인　　좋든 싫든 자신의 영역을 확장시켜 나가는 사람들도 있잖아요. 방금 말씀하신 음악 하는 친구를 사귄다던가, TV에 나간다던가 여태까지는 외부에서 보고만 있던 것들을 자신의 영역 안으로 끌어들이려 하는 사람들이 그렇지 않은 사람보다 많다고 생각하거든요. 우미노씨는 그런 것보다는 '지금 여기, 내 영역을 지키고 싶어'

	하는 타입이신가요? 저는 그런 타입이거든요. 뭔가 자꾸 같이 엮는 것 같아 죄송하지만 독신 생활을 즐기는 것도 자신의 영역을 지키고 싶어하는 것과 관련이 있지 않나 싶어요.
우미노	확실히 자신의 영역을 소중하게 여기는 사람 중에는 독신이 많을 수도 있겠네요.
제인	특히나 창작 관련 일을 하시는 분들일수록 남에게 침해 받고 싶지 않은 영역이 명확하게 존재한다고 생각해요. 한편으로는 그런 영역을 일부러 노출시키는 것을 좋아하는 타입도 있고요.
우미노	여태껏 의식해 본 적 없었는데 지금 말씀을 듣고 보니 '아! 그런가' 라는 생각이 드네요.
제인	제 경우에는 학창 시절부터 알고 지낸 오랜 친구들과 만나는 시간이 정말 소중하거든요. 물론, 새로 알게 된 사람이라도 말이 잘 통한다면 다시 만나도 좋지만 기본적으로 익숙하지 않은 분위기를 잘 못 견디는 스타일이에요. 특히나 사람들이 많이 모이는 파티 같은 건 정말 불편하더라고요. 우미노씨는 어떠세요? 파티, 좋아하는 편이신가요?
우미노	만화가이다 보니 관심은 있죠. 제가 거기에 가서 그 자리에 어울리지 않는 사람이란 것을 느끼더라도 답사 차원에서 한 번쯤은 가보고 싶은 마음은 있어요. 예전 클럽이 유행하던 시절에는 가서 춤도 추지 않고, 불고기 필라프만 시켜 먹고 집에 돌아온 적도 있어요.
제인	불고기 필라프! 하하.
우미노	클럽에서 시끌벅적하게 노는 것 보다 친한 친구들과 각자 자전거를 타고 근처 식당에 모여 밥 먹고 헤어지는 그런 게 더 재미있더라구요.

제인   점점 자신의 영역을 확장시켜 나가는 사람들을 옆에서 보고 있으면 솔직히 부러운 생각이 들기도 하잖아요. 한 번도 가본적 없는 유명한 맛집이나 까페에 대해 많이 알고 있는 사람들, 전혀 다른 분야의 사람과도 대등하게 대화를 나눌 수 있는 사람들을 보면 부러운 생각이 들기도 하죠. 그리고 화려함이 있는 곳은 왠지 저와는 어울리지 않는 옷을 입은 것 같은 불편함이 느껴져요. 그러면서도 한편으로는 '난 왜 저렇게 하지 못할까?'라는 생각도 들게 되죠.

우미노   저는 예전부터 화려한 곳에서 한 발짝 물러난 곳에 내 자리가 있다는 생각을 해 왔어요. 일 년에 한 번 만화가들을 위한 파티가 아주 화려하게 개최되거든요. 그래서 일년에 하루는 거기에 참석해 화려함을 충분히 만끽하고, 나머지 날들은 집이라는 익숙한 영역 안에 머무르는 것 같아요.

누구나 늙어간다는 사실은 공평하다

제인   일에 있어 자신만의 페이스가 생긴 것은 언제쯤이었나요?

우미노   예전에는 생활 패턴 자체가 저녁형 인간이었어요. 밤 늦게까지 작업하다 늦게 잠들고, 그러다 보니 수면 시간도 일정치 않았죠. 그런데 어느 날 친하게 지내던 히우라 사토루(일본 여성 만화가) 선생님이 만화 잡지에서 저녁 9시에 자서 오전 4시에 일어나는 아침형 생활을 시작했다고 쓰신 걸 보게 되었어요. 물론, 히우라 선생님은 자녀가 있어서 시작하신 거긴 하지만요. 어쨌든 어시스턴트랑 그 이야기를 하다가 '아! 우리도 관리 좀 해야 되는 거 아냐? 피부가 거의 마지노선까지 온 것 같아', '어차피 매일 4시간밖에 못 잘 거 이왕이면 피부의 골든 타임에 맞춰 자는 게 어때?' 이렇게 되어 버린 거죠. 그때부터였던 것 같아요. 규칙적인 생활을 하기 시작했고 그러면서 일에 대한 페이스도 찾게 되었죠.

제인　트위터만 봐도 거의 매일 규칙적으로 살고 계신다는 것을 알 수 있어요.

우미노　여행 중에 트위터를 하지 않으면 '우미노 선생님이 트윗을 올리지 않으니까 시간을 모르겠잖아요'라고 말씀하시는 분도 계시더라구요. 인간 시계가 따로 없죠.

제인　BS(방송 위성)로 NHK(일본 공영 방송)의 아침 연속극을 보는 습관은 언제부터 시작된 건가요?

우미노　「게게게의 부인」(일본의 만화가 미즈키 시게루의 부인인 무라 누노에가 쓴 자전 에세이)이 아침 연속극으로 만들어지면서 만화가들 사이에서 화제가 되었거든요. 한동안 아침 드라마는 안 보고 지냈었는데 「게게게의 부인」 이후로 다시 보게 되었어요.

제인　저는 한 2년 전부터 제 일에 대한 페이스를 찾은 것 같아요. 그런데 겨우 페이스를 찾았다 싶었는데 문제는 나이가 들어버린 거죠. 애써 페이스를 찾았는데 체력과 집중력이 떨어져서 일을 제대로 할 수가 없게 된 거예요. 친구들한테 물어봐도 다들 같은 문제로 고민하고 있더라고요. 아직도 의욕은 넘치는데 초저녁만 되도 눈이 자기 멋대로 셔터를 내려버리는 현실이 너무 슬퍼요.

우미노	만화가분들도 같은 말씀을 많이 하세요. 그래서 저도 나이나 체력적인 문제를 고려해 앞으로는 일을 좀 줄여 나갈 생각이에요. 매월 연재를 하는 거라면 페이지 수를 줄인다거나 페이지 수가 정해져 있다면 4회 연재하고 1회 휴재하는 식으로 말이죠.
제인	페이스는 유지하되 업무량을 줄여가는 방법이네요.
우미노	전에 크게 아팠던 적이 있어서 조심해야 되기도 하고, 무엇보다 마흔이 넘어가니 밤샘 작업이 너무 힘들더라구요. '몸이 힘들다!'라고 신호를 보내는데도 무시해버리면 제 몸만 망가져버리는 거죠.
제인	인간은 누구나 나이를 먹고 늙어 가잖아요. 그 부분은 모두에게 공평하죠.
우미노	저는 집에서 증기로 아이 마스크(일본의 대형 화학회사 KAO의 헬스케어 브랜드 Megrhythm에서 만든 스팀 온열 안대)를 열심히 하고 있어요. 오는 세월을 막을 수는 없지만 그래도 노화를 방지하기 위해 이것저것 해보게 되더라구요. 그리고 50대에 현역으로 일하고 계시는 분들을 롤모델로 삼기도 했어요.
제인	자녀가 있는 분들은 생활 리듬도 아이 생활에 맞춰 바뀌게 되죠.
우미노	작업하다 보면 '오늘따라 일이 잘 되는데?' 하는 날이 있잖아요. 생각했던 대로 선이 잘 그려진다거나 하는 순간이 있어요. 그럴 때 한창 집중하고 있는데 아이가 '엄마! 놀아줘~' 하고 달려온다면 '왜 하필 지금?'이라고 생각하게 될 것 같아요.

로맨틱 러브 이데올로기

제인　사회적 의무에는 여러 가지가 있잖아요. 저는 결혼이나 출산이 그런 의무는 아니지만 마치 세금을 체납한 것처럼 주어진 의무를 다하지 못한 것 같은 느낌이 들어요. 도대체 이런 기분은 왜 드는 것인지 잘 모르겠어요.

우미노　에도시대에는 인구의 절반 정도가 결혼하지 않았다는 이야기를 들은 적이 있어요. 근대에 와서 혼인 제도가 확립되었으니까 '아니, 진짜야?'라고 다들 놀라지만 그 이전에는 4남, 5남은 결혼 자체가 불가능했죠. 여성의 수가 남성 수보다 적은데다가 유곽에 팔려가거나 하는 여성들도 있었으니까요.

제인　종전이 된지 70년 이상이 지난 지금, 미래를 향해 변해가고 있다는 말이 무색할 만큼 결혼이나 출산에 대한 인식은 여전히 과거의 논리관이나 가족관에 얽매여 있다는 느낌이 들거든요. 그런 면에서 볼 때 확실히 「도부도」는 엄청난 임팩트가 있었어요. 20대 여성들이 결혼이나 출산을 고려할 때 현실적으로 걸림돌이 되는 부분들이 있잖아요. 왜 나만 희생하며 살아야 하는지 억울한 마음이 들기도 하죠. 그러한 여성들에게 저를 포함해서 「도부도」는 큰 위안이 되어 준 작품이라고 생각해요. 그런데 드라마 막바지 무렵에 결혼한 여성의 가사나 육아는 무상 노동이라는 사고 방식에 대해서 여주인공이 '그건 사랑이라는 명목 하에 착취를 하는 것에 불과하죠. 말 그대로 애정 페이라구요'라고 말하는 장면이 있잖아요. 그 부분에

	대해 의외로 '결혼한 사이에 가사 노동의 대가를 요구하는 것은 너무도 구차하다'라던가 반발의 의견이 많았다는 것을 듣고 많이 놀랐거든요.
우미노	그 부분에 대해서는 이 책의 시리즈 몇 권에 걸쳐 계속 이야기를 해왔다고 생각했어요. 그럼에도 불구하고 전혀 전달되지 않은 것 같아 사실은 저도 좀 충격을 받기는 했어요. 하지만 이 작품을 연애물로 읽느냐, 사회물로 읽느냐에 따라 받아들이는 방식이 달라진다는 점도 이해가 되더라고요. 누구나 좋아하는 사람에게 뭐든 다 해주고 싶고, 잘 해주고 싶고, 도움이 되고 싶은 마음이 있잖아요. 하지만 그런 마음을 결혼이라는 테두리 안에서 당연하게 받아들이는 사고 방식이 결혼과 출산에 관련된 문제를 만들어 낸다고 생각해요. 그런 부분들을 제 스스로가 확실하게 인식하면서 그때부터는 좀 더 확신을 가지고 이 작품을 쓰게 되었죠.
제인	저는 이 작품을 통해 결혼 지상주의자들과 저 같은 사람 사이에서 결혼에 대한 좀처럼 건너기 힘든 깊고 어두운 강이 흐르고 있다는 것을 다시 한번 인식하게 되었어요. 「나카요시」나 「리본」(슈에이샤에서 발행하는 소녀 만화 잡지)만 봐도 로맨틱 러브 스토리에 대한 환상이 바탕에 깔려 있는 작품들이 많아요. 물론, 모든 만화가 다 그렇다는 것은 아니지만 기본적으로 여성 만화에는 로맨틱 러브 이데올로기가 있다고 생각해요. 우미노씨는 그동안 많은 작품들을 선보이셨는데 이번 「도부도」를 쓰기까지 스스로의 이데올로기적인 부분에 대해 변화는 없으셨나요?
우미노	저도 「나카요시」에서 데뷔를 했거든요. 그래서 초기에는 기본적으로 대중들에게 어필할 수 있는 노선을 따를 수밖에 없었어요.

그리고 나서 바로 20대 여성들을 대상으로 하는 「mimi」나 「Kiss」(코단샤에서 발행하는 여성 만화 잡지)로 옮겨가게 되었죠. 그러면서 중고생이 주 독자층인 잡지에서 '첫 경험도 없이 스무 살이 되는 것은 정말 부끄러운 일이야'라든지, '카베동(벽치기)' 이런 것들이 묘사되고 있는 것을 보면서 '이거 좀 위험하지 않나' 싶은 생각을 갖게 되더라구요.

제인   그런 의식들을 예전부터 갖고 계셨군요.

우미노   사실, 「나카요시」 시절에도 대중들에게 쉽게 어필할 수 있는 노선에서 조금씩 벗어나는 경향이 있었어요. 그래서 출판사 담당자에게 '우미노씨는 자꾸만 벗어나려고 하니까 독자들의 반응을 예측할 수가 없어요'라는 말을 듣곤 했죠.

제인   데뷔하셨을 때 나이가 만 18세이셨군요. 그때부터 줄곧 작품을 통해 사회적 통념과는 다른 관점에서 의견을 제시해 오신 거네요.

우미노   대중들에게 제 생각을 드러내고 싶은 것 보다는 스토리 구성을 한 번 쏘냈나는 말이 더 적합할 것 같아요. 전형적인 스토리와의 차별화라고 해야 할까요? 「도부도」는 이런 차별화를 통해 대중들의 주목을 받게 된 것이 아닌가 생각해요.

제인   개인적으로 만화 작품을 많이 접하지는 못했지만 최근에 보면 다친 여성에게 '누가 네 마음대로 다치래!'라고 버럭 소리를 지르는 그런 남성들의 거친 말투나 행동을 로맨틱하게 여기는 분위기가 있잖아요. 제가 어렸을 때만 해도 그렇지 않았는데 말이죠. 「두근두근 Tonight」(1982년~1994년까지 리본에 연재된 이케노 코이의 만화작품)에서 남자 주인공 마카베 슌은 기껏해야 말수가 적고 무뚝뚝

	한 정도였거든요. 돌부처 같은 느낌이 들긴 해도 마카베 슌이 여주인공 란제를 적어도 거칠게 대하지는 않잖아요.
우미노	어디서부터 시작된 것일까요? 학교 짱이 등장하는 소설이 웹 소설의 대세 트렌드가 되고, 만화 타이틀에 Black이나 늑대라는 단어가 들어가면 히트 친다는 공식 아닌 공식도 생겨났고요.
제인	가정 폭력 또는 데이트 폭력 이런 것들이 사회적 문제로 부각되면서 점점 자극적인 것들을 선호하는 수요층에서 그런 것들을 원하는 것일지도 모르겠어요.
담당 편집자	만화가 현실과는 많이 동떨어져 있다는 생각이 들어요. 그렇다 보니 어린 친구들에게 만화는 그야말로 픽션 그 이상도, 그 이하도 아닌 것이 되어 버렸죠. 요즘 젊은 남성들을 보면 정말 나약하거든요. 그러니까 만화 속에 등장하는 남자 주인공 같은 사람이 내 주위에는 단 한 명도 없는 거죠.
제인	앞서 말씀하신 카베동처럼 로맨스를 가장한 폭력이 남성으로 잘못 인식된다는 게 문제네요.
우미노	성인이라면 픽션으로서 즐길 수는 있겠지만 어렸을 때부터 그런 만화를 읽으면서 자란다는 것은 우려가 되는 부분이죠. 그러한 작품들이 없어져야 한다는 건 아니지만 그렇지 않은 작품들도 많은 분들에게 관심을 받을 수 있도록 창작자들도 노력할 필요가 있다고 생각해요.
제인	저도 신데렐라나 카구야 히메(일본의 이야기 소설) 이야기에 제 스스로가 어느 정도 영향을 받았다고 느끼거든요. 다행히 「유한 클럽」(1981년부터 연재된 이치죠 유카리의 소녀 만화)을 통해 인생에

있어 연애가 필수 조건은 아니라는 것을 깨달았죠. 신데렐라와 더불어 여성 버전의 허클베리 핀도 있었으면 좋겠다는 생각이 들어요. 안타깝게도 저는 발견하지 못했지만요.

> **진짜로 옳은 것은 이 세상에 존재하지 않으니까**

제인 「도부도」를 보면서 좋았던 점 중에 하나가 작가의 생각을 등장 인물들에게 그대로 투영시키지 않았다는 점이었어요. 작가가 말하고자 하는 것을 등장 인물들이 대변하고 있는 느낌이 전혀 들지 않았거든요.

우미노 옳고 그름은 시대에 따라 변하잖아요. 그래서 작품 속에서는 그때그때 등장 인물이 옳다고 생각하는 것을 쓰는 것일 뿐 실제로는 누군가 정론을 펴면 등장 인물을 통해 그에 대한 의견을 던지기도 해요. 진짜로 옳은 것은 이 세상에 존재하지 않는다고 생각하거든요.

제인 일과 자아 실현에 대한 밸런스를 생각하고 계시네요. 저도 늘 그렇게 하고 싶지만 생각처럼 쉬운 일은 아니더라구요.

우미노 오히려 저는 고민 상담을 해주는 것이 정말 어려워요. 제 생각이나 의견이 있어도 그것을 상대방에게 전달해도 되는지 망설이게 되거든요. 그래서 제인씨처럼 상담의 달인이신 분들을 보면 대단하다는 생각이 들어요.

제인 저는 원래 겸손한 사람은 아니거든요. 남에게 조언을 해주겠다고 나서는 것부터 벌써 겸손과는 거리가 멀죠. 저 같은 경우에는 누군가의 이야기를 듣고 제 생각을 말해 줄 때 제 안의 밸런스 기능이 제대로 작동하는 것 같아요. 그러니까 라디오 상담을 할 때도 '그 문제는 이렇게 하면 되지 않을까요?'라고 직접적으로 말하기 보다는 '지금까지 당신이 이야기한 것을 정리해보면 이런 이야기로 들리는데, 어떠신가요?'라는 식으로 접근하는 것이 더 낫다는 생각이 들더라고요. 물론, 제 상담에 만족해주시는 분들이 계시기 때문에 가능한 이야기일 뿐인 것이지 저에게 사람들을 설득하거나 문제를 해결해주는 특별한 능력이 있는 것은 절대 아니에요.

우미노 상대방이 말한 것을 정리 정돈하는 느낌이네요.

제인 맞아요. 「도부도」를 읽고 난 후에도 그런 정리 정돈을 받은 듯한 기분 좋은 느낌을 받았거든요. 의도적으로 그렇게 하신 건가요?

우미노 글쎄요. 담당 편집자에게서 '작가님은 걸핏하면 정리하려고 한다'라는 말을 들은 적은 있어요. 사실, 그전까지만 해도 인기도 별로 없었고, 「도부도」의 경우에도 2, 3권 정도까지 낼 수 있으면 좋겠다는 마음으로 시작했거든요.

제인 만화는 어떤 타이밍에 '이 작품은 장기 연재로 가겠는데?'라는 감이 오나요?

담당 편집자 「도부도」는 시작하면서 '아! 이 작품은 길게 가겠구나'라는 것이 바로 느껴졌어요. 그래서 항상 장기 연재를 전제로 작가님에게 말씀을 드리곤 했거든요. 그러면 작가님은 "많이 가야 5권 정도 아닐까요"라고 항상 말씀하시는 거예요. 긴 플롯으로 가자고 의논을 드려도 "앞으로 1권이면 완결돼요"라고 말씀하시곤 했어요.

우미노 제 머릿속에서 그리고 싶었던 것들을 차근차근 그려 나가다 보면 어디쯤에서 작품을 끝맺을지가 보이거든요. 그런데 작업을 하면서

'이 부분은 좀 더 확장시켜 볼까?'라고 생각되는 부분들이 생기면서 결과적으로 장기 연재가 돼 버렸네요.

제인　전 9권에 걸쳐 쓰셨는데 이 정도면 충분했다고 생각하시나요?

우미노　음… '그 이상은… 글쎄…' 이런 느낌이었던 것 같아요.

제인　독자 입장에서는 너무 길지도 짧지도 않게 딱 읽기 적당한 정도였다고 생각하거든요. 결말을 질질 끌거나 애매하게 결론지어 버리는 만화도 있잖아요.

우미노　저도 그런 만화는 좋아하지 않아요. 그래서 제 작품에서는 확실하게 결말을 맺으려고 하고 있어요. 또한, 독자들이 작품 속 복선들을 이해할 수 있는 결말이 되도록 쓰고 있어요.

100세 시대, 몇 살까지 어떻게 일할 것인가?

제인　지금까지 이야기를 나누면서 우미노씨는 모든 면에서 '자신의 페이스나 자신에게 소중한 것들을 지켜 나가는 방식을 확립 시키셨구나'라는 생각이 들었어요.

우미노　저 스스로 그렇다고 느낀 적은 없지만 말씀을 듣고 보니 그럴지도 모르겠다는 생각이 드네요.

제인　앞으로의 인생에 대해 생각할 때 예를 들어, 칠십 세까지 현역으로 일한다고 가정해 보면 그럼 제가 지금 마흔 넷이니까 솔직히 지금 하고 있는 일을 앞으로도 계속 할 수 있을 것 같진 않거든요. 그렇다면 앞으로 어떤 식으로 일을 해 나가야 할지를 생각해 봐야 되지 않나 싶어요.

우미노 　만화가의 경우에는 그림 스타일이 올드하거나 트렌드에 뒤쳐졌다는 말을 듣게 될 수도 있겠지만 칼럼이나 에세이 분야는 그래도 꽤 오랫동안 활동하실 수 있지 않나요?

제인 　글을 쓰는 거야 어떻게든 쓸 수야 있겠죠. 하지만 제가 쓰고 싶은 글을 제가 원하는 곳에서 항상 쓸 수 있느냐를 놓고 본다면 글 쓰는 것만으로 생활을 유지해 나갈 수 있을 만큼 작가 생활을 계속 이어 갈 수 있는 사람은 몇 안 된다고 생각해요. 그리고 더 이상 쓰고 싶은 게 없다 하더라도 솔직히 초등학생의 그림 일기 이야기에 살짝만 손을 봐도 최소 원고지 3장 정도는 금방 채울 수 있거든요. 하지만 그런 상황이 된다면 제 자신이 너무 초라하게 느껴질 것 같아요. 작가로서 글을 쓰는 것이 아니라 그냥 시간 때우기용으로 글을 쓰고 있는 느낌이 들 것 같거든요.

우미노 　그렇죠. 시간 때우기용으로 대충 쓰면 금방 티가 나니까요.

제인 　요즘은 적어도 칠십 세까지 일하지 않고서는 살아가기 힘든 세상이라고 생각해요. 그래서 앞으로 어떤 식으로 일을 하며 살아가야 하나 늘 생각해보지만 아직까지는 아무런 답을 찾아내지 못했어요. 막연하게 해외에서 살아 보고 싶다는 생각만 가지고 있죠.

우미노 　저는 만화계 생활이 꽤 오래되다 보니 제가 그리고 싶었던 것들은 웬만하면 모두 그려봤다고 생각하거든요. 한동안 작품 활동을 쉬고 계시던 선배님께 '왜 그만두려고 하세요?'라고 여쭤보았더니 '더 이상 그리고 싶은 것이 없어서…'라고 하시더라구요. 그리고 싶은 것이 없으니까 더 이상 아무것도 그릴 수가 없다고 말씀하시는데,

	저는 오히려 그게 더 무섭더라구요.
제인	더 이상 그리고 싶은 것이 없어도 그리려고 마음만 먹으면 무언가 그릴 수는 있잖아요. 그리고 그런 작품에도 즐거워해 주시고, 고마워해 주시는 분들이 어딘가에는 계실지 모를 일이고요. 사실, 그런 상황도 무섭긴 하네요.
우미노	요즘 들어 생각하는 것 중에 사람은 두 가지 타입이 있는 것 같아요. 하나는 영혼을 팔아서라도 100점, 120점을 추구하는 타입으로 자기 희생을 감수하면서 목표 점수를 향해 가는 사람들이죠. 또 하나는 꾸준하게 70점을 유지하는 타입인데 저의 경우는 후자에 속한다고 생각해요. 그런 의미에 보면 대박 난 작품은 없더라도 어느 정도의 팬들에게 꾸준히 사랑받으며 함께 나이 들어가는 것도 나쁘지 않겠다는 생각이 들거든요.
제인	음, 어떨까요? 작품이 엄청난 사회적 이슈가 될 만큼 주목을 받으셨는데도 우미노씨는 스스로를 확장 시키지 않고 담담하게 살아가실 수 있을까요?
우미노	개인적으로 남들에게 자랑으로 비춰질 만한 이야기들은 가능한 트위터에 올리지 않아요. 고급스런 이미지를 가진 사람이라면 자랑거리들을 계속 드러내면서 '작가님, 역시 멋져요!'라는 소리를 듣겠지만 평소에 '오늘도 냄비를 태워 먹었어요' 이런 트윗을 올리던 사람이 갑자기 현란하게 자랑 거리를 늘어 놓는다면 '뭐지?' 하고 다들 놀라지 않을까요?

감정을 그린다는 것

제인   역시나 밸런스를 중시하시는군요.

우미노   작품을 통해 자아는 자연스럽게 실현된다고 생각해요. 그래서 작품 이외에 '날 좀 봐줘~'라는 마음이 드는 경우는 별로 없어요.

제인   현재의 본인에게 충분히 만족하고 계시는 것 같아요.

우미노   저에게 있어 작품이란 인생을 함께 살아가는 동반자와 같은 존재이거든요. 그래서 제 작품이 인기가 있든 없든 일단 끝내고 나면 해냈다는 성취감을 느끼죠.

제인   작품에 대한 충족감도 크시겠어요.

우미노   작품을 통해 인간의 감정을 이야기로 그리고 있기 때문이지 않을까 싶어요.

제인   감정을 그린다… 는 것은 어떤 방식으로 하시나요?

우미노   다양한 감정들을 제 속에 기억해 두려고 노력해요. 예를 들어, 너무 슬퍼서 눈물을 펑펑 흘리며 울다가도 어느 틈엔가 냉정한 자신이 지금의 기분을 제 속에 기억해 두려고 하는 것을 느끼거든요. '목구멍 깊은 곳에서부터 슬픔이 올라와 숨이 막힐 것 같아'라고요. 작품을 쓸 때 누구나 흔히 사용하는 표현만으로는 다른 작품과 차별화될 수 없잖아요. 그래서 스스로 느낀 상세한 부분들을 기억해 두고 저만의 본래 표현들을 소중하게 간직하려고 노력하죠.

제인   메모를 해 두거나 하시나요?

우미노	아니요. 메모를 해 두고 나중에 다시 보면 제 스스로가 지나치게 냉정한 관점이 되는 것 같아 메모는 잘 하지 않아요. 아이디어를 메모하는 수첩은 있지만요.
제인	기억력이 상당히 좋으시네요.
우미노	감정에 대한 기억은 같은 상황이 발생했을 때 '아! 지금의 감정은 예전에 느껴 본 적이 있어'라고 상기되거든요.
제인	저는 이 일을 시작하고부터 메모광이 되어 버렸어요. 메모를 해 두지 않으면 금방 잊어버리다 보니 어느새 포스트잇이 필수품이 되어 버렸죠. 처음에는 워드나 메모장을 이용하기도 했는데 컴퓨터 전원이 켜지기도 전에 까먹어 버려서 안 되겠더라구요.
우미노	아날로그가 매력적이죠. 저도 작업할 때 아날로그 방식을 선호하는 편이예요. 직접 눈으로 보면서 종이에 그리니까 직관적으로 전체를 살펴볼 수 있거든요. 예전에는 콘티도 전부 디지털로 작업을 했었어요. 그런데 요즘은 대사까지 모두 쓴 다음 이것을 출력해서 칸 나누기, 그림의 크기나 배치 같은 부분들을 직접 눈으로 보면서 정해요. 보니터를 통해 보는 것보다 전체적인 구도를 파악하기가 훨씬 쉽거든요.

규칙적인 생활 vs 대충 사는 인생

제인	파란만장한 삶을 살며 다양한 감정을 경험해 본 사람만이 디테일이 살아 있는 작품을 만들어낼 수 있는 것은 아니지만 그러한 감정의 경험들이 작품에서 느껴지는 힘에 어느 정도는 영향을 미친다고

생각해요. 예를 들어, 저는 작사 작업도 하고 있는데요. 작사가들 중에 '이 가사는 한 시간 만에 썼어요. 자려고 누워 있는데 마치 하늘의 계시라도 받은 듯 갑자기 영감이 떠오르더라고요.'라고 말씀하시는 분들을 보면 '아! 나는 절대 이길 수 없구나'라는 생각이 들어요. 그런 분들에게는 인간의 감정을 직접적으로 사로잡을 수 있는 자신만의 특별한 언어가 있을 것 같다는 생각이 들거든요. 저는 논리적인 것을 추구하는 사람인지라 감정에 휩쓸리거나 하는 일이 별로 없어요. 그게 저의 장점이자 단점이기도 하죠. 이런 사람들이 있잖아요. 이성 관계도 복잡하고, 부모님과 사이도 안 좋고, 옆에서 지켜보면 저 사람은 왜 저러고 살까? 싶을 정도로 사생활이 엉망인 사람이 어느 날 갑자기 '짠!'하고 엄청난 작품을 선보이는 거죠. 솔직히 저는 그런 사람들이 부럽게 느껴지기도 하거든요. 우미노씨는 앞서 말씀드린 작사가들처럼 하늘의 계시를 받은 것처럼 갑작스럽게 영감이 떠오르거나 하신 적이 있나요?

우미노 음… 글쎄요. 어렸을 때만 해도 젊은 패기와 의지로 만화를 그린 적은 있었지만 하늘의 계시 같은 느낌을 받은 적이 없었던 것 같아요.

담당 편집자 작가님이 20대 시절에 '이런 것들을 해보고 싶어요'라며 리스트를 주신 적이 있었어요. 그것을 하나씩 하나씩 해 나가다 보니 어느새 마지막까지 완수하게 되었죠. 그리고 다음에는 뭐하지? 하던 차에 나온 것이「도부도」였어요. 그런 것을 보면 하늘에서 계시를 받았다 이런 느낌보다는 성실하고 꾸준하게 작업해서 얻은 결과물이라는 표현이 더 적합할 것 같아요.

우미노 저는 항상 모범생이었거든요. 중학교 때는 선생님께서 학생회에 들어오라며 스카우트될 정도였죠. 물론, 모범생인 척 연기하는 가짜

	모범생이었지만요. (웃음)
제인	가짜 모범생이요?
우미노	네. 일례로 제가 다니던 학교에서는 앞머리 파마가 금지였어요. 그런데 앞머리를 파마하고 학교에 간 날 선생님께서 "너 혹시 앞머리 파마한 거니?"라고 물으셨는데 "앞머리가 너무 뻗쳐서 살짝 말고 온다는 게 너무 많이 말았나 봐요"라고 모범생 이미지를 이용해서 교칙 위반을 자연스럽게 넘기곤 했죠.
제인	하지만 선생님은 속아 넘어가셨네요.
우미노	그렇죠. 그리고 같은 반에 소위 날라리인 친구가 있었는데, 어느 날 친구들 몇 명이 그 친구 집에 모여서 놀기로 했거든요. 그래서 제가 "선생님 갑자기 배가 아파서 조퇴해야 할 것 같아요"라고 말하면 한치의 의심없이 "어머! 그러니? 어서 집에 가서 쉬어라"라며 보내주시기도 했어요.
제인	우와~ 굉장하네요.
우미노	네. 말 그대로 나쁜 모범생이었어요.
제인	그러고 보면 우미노씨에게는 콤플렉스가 전혀 느껴지지 않는데 어떠신가요?
우미노	아니요. 콤플렉스 엄청 많죠.
제인	정말요? 전혀 그렇게 보이지 않거든요.
우미노	콤플렉스가 없는 사람이 어디 있겠어요. 분하다고 느끼는 것들도 여러 가지가 있어요. 평소에 주변 사람들이 저에 대해 '매사에 느긋하고 태연하다'라는 말을 하는 것을 보면서 콤플렉스가 없는 사람처럼 느끼시는 것이 아닌가 싶어요.

어느 날 갑자기 20대 자녀의 엄마가 된다면

제인 우미노씨는 굉장히 열정적인 분이라고 생각해요. 열정이 없다면 이렇게 재미있는 만화를 그릴 수는 없다고 생각하거든요. 그런 점은 확실히 알겠는데, 방금 말씀하신 '분하다'라는 것은 콤플렉스와 다른 의미가 아닐까 싶어요. 엄청나게 노력을 했는데도 원하는 결과를 얻지 못했을 때 '아무 말도 못할 정도로 분하다'라고 느끼죠. 그런데 콤플렉스라는 것은 마치 벌집과 같아서 살짝만 건드려도 안에서 벌들이 우르르 몰려 나오잖아요. 앞에서도 살짝 언급했지만 저는 남들처럼 결혼해서 아이를 낳아 가정을 꾸리고, 이런 평범한 인생을 살지 못했어요. 오히려 지금은 그렇게 살지 못한 것을 이용해서 먹고 살고 있다고 해도 과언이 아니죠. 하지만 그럼에도 불구하고 '왜 나는 남들처럼 살지 못할까?'라는 생각이 잔가시처럼 계속 남아 목구멍을 찌르거든요. 그러면 많은 사람들이 그렇듯 그냥 꿀꺽 삼켜 버리면 될 것을 그러지도 못하고 계속 고통을 느끼고 있는 것이 저에게는 콤플렉스이거든요. 그런데 지금 이야기를 나누면서 그런 콤플렉스 또는 잔가시처럼 계속해서 콤플렉스를 자극하는 존재들이 우미노씨에게는 전혀 느껴지지 않거든요.

우미노 결혼이라는 점에서 말하자면 저도 초등학생 무렵부터 '언젠가는 나도 결혼해서 아이를 갖게 되겠지'라는 생각을 가지고 있었어요. 성인이 된 이후에도 줄곧 '머지않아 결혼하게 되겠지'라고 생각하고

	있었는데 어느 순간 보니 이제 아이를 갖기에는 힘든 나이가 되어 버렸다는 현실에 '어?' 하고 놀라는 제 모습이 보이더라고요.
제인	저도 마찬가지에요. 마음은 아직 있는데 말이죠.
우미노	'이상하다… 어디서 길을 잘못 들어선 걸까?'라는 생각이 들어요.
제인	솔직히 길을 잘못 들어선 적은 별로 없었던 것 같아요. 물론 지금까지 살아온 시간들을 되짚어 보면 어딘가에서는 잘못된 선택을 했을지도 모르겠지만 그래도 크게 길을 잘못 들어선 적은 없었던 것 같거든요.
우미노	앞으로 누군가를 만나 결혼하게 될 수도 있다는 생각은 가끔 들어요. 만약, 그 사람에게 아이가 있다면 갑작스럽게 20대 자녀의 엄마로 데뷔하게 될 수도 있겠죠.
제인	상당히 유연적인 사고를 가지고 계시네요.
우미노	그런가요?
제인	네. 뭔가 화장품 광고 같은 표현이기는 한데 우미노씨를 보고 있으면 중년 여성의 나긋나긋한 부드러움이 듬뿍 채워져 있는 분이란 생각이 들어요.
우미노	바람이 부는 대로 흔들리며 살아가는 것이 훨씬 편하다는 것을 체득했기 때문이 아닐까 싶어요.
제인	자기 현시욕이라고 하잖아요. 우미노씨는 어떤 때 자신을 드러내고 싶은 욕구가 생기나요?
우미노	아무래도 「도부도」를 통해 승화된 부분이 큰 것 같아요. 이전까지만 해도 같은 잡지에 연재하는 다른 작가의 작품은 잘 나가는데 제 작품은 전혀 주목받지 못하는 그런 일들이 있다 보니 마음의 응어리 같은 것이 있었거든요. 그런데 「도부도」가 상상 이상으로 히트

　　　　　를 치게 되면서 엄청난 성취감을 느끼게 되었죠. 늘 마음 한 켠에는 부모님께 '결혼을 못해서 죄송해요', '손주 한 번 안아보지 못하게 해드려 죄송해요' 이런 미안함이 있었는데 코단샤 만화상을 타자마자 어머니께 '엄마! 오늘이 바로 내 인생의 결혼식이야!'라고 말씀드렸죠. 저에게는 작품이 곧 자식과 같은 것이거든요. 물론 이렇게까지 히트 치지 못했다면 여전히 마음 한 구석에 응어리가 남아 있었을지도 모르겠지만요.

제인　　　작품을 통해 '앞으로 뭔가 큰 변화가 일어나겠다'는 믿음을 갖게 되는 것은 정말 대단한 일이라고 생각해요. '설마 누가 알겠어? 앞으로 누구와 만나 결혼할지도 모르잖아'라는 마음을 갖게 되면 이전보다 결혼에 대한 믿음도 더 커지는 거라고 생각하거든요. 그런 면에서 「도부도」는 굉장한 작품이라고 생각해요.

우미노　「도부도」에서 여주인공의 이모로 등장하는 유리라는 캐릭터도 처음에는 그랬거든요. 모두에게 인정받는 미인 커리어우먼이지만 알고 보면 제대로 된 연애 한 번 못하고, 마흔 아홉 살이 되어 버린 여성이다 보니 본인 스스로도 연애나 결혼에 대해 완전히 포기한 인물이죠. 독자분들도 유리가 카자미(극중 유리의 상대 역할)씨와 연결되리라고는 아무도 상상하지 못했을 것 같아요.

제인　　　유리가 매번 '이번에도 길게 갈 것 같진 않지만~'이라고 말하는 장면이 나올 때마다 엄청 공감이 되더라구요. 이렇게 쉽게 기회가 올 리 없다고 생각하면서도 앞으로 한 걸음 한 걸음 나아가는 느낌이 들었어요.

우미노　끝을 내다보면서 신중하게 한 걸음씩 나아가는 거죠. 어른의 처세술 같은 것이라고 할 수 있을 것 같아요.

제인	계속해서 잘 알아듣게 타이르고 있죠. 그런데 그 타이르는 대상이 다름 아닌 바로 자기 자신인 거잖아요.
우미노	맞아요. 스스로에게 말하고 있는 거죠. 그런 부분이 참 서글프게 느껴져요.
제인	유리가 느끼는 아픔들이 많은 공감이 되더라구요.

저출산 문제에 대한 책임의식을 가지라는 무언의 압박

제인	저는 '왜 결혼하지 않으셨어요?'라는 것이 궁금하지 않은 세상이 되었으면 좋겠어요. 여러 사람이 모인 자리에 미혼인 사람이 있더라도 그 사람이 왜 결혼을 안 했는지가 아닌, 일이나 개인의 취미 생활 이런 이야기를 편하게 나눌 수 있는 사이가 되면 좋을 것 같거든요. 물론, 아직까지는 다른 나라 이야기인 듯 거리감이 느껴지기는 하죠. 일본에서는 여전히 결혼이나 출산이 중요시되는 사회적 분위기이다 보니 사람들이 모이면 자연스럽게 그런 이야기들을 나누게 되거든요.
우미노	저출산 문제에 대한 책임의식을 가지라는 무언의 압박이 느껴지기도 해요. 그런데 생각해보면 아이를 낳고 기르는 것이 쉬운 세상이었다면 해마다 출산율은 증가해야 되잖아요. 그런데 현실은 그렇지 않단 말이죠. 결혼을 하면 당연히 아이를 낳아야 한다는 전통적 사고 방식 때문에 저 같은 싱글은 '당신은 주어진 의무를 완수하지 못

	했습니다'라는 꼬리표를 달게 되요. 따지고 보면 아이를 낳지 않는 사람이 있더라도 반대로 아이를 많이 낳는 사람이 있으면 되잖아요. 저희 집안은 사촌들이 아이를 많이 낳았거든요. 그래서 가끔은 '사촌들이 내 몫까지 아이를 낳아줬구나' 하는 생각이 들기도 해요.
제인	둘째, 셋째가 갖고 싶지만 경제적 여유가 없어서 낳지 못하는 사람들이 주저없이 아이를 더 낳을 수 있다면 가장 좋겠죠.
우미노	네. 저출산 문제는 정부나 사회가 나서서 해결할 일이지 독신 여성들에게 책임을 떠넘길 문제는 아니라고 생각해요.
제인	이런 문제는 중요하니까 지금 저희가 할 수 있는 일이 있다면, 어쨌든 저희 같은 사람들도 있다는 것을 세상에 보여주는 것이 좋을 것 같아요.
우미노	맞아요. 다양한 모델을 제시해준다면 그것을 토대로 자신만의 색깔을 만들어 갈 수 있지 않을까 생각해요.
제인	요즘 다양성이라는 말이 여러 분야에서 많이 사용되고 있잖아요. 하지만 정작 그 단어가 어떤 의미인지, 구체적으로 어떻게 하면 다양성을 갖출 수 있는지는 아무도 가르쳐 주지 않았다는 생각이 들거든요.
우미노	겉으로는 다양성을 갖는 것이 좋다고 말하면서도 자신이 틀렸다고 생각하는 것에 대해서는 쉽게 비난을 하죠. 다양성이란 내가 틀렸다고 생각하는 것이라도 다른 사람에게는 맞는 이야기일 수 있다는 마음을 갖는 것이 중요하다고 생각해요.
제인	타인에 대한 간섭을 줄여가는 것이 다양성을 향한 첫 걸음이 아닐까 싶어요. 그리고 다양한 삶의 방식이라던지 앞에서 말한 것처럼 세상에는 이런 사람들도 있다는 것을 보여주는 것도 저희 같은 사람들에게 주어진 하나의 역할이라고 생각해요.

우미노	그동안 몰랐던 사실을 알게 된다는 것은 정말 중요한 일이죠.
제인	그런 의미에서도 「도부도」는 세간에 굉장한 임팩트를 남긴 작품이예요.
우미노	그런데 정작 다 쓰고 보니 여성들에게 걸린 저주에 대한 이야기만 쓰고 남성들의 저주에 대한 이야기는 쓰지 못했다는 아쉬움이 남더라구요. 그래서 만약 후편을 쓰게 된다면 현대 사회의 남성들에게 걸린 저주에 대해 써보고 싶은 생각이 있어요. (현재 Kiss에서 연재중)
제인	말씀하신 여성들에게 걸린 저주라는 것은 여성의 힘만으로는 풀 수 없는 것이잖아요. 남성들의 저주와 함께 '하나, 둘, 셋'하고 동시에 풀어야만 저주에서 벗어날 수 있다고 생각해요.

남성들에게 걸린 저주

제인	앞에서 말씀하신 에도 시대에 4남, 5남은 결혼 자체가 불가능했다는 이야기는 결국, 장남 한 명의 단독 승리로 다시 말해 일부의 남성들만 이득을 볼 수 있는 사회였다는 것이죠. 그러다 보니 여성들과 남겨진 남성들이 불이익을 당할 수밖에 없었고, 그렇게 불이익을 당한 남성들의 울분이 여성, 어린 아이들, 동물들을 향해 분출되는 문제가 발생하게 되었죠. 그래서 여성 스스로가 강해져야 한다는 것과는 별개로 남성들에게 걸린 저주를 해결할 방법에 대해 함께 생각해봐야 되지 않을까 싶어요. 우미노씨가 생각하는 현대 사회의 남성들에게 걸려 있는 저주는 무엇인가요?

우미노	자살률만 보더라도 남성의 비율이 훨씬 높잖아요. 이유는 남자들은 밖에 나가서 돈을 벌어야 되고, 결혼을 하면 가족들을 먹여 살려야 한다는 부담감을 가지고 있다는 뜻이겠죠. 여성들은 일하지 않고 집에만 있어도 신부 수업이라는 고상한 말로 포장할 수 있지만 남성들은 그런 단어조차 없잖아요. 기껏해야 고등 실업자 정도밖에 없죠.
제인	남자는 나가서 돈을 벌어 오는 사람이라는 거네요.
우미노	맞아요. 여성보다 남성에게 그런 부담감이 훨씬 크죠. 그러다 보니 일을 그만두고 싶어도 그만둘 수가 없고, 그런 상황에서 오는 스트레스를 견디다 못해 결국은 극단적인 선택을 하게 되는 일이 발생하는 거구요.
제인	일할 것이냐, 죽을 것이냐 둘 중 하나를 선택할 수밖에 없다는 것이 충격적이네요.
우미노	그런데 실제로 보면 모든 사람들이 매일같이 아침 일찍 출근해서 밤 늦게까지 일하는 삶을 사는 것은 아니거든요. 일하지 않고 사는 사람들도 분명 있어요. 그러니까 자기 나름대로의 다른 방법을 찾아서 마음만 먹으면 불가능한 일은 아니라고 생각해요. 물론, 주변에서 걱정 어린 잔소리를 듣는 것은 각오해야겠지만요.
제인	여성에게 기둥서방 같은 말은 쓰지 않잖아요. 이미 서방이라는 말이 붙어 있다는 점에서 남성 전용 단어인 거죠. 남녀를 불문하고 다른 사람에게 의지해서 생계를 유지하는 사람이 있잖아요. 그런데 왜 유독 남성에게만 기둥서방이라고 부르느냐, 결국 남성들에게는 '나가서 돈을 벌어 오지 않으면 인간 구실을 제대로 하지 못하는 놈이다'라는 저주가 걸려 있는 거죠. 거기까지는 여성인 저에게도 이해가 돼요. 그런데 그 다음을 잘 모르겠어요. 같은 여성으로서 여성

들에게 걸린 저주에 대해서는 예를 들어 결혼과 관련된 저주가 있다면 거기서 파생된 출산, 육아 등 세세한 부분들까지도 이해가 되거든요. 그런데 남성들에게 걸린 저주의 전모를 파악하는 것이 쉽지가 않더라구요. 가령, 남성들에게 나이가 들어간다는 것에 대한 공포감은 어떤 느낌으로 다가오는지, 그런 것들이 궁금해요.

우미노　왜 남성들은 우정이나 의리를 유독 중시하는가? 이런 부분에 대해서도 알고 싶어요.

제인　그러니까요. 그런 부분에 대해 좀 더 이야기를 나눌 필요가 있다고 생각은 하지만 정작 주변에 그런 이야기를 나눌 대상이 별로 없어요.

우미노　'남자들끼리'라는 남자들만의 세상에 여성들이 들어가기는 쉽지 않죠.

제인　좀 충격적이었던 것은 '남자들끼리는 주로 무슨 이야기를 해?'라고 물어보니 야구나 영화 등 뭐… 이런 이야기들을 주로 한다는 거에요. 그래서 '왜 그런 얘기들만 해?'라고 묻자 '그러면 내 이야기를 하지 않아도 되니까'라고 하더라구요. 자신이 요즘 이런 문제들에 대해 고민을 하고 있다는 이야기를 하지 않아도 된다는 거예요. 결국, 남자들은 자기 자신에 대해 남들이 알아주는 것을 바라지 않는다는 거죠. 무엇보다 본인 스스로 자기 자신에 대해 잘 모르기도 하고, 자신의 이야기를 했을 때 자신에게 향하는 시선들이 부담스럽다고 말하더라고요. 그 이야기를 듣고 '아니, 우리 여자들은 제발 날 좀 알아줘'라는 마음으로 '그동안 얼마나 힘든 시간을 보내왔는데'라는 생각이 들더라고요.

우미노　여자들끼리는 자기 이야기를 끝도 없이 하잖아요.

제인	자신의 이야기를 하는 남성은 주변에서 귀찮은 존재로 여겨지게 된다는 이야기도 들은 적이 있어요. 가장 충격적인 것은 남성들 스스로가 본인에 대해 그다지 알고 싶어 하지 않는다는 점인 것 같아요. '어떻게 하면 자신을 알릴 수 있을까?'라는 것이 인생 최대의 관점인 시대에 자신에 대해 마치 상품을 설명하듯이 나의 체력은 어느 정도이고, 나의 일하는 방식은 이렇고… 등 이런 본인에 대한 설명서를 만들어 가는 것이 중요하잖아요. 그런데 그런 것에 전혀 흥미가 없다니 참으로 놀라운 일이죠.
우미노	자신에 대해 알고 싶어 하지 않는다는 것은 자기 스스로를 낮게 평가한다는 의미일까요?
제인	'저는 유리 멘탈이라 그런 건 못해요'라는 말도 들은 적이 있거든요. 이상적인 자신의 모습과 현실 사이의 괴리를 견딜 수 없다는 것이죠.
우미노	남성 중심 사회가 여성 중심 사회보다 성공한 케이스가 더 많잖아요. 그런 의미에서 남성들은 날마다 그러한 성공을 강요당하고 있어서 일 수도 있지 않을까 싶어요.
제인	그리고 남성들은 누군가 자신에게 의지하는 것을 아주 큰 의미로 받아들이는 경향이 있어요. 이성애에 한정된 이야기이지만 예를 들어, 연애 경험이 없는 남성이 있다면 오히려 연애 경험이 풍부한 여성을 만나서 사귀면 좋지 않을까? 라고 생각할 수 있잖아요. 하지만 현실에서는 그러기가 쉽지 않죠. 자신이 모르는 부분에 대해 반대로 많이 아는 사람을 만나는 것이 편하다는 생각 자체를 못하는 거예요. 오히려 이렇게 부족한 나이지만 누군가에게 기댈 수 있는 대상이 되는 편이 그 남성으로 하여금 행복을 느끼게 한다는 거죠.

이런 생각들이 최종적으로 여성들의 혼전 순결에 대한 신념으로 이어진다고 생각해요. 어떤 색도 물들어 있지 않은 여성을 나만의 색으로 물들여 가는 것을 선호하는 거죠. 굉장히 오만한 사고 방식이라는 생각도 들지만 한편으로는 자신이 상대방보다 항상 우월해야만 한다는 강박 관념에 사로잡혀 있는 것도 굉장히 힘든 일이겠구나…라는 생각이 들더라구요.

우미노 요즘은 교도소에서 새끼 강아지를 키우는 것이 갱생에 도움이 된다고 하잖아요. 이말인즉 자신보다 작고 약한 존재에게 필요하다고 여겨지는 존재가 되는 것이 중요하다는 의미이겠죠?

제인 다른 사람에게 의지의 대상이 된다는 것은 내 스스로가 누군가에게 필요한 존재가 되고 싶다는 생각에서 비롯되는 것이 아니라 마치 횃불을 들고 사람들을 끝까지 이끌어 가겠다는 굳은 결심과 같은 것이라고 생각해요.

우미노 그런 생각을 바꾸기 위해서는 어떻게 하면 좋을까요? 사실, 정답을 잘 모르겠어요.

제인 다양성과는 조금 다른 이야기이지만 이제 여성들도 뒤에서 조용히 내조하는 것이 최고의 미덕이자 인생의 행복이 아니라는 것을 깨닫게 되었다고 생각해요. 여성들도 앞에 나서서 자신을 당당하게 드러낼 수 있고, 그렇다고 해서 '여자 주제에 어딜 감히'가 아니라 '그래 한 번 해봐!'라는 말을 들을 수 있다는 것을 알게 된 것이죠.

우미노 의외로 여성들이 주도하는 시대가 번영한다! 이런 것이네요.

제인 옛날 이야기에는 난세의 영웅 이야기가 많잖아요. 마을에 심각한 전염병이 돌거나 도적떼가 갑자기 쳐들어 왔을 때 용감한 남성이 마을 사람들을 이끌며 위기를 헤쳐 나가는 내용이 자주 등장하죠.

	게다가 그런 남성들은 대개 일찍이 집을 떠나 온갖 고난과 수행을 거친 뒤 다시 돌아와 위기에 빠진 마을을 구해낸다는 스토리를 가지고 있어요.
우미노	만약, 남녀의 역할이 뒤바뀐다면 성립 불가능한 이야기인 걸까요? 여성이 일찍이 집을 떠나 전국을 떠돌며 수행해서 마을을 구할 수 있는 인물로 성장해 위기에 처한 마을 사람들을 구해낸다… 이런 스토리로 말이죠.
제인	여성의 영웅 이야기라… 꼭 만들어졌으면 좋겠네요. 남녀의 차이는 경향성 면에서도 다른 점이 있어요. 예를 들어, 남자들끼리 '우리는 중학교 때부터 절친이었어'라고 말하는 사이라도 애써 서로에 대해서는 아무것도 묻지 않잖아요.
우미노	아무말 없이 그냥 곁에 있어 주는 것이 남자들의 우정이야! 이런 느낌이죠. 물론, 그런 식으로도 충분히 관계를 잘 유지해 나가는 사람들도 있겠죠. 하지만 서로에 대해 묻지도 말하지도 않고 '우리는 아무 문제 없이 잘 지내고 있어'라고 생각하는 것처럼 보이기도 하거든요.
제인	서로에게 깊이 개입하지 않으니까 오히려 우호적인 관계를 이어나갈 수 있는 거죠.
우미노	맞아요. 남자들 중에는 특히나 그런 사람들이 많다고 생각해요. 일전에 라디오 방송에 나간 적이 있었는데 한 남성분께서 '아내와 사이가 좋지 않은데 어떻게 해야 할까요?'라는 고민 상담을 하셨어요. 이야기를 들으면서 그런 문제는 당사자인 아내와 대화를 나눠야 해결책을 찾을 수 있는 것 아닌가? 라는 생각이 들었거든요. 하지만 정작 아내분에게는 아무 말도 하지 않았다고 하더라구요. 말해봤자

제인	어차피 해결되지 않을 거라고 미리부터 포기해 버리는 느낌이랄까요? 정말 이 문제를 해결하기 원하는 것처럼 보이지 않았어요.
제인	그런 이유로 헤어지는 사람들도 있잖아요. 예전에 제 친구 부부가 사이가 좋지 않을 때 남편 쪽에서 '어쨌든 와이프가 너무 추궁하니까 피곤하고 싫다'라고 말하길래 아니, 그것은 남편을 추궁하는 게 아니라 '우리 대화 좀 해'라는 뜻이라고 몇 번이고 말해 준 적이 있거든요. 단지 무슨 생각을 하고 있는지, 어떤 감정을 느끼고 있는지 이런 것을 듣고 싶었던 것뿐인데 추궁 당하는 것이 피곤하고 싫다는 말을 듣게 된 거죠.
우미노	어찌됐든 상대방에게 자신의 속마음을 추궁 당하고 싶지 않다는 거네요.
제인	앞서 말한 남성들은 스스로에 대해 알고 싶어하지 않는 점과도 공통되는 이야기라고 생각해요. 왠지 이러다간 보잘 것 없고 하찮은 자신을 되돌아보게 되는 것은 아닐까 불길한 예감이 드는 거죠. 그래서 상대방에게도 깊이 관여하지 않지만 반대로 상대방이 자신에게 깊이 관여하는 것도 원치 않는 것 같아요. 그러고 보면 「도부도」의 남자 주인공 히라마사는 여주인공 미쿠리의 이야기에 귀 기울여 주고, 대화도 잘 하는 것 같아요.
우미노	히라마사가 IT 회사에서 시스템 엔지니어로 성실하게 일하는 샐러리맨이라는 점도 영향이 있을 것 같아요. 게다가 애초에 남녀 관계가 아닌, 일적인 관계로 만난 사이이기도 하고요. 만약, 둘의 이야기가 연애 관계에서 시작되었다면 그들도 '귀찮게 대화는 무슨 대화…'라던지 '왜 이렇게까지 해야 되는 건데?'라는 상황이 되었을 거라고 생각해요. 그런 것을 보면 둘의 사이가 일적인 관계에서

	시작되었다는 점이 크게 작용했다고 볼 수 있겠네요.
제인	남성들에게 걸린 저주에 대해 알고 싶다는 생각은 단순히 호기심 때문은 아니거든요. 앞에서도 말했듯이 남성들의 저주에 대해 알아야만 저희 여성들의 저주도 풀 수 있으니까요.
우미노	어쩌면 우리 모두가 자기 자신을 객관적인 시선으로 바라보지 못하는 저주에 걸려 있는지도 모르겠어요.
제인	맞아요. 자신의 모습을 객관적으로 본다는 것은 참 어려운 일이죠. 자기 자신을 냉철하게 바라볼 수 있어야 다른 사람 눈에 비친 자신의 모습도 제대로 알 수 있게 되는 거라고 생각해요. 게다가 스스로에 대해서도 온전히 알지 못하는 사람이 다른 사람을 제대로 알 수 있을까요? 앞으로 이런 생각들을 가지고 남성과 여성이 힘을 합쳐 서로의 저주를 풀어나가면 좋겠다는 생각이 드네요.

우타마루

1969년 일본 도쿄 출생

본명은 사사키 시로이며, 힙합 그룹 RHYMESTER의 랩퍼

TBS 라디오 「After6 Junction」의 진행자

저서로는 「MABU론(論) Classics」, 「The Cinema Hustler」,

「RHYMESTER 우타마루의 영화 카운셀링」,

「RHYMESTER 우타마루의 랩 역사 입문」 등이 있음

A4 사이즈의 대형 스케줄러에 붙어 있는 포스트잇

제인   오늘은 특별히 우타마루가 아닌 본명 사사키 시로씨와 이야기를 나눠보고 싶어요. 저희가 처음 만난 게 제가 열 여덟 살, 시로씨가 스물 두 살 때였잖아요. 와세다 대학의 소울 뮤직 연구 동아리인 GALAXY에서 선후배 사이로 만나게 되었죠. 이후 계속 서로 간에 접점이 있었던 것은 아니지만 26년 동안 매일 같은 자리에서 날씨를 관측하듯 서로에게 관심을 가지고 지켜보고 있던 사람들은 그리 많지 않았을 것 같아요.

우타마루   오~~ 그런가요?

제인   그리고 지금도 어쩌다 보니 비슷한 분야에서 일을 하고 있네요. 이번에 느닷없이 2006년도에 출간된 「Blast 공론」(우타마루 외 공저)이 증보판을 거쳐 문고판으로 재탄생하게 되었잖아요. (Blast 공론 증보 문고판 : 모든 사람들이 호화 주택에 살고 싶어하는 것은 아니다 (도쿠마 문고)) 책 띠지에 추천의 말을 부탁하셔서 다시 한 번 읽어 보았거든요. 그러면서 그 당시와 비교했을 때 '굉장히 달라졌구나'라고 느껴지는 부분도 있었고, '그때나 지금이나 전혀 변함이 없구나'라고 생각되는 부분도 있었어요. 그래서 오늘은 그런 이야기들을 나눠봤으면 좋겠다는 생각이 드네요. (제인 앞에 놓인 A4 사이즈의 노트를 펼침)

우타마루   그런데 그 노트는 뭐예요?

제인	아! 이건 스케줄러예요.
우타마루	포스트잇이 여기 저기 붙어 있네요.
제인	네. 매달 스케줄에 따라 해야 할 일들을 포스트잇에 써서 붙여 놓거든요. 그리고나서 그 달에 못한 일들은 포스트잇을 뜯어서 다음 달에 붙이는 거죠.
우타마루	우와! 제인씨 멋있다~~ 저도 한번 따라해 볼까요?
제인	하하하. 한번 해보세요. 신문에서 읽은 내용 같은 것도 메모해서 붙여 두기도 하고요.
우타마루	꼼꼼하시네요. 글씨체부터가 꼼꼼함이 느껴져요. 그런데 제인씨는 예전부터 꼼꼼한 분이셨나요? 생각해보니 제인씨가 쓴 노트나 글씨체를 본 게 오늘이 처음인 것 같아요.
제인	그러고 보니 정말 그렇네요.
우타마루	제인씨가 「브라시스」에 글을 썼던 적이 있었나요? 아… 「브라시스」라는 것은 브라더&시스터의 약자로 저희가 학창 시절에 함께 했던 GALAXY라는 동아리에서 만들었던 미니 정보지 같은 것인데요. 요즘으로 말하자면 zine이라고 할 수 있겠네요.
제인	글을 쓴 적은 없어요. 동기 여학생들 중에서도 글을 썼던 건 한 두 명 정도였죠.
우타마루	진짜요?
제인	약간 남자들만의 전유물 같은 분위기가 있었거든요. 하지만 무엇보다 글을 잘 쓸 자신이 없었던 게 가장 큰 이유였어요.
우타마루	GALAXY는 소울 뮤직 연구 동아리잖아요. 말 그대로 모여서 음악을 즐기고 문화를 연구하는 모임인데 실제로 보면 예전 운동부 같은 분위기도 없지 않았다고 생각해요. 그래서 어쩌면 여학생들이

	앞에 나서기 쉽지 않았을 수도 있고요.
제인	제가 무언가를 하려고 하는데 누군가가 그걸 못하게 막았다거나 그런 것은 아니었어요. 단지, 제 스스로가 '이건 남자들의 것이니까'라고 생각해 버린 거죠. 여학생 중에서도 글을 쓰고 싶은 사람은 자유롭게 참여하기도 했으니까요.
우타마루	하긴 여자 선배들도 많이 참여했었던 기억이 나네요.

조금 특이한 사람들의 모임

제인	GALAXY는 대학 연합 동아리이다 보니 다양한 학교의 학생들이 있었잖아요. 남학생들도 와세다생 뿐만 아니라 다른 학교의 학생들이 모여 시끌벅적 했었죠.
우타마루	처음 동아리를 만든 원년 멤버 중 한 명이지 GALAXY에서 가장 존경받는 선배님이라 할 수 있는 JAM(일본의 힙합 뮤지션)씨 그러니까 호소다 히데오씨도 호세이 대학 출신이죠.
제인	총 몇 명 정도가 있었나요?
우타마루	해마다 달랐던 것 같아요. 예를 들어, 제가 들어갔던 해에는 정말 몇 명 없었어요. 그나마도 다음 해에는 저랑 다른 한 친구 딱 둘만 남게 될 정도였죠. 정기 모임에도 참석하는 사람이 고작 세 명 정도라 정기 모임이라는 말이 무색할 정도였어요. (웃음)
제인	매주 목요일에 정기 모임이 있었죠. 저희 때에는 동아리 회원이 50명 정도 됐거든요. 최근 들어 많을 때는 100명이 넘을 때도 있다고

	하더라구요. 여학생이 회장을 맡기도 하고요. 저희 때만 해도 여학생이 회장이 된다는 것은 생각조차 못할 일이었죠.
우타마루	그런 분위기가 있었군요.
제인	분위기라고 해야 할지… 시대 자체가 그랬던 것 같아요.
우타마루	네. 여성 리더를 보기 힘든 시절이기도 했어요. 영국의 마거릿 대처 수상이 있긴 했지만… 말하기에 너무 거창 한가요? 어쨌든 우리 남자들만의 책임이라기 보다는 시대가 그랬던 것 같다고 변명하고 싶네요.
제인	조금 전에도 말씀드렸지만 누군가로 인해 무언가를 하고 싶었지만 할 수 없었던 적은 적어도 저에게는 절대 없었다고 말씀드리고 싶어요. 그런데 처음으로 서로가 알게 된 적이 언제부터였죠?
우타마루	제인씨를 포함한 1학년 여학생 세 명이 동아리에 들어오게 되면서 처음 만나게 되었어요. 세 명의 여학생들 중 리더 같은 느낌이었죠.
제인	당시 '여성미 시스터즈'라는 그야말로 여성미로 중무장한 다양한 대학 출신의 여학생 그룹이 있었어요. 소녀 만화의 캐릭터처럼 베레모를 머리에 얹고 다니는 여학생들이었는데 패션이나 좋아하는 것들이 다른 신입생들과는 많이 달랐죠. 그에 비해 저는 특색이라고 내세울 만한 것이 전혀 없는 평범한 학생이었어요. 그래서 혼자는 쑥스러워서 대학교 친구들과 함께 동아리에 가입하게 되었어요. 말씀하신 것처럼 리더 역할을 한 적은 없었지만요.
우타마루	당시만 해도 흑인 음악을 듣는다는 것 자체가 매니아의 색채가 강했어요. 지금처럼 힙합이나 R&B가 미국 음악의 메인 스트림이 될 거라고는 상상도 못했던 시절이었으니까요. 그래서인지 모르겠지만 저희 동아리에 들어오는 학생들을 보면 남들과는 다른… 조금은 특이한 사람들이 많았던 것 같아요.

제인	당시 시로씨는 저희들이 쉽게 범접할 수 없는 존재였어요. 정기 모임에 나가 시로씨와 몇 마디라도 해 볼 수 있다면 행운이라고 생각할 정도로 말이죠. 항상 자리도 맨 구석에 앉으시니까 마치 절 맨 안쪽에 모셔진 본존 불상 같은 성스러운 느낌마저 들었어요.
우타마루	자리가 정해져 있었던 것은 아니지만 어쩌다 보니 구석 자리가 제 지정석이 된 것 같아요. 저는 따지자면 당시 대학 5학년생이었잖아요. 동아리 회장을 지내고도 2년이 지난 시기였죠. 아마 구석 자리에서 조용히 섭정을 펼치고 있지 않았나 싶네요. (웃음) 조직의 최고 보스가 제일 안쪽에 떡하니 앉아 있는 그런 느낌이었을 수도 있겠네요.
제인	맞아요. 그런 느낌이었어요.

집이 가까우면서 생일이 비슷한 어드밴티지

우타마루	정기 모임은 산장 느낌의 찻집인 Banff에서 했었죠.
제인	네. 2층에 다락방 같은 공간이 있어서 거기서 주로 모였었죠. 노부부가 운영하시던 곳이었는데 지금 생각해보면 나이 드신 분들을 2층까지 몇 번이나 오르락 내리락 하시게 만들었던 것이 죄송하네요.
우타마루	그 집의 드라이 카레에 들어 있던 파가 엄청 싱싱했던 것이 아직도 기억에 남아 있어요.

제인	아쉽게도 더 이상 맛 볼 수는 없네요.
우타마루	그런데 제인씨는 비교적 일찍부터 존재감을 드러냈다고 생각하거든요. 아직도 기억나는 것이 제가 제인씨 생일 파티에 간 적도 있잖아요.
제인	에이, 그건 서로 집이 가깝다는 슈퍼 어드밴티지를 적용한 거잖아요.
우타마루	같은 분쿄구(도쿄 23개 특별구의 하나) 구민이었죠.
제인	게다가 집도 지하철로 한 정거장 차이였구요.
우타마루	그런데 깜짝 놀랐던 것은 생일 파티에 오라고 해서 별생각 없이 갔는데 제인씨가 엄청 좋은 집에 살고 계시는 거예요. 사람들도 엄청 많이 있었고요. 게다가 이유는 모르겠지만 Little Creatures(일본의 3인조 크로스오버 음악 그룹)의 아오야기 타쿠지 군이 거기에서 기타를 치며 노래를 하고 있었어요. 그때만 해도 저희 그룹은 전혀 알려지지 않은 상태였기 때문에 이 자리에 내가 있어도 되나 싶을 정도로 부담감이 들더라구요. 무엇보다 겨우 대학교 1학년밖에 안 되는 여학생이 그 유명한 아오야기 군과 아는 사이라는 것이 상당히 충격적이었어요. '아니, 도대체 어디서 어떻게 알게 된 사이지?'라고 말이죠.
제인	아… 그건 GALAXY에 있던 레이라는 친구랑 제가 원래부터 Little Creatures의 팬이라 콘서트나 이벤트에 자주 참여를 했었어요. 그러면서 레이를 통해 아오야기씨와도 알게 되었죠.
우타마루	굉장하네요. 그러고 보면 제인씨에 대한 인상은 딱 그랬던 것 같아요. 1학년 새내기인데도 아우라가 느껴진다고 해야 하나? 늘 앞에서 사람들을 진두지휘하고 있다는 느낌이 강했어요.
제인	아! 그랬군요. 제 스스로가 생각하는 저와는 상당히 거리가 있네요.

	어쨌든 저를 멋진 사람으로 봐 주셨다니 기분은 좋네요. 하지만 서로 집이 가깝다는 점을 핑계 삼았던 부분도 분명히 있었다고 생각해요. 그리고 또 한 가지는 생일이 비슷하다는 점도 있었죠.
우타마루	어머님께서 굉장히 쾌활하셨던 분으로 기억해요. 그러고 보면 제인 씨의 사교적인 성격은 어머님께 물려받으신 것 같네요.
제인	그때 저희 엄마께서 단체 사진을 찍어 주셨잖아요. 셔터를 누르면서 "이번에는 오즈 앵글(세계적으로 유명한 일본의 영화 감독 오즈 야스지로가 개발한 일명 '다다미 쇼트'로 불리우는 Low 앵글 기법으로 낮은 앵글을 통해 다다미 위에서 좌식 생활을 하는 일본인들의 생활 감각을 반영함)로 찍어 줄게"라고 하셨을 때 저는 영화에 전혀 관심이 없다 보니 "그게 무슨 소리야?"라고 했었거든요. 그런데 그때 시로씨만 저희 엄마 말씀에 웃으셨던 것이 아직도 기억에 남아 있어요.
우타마루	아! 맞아요. 기억나요. 그날 어머님과 정말 즐겁게 이야기를 나눴었죠. 그리고 제인씨가 남자 동기들 그러니까 저에게는 후배들이죠. 그 친구들과도 아주 가깝게 지냈었죠.
제인	맞아요. 제 동기인 진이 이후에 RHYMETER의 멤버가 되다니 정말 깜짝 놀랐어요.
우타마루	거리감이 딱 적당하게 느껴지는 세대인 것 같아요. 쉽게 친해질 수 있는 나이 차이라고 할 수 있죠.

시답지 않은 이야기도
재미있게 하는 사람

제인   여태껏 살면서 우타마루씨처럼 말을 재미있게 하는 사람을 본 적이 없어요. 그런데 말을 재미있게 한다고 해서 자극적인 소재로 웃긴다거나 전혀 새로운 사실들을 가지고 호기심을 자극하는 것이 아니었어요. 뭐랄까? 시답지 않은 이야기인데 홀린 듯 끝까지 듣게 만드는⋯ 같은 말을 해도 이 사람이 하면 재미있는 이야기가 되는 느낌이었어요. 새로운 게임이나 유행어도 많이 만드셨던 것으로 기억이 나네요.

우타마루   그리고 보니 '04노트'라고 해서 동아리 회원들이 자유롭게 글을 남길 수 있는 노트가 동아리 방에 있었어요. 그 동아리 방도 사실은 처음부터 GALAXY 전용 방은 아니었어요. 당시 와세다 대학에는 학생 운동이 활발하던 시절에 학생 보호 차원에서 만든 일종의 치외법권 구역이 여전히 남아 있었거든요. 그 중 하나가 문학부 04호실이었는데 원래는 미술부가 사용하고 있었죠. 그런데 1학년 어느 날 친한 친구들이랑 그 방에 몰래 들어갔다가 미술부 선배들이 모두 졸업을 해서 비어 있다는 사실을 알게 된 거죠. 그때부터 마치 저희 것이었던처럼 사용하기 시작했죠.

제인   턴테이블이 있어서 선배들이 새로 나온 음반을 사 오면 같이 모여서 듣곤 했죠. 시로씨를 비롯해 그림이나 글에 재주가 있는 회원들은 04노트에 각자의 생각을 끄적이기도 하고. 벽에는 스프레이로 그린 태깅(그라피티) 같은 것들도 있었죠.

우타마루	태깅이나 그라피티를 흉내 내서 많이들 그렸었죠.
제인	사실, 제가 다니던 대학(Ferris여자대학교)에서의 추억은 별로 없거든요. 그런데 매주 목요일이면 일단 Banff에 가서 차 한잔하고, 04호실로 이동해서 선배들의 이야기를 듣다가 집에 돌아왔던 기억이 아직도 생생해요.
우타마루	당시 제인씨는 "저 같은 애는 Ferris랑 안 맞는 것 같아요"라는 말을 자주 했었죠. 그때 제인씨는 아프로 펌 헤어스타일에 밀리터리 팬츠를 입고 다녔잖아요. GALAXY에서는 튀는 축에도 끼지 못하는 스타일이었지만 Ferris의 학생들은 하이힐이 기본이라며, 모두 하이힐을 또각또각 지면에 내리꽂듯이 걸어 다닌다고 말씀하셨죠. (웃음)
제인	맞아요. 그때 또각또각 이 단어 하나로 5분은 웃었던 것 같아요.
우타마루	지금도 그때 하이힐을 신은 여학생들의 걸음걸이를 흉내 내던 모습이 눈에 선하네요.
제인	시로씨는 저희가 알기 전부터 이미 RHYMETER로 활동을 하고 계셨잖아요. 라이브 공연장에 가서 저희가 모르는 사람들이 시로씨를 향해 소리치는 모습을 보면서 인기를 실감할 수 있었죠.
우타마루	감사하게도 제 공연에 직접 티켓까지 사서 와 주셨었죠.
제인	요요기 초콜릿 시티나 시모키타자와 초콜릿 시티(라이브 하우스) 아! 정말 좋았었죠.
우타마루	힙합 씬 자체가 굉장히 재미있던 시절이기도 했어요.
제인	「DA.YO.NE」(일본의 힙합 유닛 EAST END x YURI의 싱글 앨범으로 발매 초기에는 크게 주목을 받지 못하다가 후에 인기를 끌면서 일본인이 제작한 힙합 앨범 - 최초로 밀리언 셀러를 기록)가 나오기 전이었죠.

우타마루	아마추어 시절의 RIP SLYME(1DJ+4MC 구성의 일본 힙합 그룹) 멤버들도 있었고요.
제인	ZINGI(일본의 힙합 그룹)가 공연 중에 '본드는 그만!'이라고 쓴 스티커를 뿌려 대던 시절이었죠.
우타마루	맞아요. 거꾸로 매달린 사람이 손가락으로 V자를 하고 있는 디자인이었죠. 컬러도 눈에 확 들어오게 검정 바탕에 노란색이었구요. 그런데 한편으로는 저희도 여느 대학생들처럼 MT도 가고 어두워지면 담력 테스트 같은 것도 하면서 놀았잖아요. 겨울이 되면 스키장에도 가고요.
제인	당시에는 겉멋도 좀 들어 있었던 것 같아요. 특히, 사회 문제에 대해서는 비판 의식으로 가득 찬 젊은이들의 집단이라는 생각을 하곤 했어요. 지금 와서 생각해보면 남들 눈에는 그냥 우르르 몰려다니며 즐겁게 노는 평범한 대학생들로 보였을 텐데 말이죠.
우타마루	저희가 디즈니랜드에도 같이 갔었나요? 저의 첫 디즈니랜드 입성이라는 빅 이벤트가 있었는데 말이죠.
제인	아쉽게도 거긴 같이 안 갔네요. 한동안 시로씨께서 디즈니랜드나 워너브라더스의 캐릭터가 그려진 XL 사이즈의 헐렁한 티셔츠를 매일같이 입고 다니신 적이 있었잖아요. 그때 엄청 귀엽다고 생각했거든요. 그러고 보면 다들 개성 넘치고, 스타일도 좋았죠.
우타마루	힙합 패션이 아직 대중화되지 않았던 시절이었어요. 미국에 가야만 통 넓은 힙합 바지를 살 수 있었으니까요.
제인	팀버랜드 워커 같은 것도 구하기 힘들었나요?
우타마루	그럼요. 구하기도 힘들고, 워낙 비쌌어요. 그래서 아쉬운 대로 호킨스 같은 것을 신기도 했죠. 아! 청춘이 그립네요. 제인씨는 여대를 다니셨는데 중, 고등학교도 여학교를 나오셨나요?

제인	중학교는 공학이었고, 고등학교와 대학교만 여학교였어요.
우타마루	GALAXY에서 남성 중심 사회의 룰 같은 것들을 느낀 적이 있나요?
제인	남성 중심 사회의 룰이라기 보다는 재미를 공유하는 방식에서 차이가 있다는 것을 느꼈어요. 예를 들면, 여학생들끼리 있을 때 한 명이 재미있는 농담을 던졌을 경우 비슷한 농담으로 받아쳐 주면 쉽게 친해질 수 있다는 것이 여학교의 룰이거든요. 그런데 상대가 남학생이라면 누군가 농담을 했을 때 재미있게 웃어주는 편이 훨씬 친해지기가 쉽더라구요. 다시 말해, 여학교에서 하던 방식대로 남학생들과 재미를 공유하려고 하다 보면 위화감을 줄 수도 있다는 것을 알게 되었죠.
우타마루	아~ 그랬군요. 지금 이야기를 듣고 처음으로 '그렇구나!'하고 깨닫게 되었어요. 남학생들이 문제네요.
제인	시로씨가 그랬다는 것은 아니에요. 단지, 여학생들과 같은 눈높이에서 같은 재미를 느끼고 싶어하지 않는다는 것을 피부로 느꼈죠. 그런 부분은 사회에 나와서도 계속 이어지더라구요.
우타마루	그랬군요. 같은 남자로서 정말 미안하네요.

도쿄 토박이라는 어드밴티지

제인	문화적인 이야기라고 하면 거창하게 들릴 수도 있겠지만 '요즘 무슨 음악 들어? 영화는 뭐 봤어? 요즘 읽는 책은 뭐야?' 이런 질문들처럼 제 관심사를 공유할 수 있는 대부분의 사람들은 GALAXY를

	통해 알게 되었어요.
우타마루	그런 재미있는 사람들이 모이는 곳이 GALAXY의 전통 아니겠어요? 지금은 평범한 사회인이 된 사람들도 GALAXY 시절에는 모두 잘 나가는 사람들이었죠. 학교 축제에서 저희가 나이트 클럽을 열었을 때도 과하다 싶을 정도로 내, 외부 인테리어에 공을 들이기도 했잖아요. '할 때는 확실하게 하는 것이 더 즐겁잖아?' 이런 정신이죠. 그러고 보면 노는 거에는 다들 열심이었어요. (웃음)
제인	겨우 학교 축제에서 하는 나이트 클럽인데 어디선가 철망을 구해와서는 DJ 부스 앞에 바리케이트를 세웠죠. 그리고 어차피 어두워서 잘 보이지 않는데 굳이 둥글게 뭉친 신문지를 클럽 안쪽 벽에 붙여서 올록볼록하게 만든 다음 그 위에다 흰색 도화지를 대충 구겨 붙여서 동굴 같은 느낌이 나게 하기도 했잖아요. 해놓고도 이게 뭐야? 싶었죠.
우타마루	맞아요. 그랬었죠. 바깥쪽은 발포 스티롤로 꾸몄잖아요. 덕분에 지금도 발포 스티롤로 뭔가 만드는 것을 엄청 좋아해요.
제인	저희들은 선배님의 지시대로 하루 종일 도화지를 구겨서 벽에 붙이는 작업을 했죠.
우타마루	바깥쪽에 페인트 칠도 했었죠. 당시 핫하던 MJA 아리아케(버블 경제 시기에 존재했던 라이브 하우스 겸 나이트 클럽) 같은 고급 클럽처럼 만들겠다고 말이죠. 잡지를 만들 때도 정말 정신없었잖아요. 아무리 작은 부분이라도 대충해서는 안 된다고 귀에 못이 박히도록 잔소리를 들었죠. 편집 작업을 할 때는 어디서 전문가 한 분을 모셔 온 줄 알았어요. 덕분에 편집 작업에 대한 이해도 생기고, 한 번 작업을 하고 나니 다들 한 단계 업그레이드되는 기분이 느껴지기도 했죠.

제인	인맥이라고 말하기에는 좀 쑥스럽지만, 사실 GALAXY가 없었다면 지금의 저도 없었을 거라는 생각이 들어요. 지금의 일(Job)과는 아예 다른 일을 하고 있지 않았을까 생각해요. 이런 경험이 사회에 나와서 어느 정도 시간이 지나고 나서야 깨닫게 된 도쿄 촌놈의 어드밴티지라는 것과도 연결되는 부분이라고 생각해요.
우타마루	도쿄 촌놈의 어드밴티지요?
제인	네. 어렸을 때는 '도쿄에서 나고 자랐다는 것만으로 상당한 어드밴티지를 적용 받은 거잖아'라는 말을 들어도 사실 이해가 되질 않았거든요.
우타마루	아아, 그런 이야기이군요. 저희처럼 도쿄 토박이인 사람들에게 다양한 기회가 주어지는 건 사실이죠. 말씀하신 인맥도 그렇고요. 하다못해 밤 늦게까지 밖에서 놀아도 별 걱정이 없잖아요.
제인	맞아요. 몇 시가 됐든 집으로 돌아갈 수 있으니까요.
우타마루	대학 졸업 후 제인씨와 직접적으로 함께 일을 한 적은 없지만 그때도 비슷한 업계에서 일을 하고 있고, 공통적으로 알고 지내는 지인들도 있다 보니 못해도 1년에 몇 번씩은 만나면서 지냈던 것 같네요.
제인	저는 대학을 졸업하자마자 바로 레코드 회사에 입사했어요. 아! 맞다. 그러고 보니 TBS 라디오에도 프로모션 관련 업무로 자주 왔었네요. 당시 업무적으로 자주 만났던 디렉터분들이 지금은 방송국의 사장님도 되시고 다들 높은 자리에 앉아 계시죠.
우타마루	무엇 하나 헛된 수고는 없는 법이죠. 제인씨의 그런 노력들이 지금의 제인씨를 만들었다고 생각해요.

제인	열심히 살아서 다행이다 싶어요. 만약, 제 평판이 나빴다면 저에게 이런 기회들이 오지는 않았겠죠.
우타마루	솔직히 말해서 음악 업계에는 평판이 좋지 않은 사람들도 꽤 있어요.
제인	음악에 대한 꿈과 열정은 있는데 막상 같이 일을 해보면 의외로 일을 너무 못하는 사람이 꼭 있죠.
우타마루	맞아요. 그 당시 제인씨를 만날 때마다 '이놈이고 저놈이고, 하여튼 일을 안 해'라며 불만을 늘어놓았던 기억이 있어요.
제인	그냥 음악을 좋아하는 것일 뿐 왜 이렇게 일을 안 하는 사람이 많냐며 시로씨에게 엄청 하소연을 했었죠. 그러면 '아티스트로서 음악은 좋아하지만 일을 못하는 놈보다는 원래 음악이 취미는 아니지만 일을 잘하는 놈이 더 낫다'라며 절 다독여 주시곤 했죠. 그게 아마 제가 입사한지 3, 4년 정도 되었을 때였어요. 지금 생각해 보면 그 때 일에 대한 분노 게이지가 피크였던 것 같아요. 그리고는 분노를 가득 품은 채 제가 일하던 레이블 소속 아티스트의 라이브 공연장에 가곤 했었거든요. 그런데 아직도 기억나는 것이 있는데, 공연 후 회식 자리에서 LA-PPISCH(록과 스카를 주 장르로 하는 일본의 음악 그룹)의 MAGUMI씨 옆자리에 앉게 된 적이 있었어요. 왜인지는 모르겠지만 그날 처음 뵙는 분이었는데 저의 이런 분노에 대한 이야기를 털어놓게 된 거죠. 그러자 MAGUMI씨가 저를 타이르듯 '저는 음악을 좋아하는 사람도 언젠가는 잘 할 수 있다고 믿어요'라고 말씀하시는 거예요. 그 말을 들은 후 한 동안 '내가 지금 뭘 하고 있는 거지?'라며, 좌절감에 빠져 있었죠. 제 스스로도 정말 최악이었다고 생각해요.

내가 신뢰하는 사람의
말은 받아들이자

제인   그렇게 분노와 좌절을 반복하던 어느 날 GALAXY의 선배님이신 리코씨에게 전화가 걸려 왔어요. 리코씨는 ICU(국제 기독교 대학)의 학생이었는데 해외 경험이 없는데도 영어를 잘하는 분이셨죠. 그때까지 그런 사람을 본 적이 없어서 신기하기도 했고, 무엇보다 굉장히 스타일리쉬한 분이셨어요. 일본의 어떤 패션 잡지를 펼쳐봐도 그런 스타일을 찾아볼 수는 없을 것 같은 특별한 분이셨죠. 그리고 힙합 음악을 사랑하시는 분이기도 했고요. 대학 졸업 후에는 모 기업에서 일하시면서 MTV에 출연도 하시고, 가끔은 무모하게 보일 정도로 도전 정신이 강한 분이셨어요.

우타마루   MTV의 VJ도 하시고 라니오 방송도 진행하고 그랬죠.

제인   저희가 동경하던 해외 아티스트가 일본을 방문하게 되면 인터뷰도 직접 하시고, 미국에 취재도 가시고 그랬죠. 그러면서 J-wave(도쿄 FM 라디오 방송국)에서 라디오 프로그램도 진행하게 되셨죠. 제가 알던 선배님이 어느 날 갑자기 VJ가 되고, 라디오 DJ를 맡고, 신문에 칼럼을 연재하기 시작하고, 이후에 패션 아이콘이 되시더니 급기야 DefJam이라는 미국의 전통 있는 힙합 레이블의 일본 지사 CEO 자리까지 오르시게 된 거죠.

우타마루   너무 파격적이라 헛웃음이 나올 정도였어요. 하지만 리코씨도 일본의 회사 조직 안에서 나름 마음 고생이 많았던 것 같아요.

제인   한번은 회의 중에 베이글을 먹었더니 아저씨들이 눈살을 찌푸리는 일도 있었다고 하더라구요. 그때 저는 레코드 회사 8년 차에 접어들고 있을 때였거든요. 그런데 어느 날 리코씨에게 전화가 걸려와서는 '일본에서 가장 잘 나가는 아티스트 자리를 맡아 볼 생각이 있니? 그럼 지금 회사를 그만두고 나한테 와!'라고 하시는 거예요. 사실, 입사할 때부터 일본 아티스트가 해외 레이블과 직접 계약하는 일을 해보고 싶다는 꿈이 있었거든요. 그래서 앞뒤 따지지 않고 곧바로 이직해 버렸죠. 이후에 다른 업종으로 잠깐 이직을 했다가 부모님 집으로 들어가서 집안 일을 거들며 쉬고 있을 때 이번에는 음악 업계에서 함께 일했던 옛 동료가 '서류 작업을 해 줄 사람이 없으니 나 좀 도와줘'라고 부탁을 하더라구요. 그래서 한 동안은 옛 동료의 일을 도와주며 지내다가 이번에는 말도 안 되게 '작사 좀 해 줄 수 있어?'라는 부탁을 받게 된 거죠. 한 번도 해 본적 없는 일이다 보니 처음에는 많이 망설였지만, 사실 그 무렵부터 제가 신뢰하고 있던 사람이 '너라면 할 수 있어!'라고 조언을 해주면 무조건 받아들이기로 마음먹기 시작했거든요. 그래서 작사를 해 본적은 없지만 '한 번 해보지 뭐' 이런 마음으로 도전하게 되었어요. 그 옛 동료라는 분이 음악 제작 전반에 걸쳐 프로 중의 프로이신 분이거든요. 그래서 제가 쓴 가사를 보여 드리면 '이 부분은 좀 애매하니까 이러이러한 느낌으로 바꿔봐요. 그럼 가사가 귀가에 계속 맴돌고 부르기도 쉬워요.'라던가 '이 부분에는 반복되는 단어를 넣어봐요'라고 조언을 해주시곤 했죠. 저에게는 그야말로 화룡점정, 용의 눈을 그려 넣어 주시는 존재였어요. 덕분에 많은 것을 배울 수 있었죠. 그렇게 지내다 보니 어느 순간에는 '라디오에 한 번 출연해 보실래요?',

	'프로그램을 한 번 맡아 보실래요?'라는 의뢰가 들어오게 되었고, 그럴 때마다 내가 신뢰하고 있던 사람이 말하는 것은 무조건 한 번 해보자는 마음으로 지금 여기까지 오게 된 거예요.
제인	우타마루씨 입장에서 보면 후배가 갑자기 제인 슈라는 이름으로 세상에 나오게 된 거잖아요. 보시면서 어떤 기분이 드셨나요?
우타마루	'왜 하필 이름이 제인 슈야?'라는 생각은 잠깐 하긴 했었는데… (웃음) 어딜 가든 이 사람은 틀림없이 성공할 거라는 확신이 드는 친구라서 전혀 놀랍지는 않았어요. 처음 만났을 때부터 똑똑하고 재미있는 친구였어요. 게다가 처음 등장할 때부터 사람들을 거느리고 다니기도 했잖아요. (웃음)
제인	뭐에요! 그렇게 말하면 재수 없는 사람으로 보이잖아요.
우타마루	평범한 대학교 1학년생이 Little Creatures의 아오야기씨를 생일 파티에 초대할 정도인데 더 이상 무슨 말이 필요하겠어요. 하하. 사실, 제인씨뿐만 아니라 제 주변 사람이 어느 날 갑자기 TV에 나온다고 해서 전혀 놀랍지 않을 만큼 제 주변에는 그런 분들이 많기도 하고요.
제인	그리고 시로씨는 타마플(TBS 라디오 방송 RHYMESTER 우타마루의 Weekend Shuffle)을 진행하게 되셨잖아요. GALAXY의 주 1회 정기 모임에서나 들을 수 있었던 이야기들을 라디오를 통해 들을 수 있게 되다니 굉장히 흥분 되더라구요. 사실, 엄청 바빠 보이셔서 '밥 한 번 먹어요'라는 말도 쉽게 꺼내기가 어려웠는데, 어느 날 라디오에서 시로씨가「그는 당신에게 반하지 않았다」라는 영화에 대한 이야기를 하시는 걸 듣게 되었어요. 마침 저도 보았던 영화라 생각난 김에 문자를 한 통 보냈거든요. 그렇게 서로 문자를 주고받으면서 들으시기에는 기분 나쁜 표현일 수도 있지만 '아니, 지금

내가 대선배 사사키 시로를 독점하고 있다니!'라는 생각이 들어서 기분이 좋더라구요. 정말 진지하게 서로의 의견을 주고받으면서도 '저 혼자 선배님을 독차지하고 있어서 정말 즐거워요!'라고 문자를 보냈던 기억이 나네요. 그 후에 타마플에서 섭외 전화를 받고 '앗 싸! 또 한 번의 독점 찬스가 왔구나'라고 생각했죠. 사실, 시로씨는 독점하기 힘든 분이잖아요. 대학교 시절부터 줄곧 그랬어요. 다들 시로씨와 이야기를 나누고 싶어 했거든요.

우타마루 독점 찬스라... 그런 식으로 생각해 주다니 정말 황송하네요.

제인 네. 맞아요. 남학생이든 여학생이든 다들 시로씨를 동경했어요. 혹시, 인생에 대해 상담을 해 주는 일을 해보실 생각은 없으신가요?

우타마루 글쎄요. 전 사실, 제인씨처럼 냉정하게 말해줄 자신이 없어요. 특히나 여성분들에게는 남자로서 그러기가 쉽지 않죠. 그런 것은 동성 간에만 적용되는 어드밴티지 같은 것이라 제가 여성분들을 상대로 그렇게 냉정하게 말하기란 쉽지 않거든요.

제인 맞아요. 저에게 상담해 오시는 분들은 다들 냉정하게 딱 잘라 말해주길 바라시는 분들이죠.

우타마루 제인씨 어록 중에 '고민의 대부분은 방종이거나 시간이 남아 돌아서 생기는 것이다'라는 말이 있죠?

제인 결국, 자기 마음대로 하고 싶지만 그게 안 통하니까 그런 것을 고민이라고 여기는 사람들이 많다고 생각해요.

우타마루 그건 여성들에게만 한정된 이야기는 아니겠네요.

제인 항상 자의식과 관련해서 고민하던 친구가 어느 날부터 그런 고민이 싹 사라졌다고 이야기를 한 적이 있어요. 그래서 이유를 물으니 'FX 마진 거래를 시작했거든!'이라고 말하더라구요. 그 말인즉,

자칫하면 내 피 같은 돈이 한 순간에 모두 사라질 수도 있는 상황에서 자의식 같은 것을 생각할 겨를이 어디 있겠냐는 뜻이죠. 무언가 온 신경을 집중시킬 만큼 바쁜 일이 있을 때 고민이라는 것은 생길 틈조차 없는 것 아니겠어요? 그런 의미에서 보면 FX 효과라고 불러도 될 만큼 획기적인 생각이 아닌가 싶어요.

별 것 아닌 것도 새로운 재미로 만들어 내는 마성의 공간, 라디오

우타마루   잘 생각해보면 애초에 고민이라는 것은 뭔가 애매한 개념, 애매모호한 표현이라는 생각이 들어요.

제인   네. 한꺼번에 너무 많은 것을 섞어 놓은 듯한 느낌이 들어요. 예를 들어, 어떤 사람이 '부모님이 큰 병에 걸리셨는데 돈이 없어서 어떻게 해야 할지 고민이에요'라고 한다면 현실적인 해결책으로 '도움을 받을 수 있는 정부 지원 제도를 알아보세요'라고 말할 수 있잖아요. 그런데 다시 생각해 보면 그게 고민이라고 말할 수 있나 싶거든요. 고민이라기 보다는 문제, 즉 트러블이잖아요.

우타마루   자신을 둘러싼 문제를 고민으로 여기고 어찌할 바를 몰라하는 경우네요. 그건 고민이 아니라 해결해야만 하는 문제인데 말이죠. 고민이라는 것은 본질적으로 해결 방법 자체가 없는 것이 아닐까 싶어요. 이를테면 '외롭다'던가, '자의식 문제에서 벗어나기가 힘들다'처럼 '그렇다면 자신은 이런 상황에서 어떻게 하고 싶은가?' 아무리

	생각해 봐도 정답을 찾기 힘든 그런 것들 말이죠.
제인	'남사친을 이성으로 좋아하게 되었어요' 같은 것도 있죠.
우타마루	그건 해결 방법이 없는 것은 아니잖아요? 일단, 되든 안 되든 고백해 보면 답을 알 수 있으니까요. (웃음)
제인	제 생각은 좀 달라요. 좋아한다는 감정은 일종의 속임수 같은 거라서 서로 간의 접점을 줄여 감정을 분리시켜 보는 것이 필요하다고 생각하거든요. 내 감정이 진짜인지 가짜인지 냉정하게 판단할 수 있게 말이죠.
우타마루	방향성 면에서는 일단 한 번 고백해 보는 것도 좋다고 생각해요. 실제로 고백해 보면 마법이 풀릴지도 모르잖아요. 음, 그러고 보니 예전에 하필이면 저한테 '술자리가 너무 힘들어요'라고 상담을 하신 분이 계셨는데… 상대를 잘못 고르신 거죠. (웃음) 저는 그분에게 '죄송해요'라는 말 외에 드릴 말씀이 없더라구요. 그런데 거기에서 '애초에 술자리라는 것은 뭘 하기 위한 자리인가?'라는 근본적인 생각을 새삼 해보게 되었어요. 이것도 저것도 아니고, 이런 저런 생각을 해 볼 수 있다는 것은 좋은 것 같아요.
제인	시로씨는 방금 말씀하신 것처럼 이도 저도 아닌 것들을 엔터테인먼트화 시키는데 탁월한 능력을 가지신 분이라고 생각해요. 얼핏 보면 어떻게 되도 크게 상관없을 만한 별 것 아닌 것들을 다양하게 가공해서 전혀 새로운 재미를 만들어 낸다는 것은 정말 대단한 일이죠.
우타마루	특히 라디오라는 공간이 그런 재미를 느끼기에는 최적의 장소가 아닌가 싶어요. 제가 보기에 제인씨는 화제의 확장 능력이 아주 뛰어나다고 생각하거든요. 동아리 시절에도 자체적으로 게임을 만들거나 했던 것도 그런 능력이 연관되어 있지 않을까 생각해요.

제인	동계 MT때였나요? Joy to the love라는 게임을 했던 기억이 나네요.
우타마루	저는 전혀 기억이 나지 않는데 어떤 게임이었죠?
제인	당시 Globe(1995년에 데뷔한 일본의 음악 그룹)의 Joy to the love라는 곡이 한창 유행이었거든요. Joy to the love란 가사 다음에 나오는 후렴구 부분을 개사해서 부르는 게임이었어요.
우타마루	아! 한동안 저희 사이에서 유행했던… 노래방에서 아무 곡이나 대충 눌러 놓고는 즉석에서 가사를 만들어 노래를 부르며 놀던 거랑 비슷하네요. 거기에서 영감을 받아 「와세다 각설이 타령」이라는 저의 명곡이 탄생하기도 했죠.
제인	역시 GALAXY는 계획이 다 있었네요.
우타마루	하계 MT때 했던 게임 중에는 키사미 해수욕장에서 했던, 일명 '파도를 막아라'라는 것이 기억나네요. 해변가 가장자리에 다 같이 옆으로 길게 앉아 있다가 파도가 밀려오면 일제히 허리를 꼿꼿이 세웠던… 게임이라고 말하기에는 너무 별거 아니긴 하네요. (웃음)
제인	누군가는 늘 새로운 게임을 만들어 왔죠. 게임도 게임이지만 그런 걸 생각하는 것 자체를 즐겼던 것 같기도 해요. 요즘 시로씨가 라디오에서 진행하고 계신 '미국에서 건너온 전혀 새로운 개념들'이라는 코너도 그런 것과 비슷한 것 같아요. 설마 그런 걸로 돈을 벌 수 있을 줄이야 생각지도 못한 일이네요.
제인	그리고 예전에 비해 변한 부분이 있다면 예전에는 지금보다 훨씬 더 날이 서 있었던 것 같아요. 다른 사람의 잘못에 대해서도 관대하지 못하고, 금방 비난하기 일쑤였죠. 그런데 시간이 지나면서 그렇게 쉽게 남을 비난해서는 안 되는 이유를 깨닫게 되었어요. 그것은 사람과 사람 사이의 예의라던가 다른 사람과의 트러블을 만들고 싶지

않은 그런 이유가 아니라 저와는 전혀 다른 기준을 가지고 살아가는 사람들도 있기 때문이라는 것이죠. 다른 사람의 입장에서도 생각해 볼 줄 아는 마음 가짐이 예전의 저에게는 부족했다는 생각이 들어요.

우타마루　　맞아요. 완전 동감해요.

제인　　논쟁을 통해 남이 틀렸다는 것을 증명한들 저에게 남는 것은 아무것도 없으니까요. 마흔이 넘어서야 비로소 가끔은 서로 적당한 선에서 타협해야 할 줄도 알아야 한다는 것을 깨닫게 되었죠.

우타마루　　상대에 따라 달라지는 것이 아닐까 싶어요. 정말로 의미가 있는 논쟁의 경우에는 거기에서 배우는 부분도 많으니까요. 반대로, 제인 씨는 항상 저에게 싹싹한 후배로서 대해 왔거든요. 그래서인지 제인씨가 굉장히 냉철하고 예리한 사람이란 것을 별로 의식하지 않고, 지금까지 편하게 지내 온 것 같아요. 그러다 보니 제인씨가 저의 흑역사들을 기억하고 있을 것 같아 불안한 마음도 없지 않아 있거든요. 너무 방심했다는 생각이 드네요. (웃음)

인기와 아이돌 성공의 상관 관계

제인　　이번에 「Blast 공론」을 다시 한 번 읽어 보면서 사춘기 시절의 인기란 '세상이 날 알아주는구나'라고 스스로 인정할 수 있도록 해주는 통과 의례와 같은 것이라고 하신 것을 보고 깨닫게 된 점이 있어요. 그동안 다른 사람에게 환호성을 듣고 싶어하는 사람들의 심리가

	잘 이해되지 않았거든요. 그런데 다른 사람들의 반응을 통해 내 인기가 어느 정도인지 확인할 수 있는 척도가 된다고 생각하니 그러한 심리도 이해가 되더라고요.
우타마루	그렇죠. 인기를 얻고 싶다는 마음 자체가 자신의 존재를 인정받고 싶은 욕구에서 시작되는 것이니까요. 다만, 격렬하게 환호성을 받는 사람일지라도 본인 스스로가 그 인기를 느끼고 있는지는 잘 모르겠지만요.
제인	참 어렵네요. 하지만 이렇게 답을 찾기 위해 서로 대화를 주고받는 과정은 정말 의미 있는 것 같아요.
우타마루	그러니까 다른 사람들의 반응을 통해 자신의 인기를 실감할 수 있는 사람이 과연 얼마나 될까? 이런 부분까지 생각해 볼 수 있는 것이죠.
제인	사실, 아이돌 같은 경우 인기를 명확하게 실감해보지 못한 사람이 오히려 더 분발할 수 있다고 생각해요. 열등감이 성공의 동력이 되듯 자신의 존재를 인정받고 싶고 자신의 자리를 찾아가고 싶은 마음이 강하니까 더욱 노력하게 되죠.
우타마루	흥미로운 이야기이네요. 제인씨의 말씀에 저도 전적으로 동의해요. 하지만 그렇다면 '노기자와46(일본의 다(多)인원 여성 아이돌 그룹 - 공식 라이벌 그룹인 AKB48보다 인원수는 적지만 절대 지지 않는다는 의미로 그룹 이름에 46을 붙임)은 도대체 뭐지?'라는 의문이 들거든요. 지금까지 일반적으로 생각해오던 아이돌의 정의를 근본부터 완전히 뒤집어 버린 그룹이잖아요. 방금 제인씨가 말씀하신 것처럼 '어딘가 콤플렉스를 가지고 있는 사람일수록 아이돌로서 성공한다'라는 것은 AKB48(노기자와 46의 프로듀서가 앞서 기획했던

	일본의 다(多)인원 여성 아이돌 그룹 – 도쿄 아키하바라에 전용 극장이 있어 거의 매일 공연을 하는데, 이른바 '만나러 갈 수 있는 아이돌' 컨셉을 표방함)까지만 해도 강하게 느껴졌거든요. 그런데 노기자와46은 전혀 그렇지가 않단 말이죠.
제인	눈에 띄게 뛰어난 그룹을 만들고 그 안에서 서로 경쟁하게 만드는 구조이기 때문에 팀이 유지가 되는 것이 아닐까 싶어요. 저는 사이타마에 있는 여자 고등학교를 다녔는데요. 사이타마에서는 커트라인이 꽤 높은 학교였어요. 그런데 입학해서 처음 본 학력 평가 결과가 나온 날 반 아이들 대부분이 망연자실 넋 나간 표정을 짓고 있는 거예요. 그 이유인즉, 중학교때까지 줄곧 1등을 놓쳐 본 적 없는 아이들이 모여 있다 보니 1등을 차지하는 것이 그리 간단한 일이 아니었던 거죠. 1등은커녕 오히려 성적이 중위권으로 떨어져 버리니 다들 당혹스러웠겠죠. 저 같은 경우에는 도쿄대가 목표인 머리 좋은 아이들이 다니는 중학교를 나왔기 때문에 오히려 고등학교에 오니까 성적이 중위권으로 올라가서 내심 기분이 좋았거든요. 그런 것을 보면서 늘 1등만 하던 아이들도 비슷한 수준의 아이들이 모인 집단에 들어가면 '이렇게나 불안해 하는구나!'라고 생각했던 기억이 나네요. 노기자와46도 그런 느낌이지 않을까 싶어요.
우타마루	쟈니스(남성 아이돌 그룹만을 기획하는 일본의 연예 기획사) 소속인 지인이 말하길 처음 쟈니스에 들어갔을 때만 해도 '센터는 당연히 나지!'라고 생각했었는데 시간이 지날수록 현실은 그렇지 않다는 것을 깨닫게 된다고 하더라고요.
제인	그렇죠. 내 주변에 누가 있느냐에 따라 상대적으로 내가 설 위치가 달라지게 되니까요. 우타마루씨는 평소 인터넷에 본인 이름을 자주

	검색해 보신다고 들었는데 그 이유는 무엇인가요?
우타마루	동기 유발을 위해서죠.
제인	반대로 열등감이나 자격지심 같은 것이 생기지는 않나요?
우타마루	어렸을 때부터 늘 부모님께 '넌 참 멋진 아이야!'라는 말을 들으며 자랐거든요. 그렇다 보니 열등감이나 자격지심 같은 것이 생겨도 쉽게 잊어버리게 되더라구요. 요즘 들어 새삼, 부모님께 감사해야 한다는 생각이 많이 드네요.
제인	RHYMESTER의 효도 랩 한 번 가시죠!
우타마루	그런데 정말로 이제 와서 냉정하게 생각해보면 처음 부모님께 래퍼가 되겠다고 말씀을 드렸을 때도 그렇고, 랩으로 먹고 살 수 있게 되기까지 무슨 낯짝으로 부모님 집에 얹혀 살았나 싶은 생각도 들거든요. 그런데 그건 경제적으로 도움을 받는다는 의미 이전에 기본적으로 스스로에 대해 '난 괜찮아~ 할 수 있어!'라고 생각할 수 있는 정신적 베이스를 부모님께서 만들어 주셨기 때문에 가능하지 않았나…! 하는 생각이 많이 들이요. 보이지 않는 손으로 뒤에서 밀어주는 존재가 있을 때 앞으로 한 발짝 떼는 것이 더 쉬운 법이니까요.
제인	정말 공감되는 말씀이네요. 스스로를 긍정할 수 있다는 것 자체가 부모님의 사랑을 듬뿍 받고 자라왔기 때문에 가능한 일이거든요. 요즘 들어 부모들의 무관심이나 왜곡된 자식 사랑에 대한 이야기도 많이 나오잖아요. 그런 부모들에 대한 대중들의 분노가 저에게는 사실, 잘… 와 닿지는 않거든요.
우타마루	분노하는 사람들도 정확한 속사정을 알고 있지는 못하잖아요. 어차피 양쪽 모두 제3자이니까요. 그건 그렇고 제인씨의 인생에 있어 수확이라면 어떤 것들이 있을까요?

제인	저는 어렸을 때부터 늘 또래보다 몸집이 큰 편이었어요. 그래서 유치원생때부터 이미 스스로가 규격 외 인간이라는 것을 느끼면서 자라 왔어요. 그러다 미국에 유학을 가게 되었는데 거기에서는 제가 큰 축에 끼지도 못하더라구요. 저보다 몸집 큰 사람도 많은 데다 옷가게에 가면 빅 사이즈의 옷들이 너무나도 다양하게 걸려 있어서 원하는 옷을 맘껏 골라 입을 수 있었죠. '와! 여기가 바로 천국이구나'라는 기쁨을 맛볼 수 있었다고 해야 할까요? 이런 경험들이 살면서 얻어지는 수확이지 않나 생각해요. 아직도 인터넷에서 저를 검색하면 '제인 슈 실제로 보니 몸집 장난 아님' 이런 글들을 볼 수 있어요. 하지만 그런 글로 인해 제 존재가 부정당하는 것은 아니라고 확신할 수 있을 만큼 제 자신이 성장했다는 것이 수확이라면 수확이겠죠. 그런데 반대로 이제 더 이상「너 언제까지 여자애로 살 생각이야?」와 같은 글을 쓸 수 없을 것 같은 생각도 들어요. 그때만 해도 마치 도로 위에 뜨거운 아스팔트를 쏟아 붓듯 속에 있는 말들을 거침없이 털어 낸다는 느낌으로 글을 썼거든요. 그런데 지금은 특별히 원망스럽다거나 분하다거나 하는 일이 없다 보니 예전처럼 글을 쓰기가 힘들 것 같다는 생각이 들어요.
우타마루	굉장하네요. 글을 쓰는 것 자체가 일종의 테라피가 된 셈이잖아요.
제인	확실히 '불안하다, 억울하다' 이런 감정들을 예전보다 덜 느끼게 되었어요. 그런데 그런 감정이 줄어들었다는 것은 분명 행복한 일이긴 한데, 그에 대한 불안감이 또 생기는 게 문제예요. 가끔 아무렇지 않게 있다가 어느 순간 나타나 혼을 쏙 빼놓거든요.
우타마루	그럴 때 어떤 느낌인가요?
제인	연애를 예로 설명 드리자면 '우리 커플은 별 문제 없어'라고 느끼고

	있을 때 갑자기 그동안 모르고 있던 남자 친구에게 또 다른 여자 친구의 존재를 알게 된 느낌이라고 보시면 될 것 같아요.
우타마루	점심 시간대 라디오 방송 진행이라는 것은 안정감이 요구되는 일이기도 하잖아요. 그러다 보니 제인씨도 자연스럽게 안정적으로 변하게 된 것은 아닐까요?
제인	제가 그렇게 예리한 사람은 아니지만 스스로를 판단했 때 저는 적어도 자기 자신을 다스릴 줄 아는 사람이라는 생각이 들어요. 특히나 직장 생활을 하면서 어떻게 하면 다른 사람의 감정을 상하지 않게 말할 수 있는지와 누군가를 설득할 때 다른 무언가에 빗대어 설명하면 훨씬 납득시키기가 쉽다는 것을 체득하게 되었거든요. 무엇보다 제 감정을 있는 그대로 드러내서 상대방을 불쾌하게 하는 상황 자체를 만들지 않도록 제 자신을 컨트롤 할 수 있다고 생각해요. 하지만 한편으로는 그런 것들로 인해 '나다움'을 점점 잃어 가는 것은 아닌가 하는 생각이 들기도 하지만요.
우타마루	그런 생각을 하고 계셨군요.
제인	점심 시간대 라디오 방송을 진행하다 보면 여러 가지 일들이 있잖아요.
우타마루	그렇죠. 무슨 일이든 보다 많은 사람들이 공감할 수 있는 답안을 찾는 경향이 있으니까요.
제인	라디오를 1년 정도 진행했을 무렵 방송 후 '아… 오늘은 영혼 없이 입으로만 방송했구나'라는 생각이 드는 경우가 있었어요. 그럴 때마다 스스로가 둔감해져 가고 있다는 것을 확실히 느끼게 되더라구요. 그래서 반성하는 마음을 노트에 적어 보기도 하고 그랬거든요.
우타마루	앞으로는 젊었을 때와는 비교도 안 될 만큼 빠른 속도로 모든 것이

순식간에 우르르 지나가 버리게 되겠죠. 그러니까 하나하나 눈 여겨 보면서 살아갈 필요가 있지 않나 싶은 생각도 드네요. 이참에 저도 반성 노트나 한 번 써 볼까 싶네요. 그런데 막상 쓴다고 해도 그것을 제 스스로 완전히 받아들이기는 쉽지 않을 것 같다는 생각도 들어요.

반성과 반추, 그리고 적응 변화

우타마루 연차가 높아지고 경력이 쌓일수록 하는 일의 규모나 범주가 확대되잖아요. 당연히 일에 대한 판단력이나 책임감도 더욱 높은 수준으로 요구되고요. 게다가 새로운 영역으로 업무가 확장되면 그에 따른 책임감도 몇 배나 무거워지게 되더라고요. 그런데 경력이 많다고 해서 초능력이 생기는 것도 아닌데 점점 일의 규모나 수준은 높아져 가다 보니 어느 순간 결과에 대해 개인이 책임을 질 수 있는 범주를 넘어선 게 아닐까? 라는 생각이 들더라구요. 그래서 저는 가능한 일을 할 때는 최선을 다하되 결과에 대해서는 마음에 담아 두지 않으려고 노력해요.

제인 오랜 경험에서 온 변화인가요?

우타마루 당연한 이야기지만 그동안 쌓인 경험치와 노하우를 토대로 좋은 결과가 나올 수 있도록 최대한 노력하고, 만약 거기에서 잘못된 부분이 있다면 정정하고 사과도 해야겠죠. 하지만 그 이상은 아무리 생각한들 의미가 없지 않나 싶거든요. 모든 일에 대해 일일이 고민하고 반성해야 한다면 전 아마 못 살 것 같아요.

제인	오사와 유리(라디오에서 주로 활동하는 일본의 남성 아나운서)씨도 자기가 한 일은 빨리 잊어버리고 살아야 한다고 말씀하신 적이 있어요. 듣고 보니 정말 그래야겠구나~ 싶더라고요.
우타마루	관련이 있는 이야기인지 모르겠지만 제가 처음 라디오 진행을 시작할 때 오프닝 토크를 생각해 보라고 하시더라구요. 애당초 오프닝 토크라는 것이 뭘까? 라는 것부터 고민을 엄청 했어요. 그냥 제 이야기를 편하게 하면 된다고 말씀하시지만 '내 이야기 같은 것을 듣고 싶어 하는 사람이 과연 있을까?'라는 생각이 머릿속을 떠나질 않았어요. 그러다가 '어차피 우리 프로그램의 하이라이트가 오프닝 토크도 아니고, 그런 것을 기대하는 사람이 있는 것도 아니잖아'라는 생각이 들기 시작하면서 그 다음부터는 편하게 이야기할 수 있게 되더라구요.
제인	어깨에 힘을 빼면 즐길 수 있게 되죠.
우타마루	또 한편으로는 다른 생각도 들거든요. 사실, 저는 매주 한 번 영화 평론 코너를 시작하기 전까지만 해도 특별한 준비 없이 그냥 몸만 덜렁 가서 방송하는 게 전부였어요. 그런데 어느 순간 이러다간 청취자들에게 저의 부족함이 탄로날 것 같은 생각이 들면서 그때부터는 점점 방송에서 말할 내용들을 세세히 준비하게 되더라구요. 그런 것이 바로 적응 변화라는 거겠죠?
제인	미래에 대한 이야기를 하다 보면 뭔가 정체를 알 수 없는 불안감 같은 것을 느끼시지는 않나요?
우타마루	저는 반대로 정체를 알 수 있어서 불안감이 더 많이 느껴지는 것 같아요. 예를 들어, 이렇게 유유자적 살다가 나이가 들면 어떻게 될까? 이런 불안감은 오히려 실체가 있어서 더 불안한 것이잖아요.

제인	가끔 직장 다니던 시절을 떠올리며 계속 회사에 다녔다면 좋았을 텐데…라는 생각이 들 때도 있어요. 지금 일은 자칫 한 번의 실수로 돌이킬 수 없는 결과를 초래하게 될 수도 있다 보니 안정적으로 일하던 시절이 그립더라고요. 게다가 상상조차 해 본 적 없는 아버지가 전 재산을 잃고 무일푼이 된 초유의 사태도 발생하게 되었죠. 어떻게 하면 장례까지 잘 치뤄 드릴 수 있을지가 걱정이에요.
우타마루	그래도 제인씨의 경우에는 '아버님이라는 엄청난 금맥을 발견했다'라고 생각할 수도 있지 않나요?
제인	아… 하긴 그 책(아버지 그리고 가족의 이야기 등을 담은 제인 슈의 에세이집 - 「산다는 것, 죽는다는 것, 그리고 아버지」)의 원고료가 전부 아버지에게 다이렉트로 입금되었으니 금맥이기는 하네요. 아버지 이야기가 나온 김에 저희 아버지는 올해로 일흔 아홉이시거든요. 전화 통화할 때 보면 목소리의 기세나 말투가 아직도 꼬장꼬장하세요. 그런데 막상 얼굴을 뵈러 가면 걸음걸이나 행동하시는 모습이 예전 같지 않은 게 확연히 보이거든요. 자식으로서 그런 현실을 받아들이기가 쉽지는 않더라구요.
우타마루	저희는 두 분 모두 여든을 넘기시긴 했지만 다행히 건강하시거든요. 그래서 제 나이가 이만큼 먹었는데도 아직 부모님 앞에서는 어린아이처럼 굴게 되는 것이 아닐까…라는 생각이 들기도 해요. (웃음) 물론, 언젠가는 저도 여러가지 현실에 맞닥뜨리게 되는 날이 오겠지만요.
제인	생각해 보니 같은 분쿄구 구민에 외동, 남고 출신/여고 출신, 자녀 없음 등 저희는 공통점이 참 많은 것 같네요. 나이가 이쯤 되면 다들 아이 키우느라 정신이 없는데 도대체 난 뭐 하고 있는 거지?

	한심스러우면서도 한편으로는 점점 매너리즘에 빠지고 있다는 생각이 들기도 해요.
우타마루	개인적으로는 입양이나 위탁 부모 제도 같은 것들을 긍정적으로 생각하고 있지만 사실, 일본에서는 여러 가지 법적인 문제들 때문에 쉽지 않다는 이야기를 들은 적이 있어요.
제인	저도 관심이 있어서 좀 알아본 적이 있는데요. 입양의 경우 아이가 성인이 되었을 때 양부모의 나이가 65세 이하가 되는 연령대의 부부가 이상적이라고 하더라구요. 물론, 자녀를 키워 본 경험이 있는 것이 좋고요. 암튼 마흔 넷에 보육 교사 자격증도 없는 미혼 여성에게는 상당히 어려운 조건이죠.
우타마루	도대체 누구를 위한 시스템인지… 답답한 마음이 드네요.
제인	육아 경험이 없는 양부모 손에 자라게 하느니 영아원에 보내지는 것이 아이에게는 더 낫다는 의미일까요? 아! 그리고 한 가지 더, 부부 중에 한 명은 집에서 아이를 전담으로 키울 수 있는 가정이 아니면 입양이 힘들다고 하더라고요.
우타마루	음… 그 부분은 더 이해가 되질 않네요. 한 사람이 성장하는 데 있어서 그런 것들이 필수 조건은 아닐 텐데 말이죠.

미래의 비전이요? 그런 거 없어요

제인	「Blast 공론」을 읽다 보니 나이가 들면 '전력관(도쿄 전력의 자회사에서 운영하던 기업의 박물관이었으나 2011년 동일본 대지진을

	계기로 폐관되고 이후 문화, 스포츠 시설로 이용되고 있음)에 가서 무료 영화나 보면 되지!' 이런 부분이 있더라구요. 이때만 해도 전력관이 문을 닫을 줄은 꿈에도 생각하지 못한 일이었어요. 더군다나 원자력 발전소 사고라니… 상상조차 하지 못한 일이 일어나게 된 거죠. 그리고 보면 예상 밖의 일들은 늘 일어나잖아요. 앞으로 이런 예상치 못한 일들이 발생할 것에 대한 특별한 각오나 마음가짐 같은 것이 있으신가요?
우타마루	특별히 각오라고 할 것도 없지만 예를 들어, 북한이 미사일을 쏜다면 어떻게 하지? 라는 질문에 대해 아무리 생각한들 답이 나올까요? '요리조리 잘 피해 봐야지'라고 말 할 수도 없는 노릇이잖아요. (웃음) 결국, 저희 같은 일반 국민들은 한치 앞도 내다보기 힘든 현실을 살아가지만 그때 그때마다 어려움을 잘 이겨내며 꿋꿋하게 살아가는 것 외에는 방법이 없지 않나 싶어요.
제인	그래서 한때는 그나마 믿을 건 '저축밖에 없구나'라고 생각한 적도 있거든요. 그런데 '그러다가 하이퍼 인플레이션이 일어나면 어떻게 할 건데?'라는 누군가의 말에 '아! 그럴 수도 있겠구나'라고 바로 수긍이 되더라구요. 결국, 지금 상황에서 할 수 있는 것은 최선을 다하고, 나머지는 임기응변으로 대처할 수밖에 없지 않나 싶어요.
제인	누군가 미래의 비전을 묻는다면 저는 솔직히 없어요. 하고 싶은 일만 하면서 이 자리까지 온 것은 아니니까요. 만약, 믿을 수 있는 누군가에게 '한 번 해보지 그래?'라는 말을 듣게 된다면 또 다시 전혀 새로운 일을 저질러 버릴지도 모르고요.
우타마루	저도 마찬가지에요. 아무것도 없어요.
제인	이렇게까지 오랫동안 랩을 할 수 있을 거라고 생각하셨나요?

우타마루	전혀요. 생각해 본 적도 없어요. 그런 걸 생각하기 시작하면 앞으로 한 걸음 나아가는 것조차 어려워지거든요. 그러니까 미래에 대한 비전 같은 것은 애초에 아무것도 없는 거죠. 지금의 앞일에 대해 아무리 생각해 보았자 알 수 있는 것은 한계가 있잖아요. 그렇기 때문에 정체 모를 불안감에 점점 위협을 느끼는 상황에 빠지게 되는 거죠. 그런데 거기에 이끌려 가다 보면 대개 사람들의 그런 불안 심리를 교묘하게 자극하는 사람들에게 이용당하기 쉽잖아요. 그러니까 결국, 매 순간을 필사적으로 살아가는 것이 최선이지 않을까 생각해요.
제인	말씀을 듣고 나니 뭔가 안심이 되네요. 사실, 이런 질문들을 자주 받잖아요. 꿈이라던가, 비전이라던가… 솔직히, 그런 것에 대해 전혀 생각 없이 사는데 말이죠.
우타마루	리스크를 피하기 위해 선택한 것이 기대와 어긋나는 치명적인 결과를 가져오는 일도 있을 수 있잖아요. 그러니 무엇이 정답인지 알 수도 없거니와 애초에 삶을 살아가는 방식에 있어 정답이 있는 것은 아니니까요.
제인	저는 막연하게 다른 나라, 특히 미국에 가서 살고 싶다는 생각을 가지고 있어요. 미국 유학에서 돌아온 지 시간이 꽤 흘렀지만 여전히 미국 문화를 좋아하거든요. 그리고 미국에 다시 가게 된다면 꼭 맨해튼으로 상경해 보고 싶어요. 어렸을 때부터 줄곧 '넌 좋겠다. 도쿄에서 나고 자라서', '도쿄 사람인 네가 뭘 알겠어?' 이런 말을 들으며 살아 왔잖아요. 그래서 이번에는 맨해튼에 가서 반대 입장이 되어 보고 싶거든요. 그런데 우타마루씨도 상경 상황극을 해보고 싶은 생각이 있으신가요?

우타마루	제인씨의 마음이 이해는 가지만 상황극이라도 해도 사실, 저는 좀 힘들 것 같아요. 생각해 보면 그런 부분들을 어떻게든 극복하면서 살아가고 있잖아요. 대학 시절에도 제 나름대로는 주변 사람들을 선입견 없이 공평하게 대한다고 생각했었지만 현실은 그렇지가 않더라구요.
제인	20년 전과 비교해서 가장 많이 변한 것이 있다면 그때는 공평하게 보였던 세상이 사실은 전혀 공평하지 않았다는 거예요. 확실히 예전에는 지금보다 세상을 보는 시야가 좁았다는 생각이 들어요.
우타마루	도쿄 출신들은 헝그리 정신이 부족해! 이런 말을 하는 사람들도 있잖아요. 그럴 때마다 본인은 얼마나 헝그리 정신이 충만한지 물어 보고 싶어요. (웃음) 그런데 사실 따지고 보면 요즘 같은 시대에 어디에 사느냐는 별로 중요한 문제가 아니지 않나 싶거든요. 저 같은 라디오 진행자도 사실, 지구상 어디에 있더라도 할 수 있잖아요.
제인	딱 하나 오프닝 토크에서 오늘의 날씨에 대한 이야기를 못하는 것이 좀 아쉽네요.
우타마루	그 정도의 정보는 각자 인터넷에서 찾아보는 것으로... (웃음)

사카이 준코

1966년 일본 도쿄 출생
에세이 작가로 고교 재학 시절부터 잡지 「Olive」(여성 패션 잡지)에 마거릿 사카이라는 필명으로 집필
릿쿄 대학 졸업 후 광고 회사를 다니다가 작가로 전업
저서로는 「마케이누의 하울링」(한국에서 「네, 아직 혼자입니다」라는 제목으로 출판) 후진코론 문예상과 코단샤 에세이상을 수상. 「아이 없는 인생」(한국에서 「아무래도 아이는 괜찮습니다」라는 제목으로 출판), 「남존여자(男尊女子)」, 「네, 다음 분 오세요」 등이 있음

부도칸의 세이코쨩과 에이쨩

제인　　몇 년 전 봄 무렵이었던 것 같아요. 나에바 프린스 호텔(일본 니가타현의 나에바 스키장에 있는 리조트 호텔)에 며칠 머무를 일이 있었는데, 그때 사카이씨의 「유민의 죄」(유민 : 일본의 싱어송 라이터 마츠토야 유미 - 1981년부터 매년 나에바 프린스 호텔에서 콘서트를 개최)를 가지고 갔어요. 전부터 이 책은 꼭 나에바에 가서 읽겠다고 마음먹고 있었거든요. 그런데 막상 가보니 나에바는 더 이상 유민이 아니라 FUJI ROCK(나에바 스키장에서 매년 여름 개최되고 있는 록 페스티벌)의 상징이 되어 있더라고요. 저희 때만 해도 나에바 하면 유민이었는데… 맥이 탁 풀리더라구요.

사카이　나에바 프린스는 최근 시즌 오프에서 영업 자체를 안 하더라구요. 뭔가 아쉬움이 많이 느껴지네요. 저에게 있어 추억의 노래하면 세이코쨩(일본 아이돌의 원조 마츠다 세이코의 애칭)이거든요. 그래서 매년 세이코쨩 콘서트에 가는데요. 노래를 듣고 있으면 옛 추억이 새록새록 되살아나기도 하고, 가끔씩 눈물도 나고 그러더라고요. 그리고 올드 팝도 좋아해서 얼마 전에는 듀란듀란의 콘서트에도 다녀왔어요. 게스트로 나일 로저스가 나오다니 정말 생각지도 못했죠.

제인　　세이코쨩 콘서트는 죽기 전에 꼭 한 번은 가보고 싶네요.

사카이　부도칸(일본 전통 무도의 보급 및 장려를 목적으로 세운 무도관으로 무도 시합 이외에도 다양한 이벤트와 인기 가수들의 콘서트

	장으로 이용)이 재건축되기 전에 꼭 가보세요. 더불어 야자와 에이키치 콘서트도 한 번 가보시길 추천드려요.
제인	에이쨩(일본의 록 뮤지션 야자와 에이키치의 애칭)도 좋아하세요? 의외인데요.
사카이	매년 콘서트에 같이 가자고 하는 사람이 있거든요. 벌써 10년째 연말이면 부도칸에 가서 에이쨩 무대에 수건을 던지고 있어요. (웃음)
제인	어떤 곡에서 수건을 던지시나요?
사카이	「Travelling Bus」나 「멈추지 않는 Ha~Ha」죠. 그런데 에이쨩은 아직도 젊은 시절 모습 그대로인데 팬들만 나이를 먹은 느낌이 들어요. 관객석 분위기가 예전만큼 기운이 넘치지 않거든요.
제인	저도 3년 전에 사이타마 슈퍼 아레나(사이타마현에 위치한 일본에서 가장 큰 다목적 아레나)에서 열린 자넷 잭슨의 콘서트에 간 적이 있거든요. 자넷 잭슨의 히트곡 메들리만으로도 1시간은 그냥 지나가 버릴 정도로 쉬지 않고 무대를 보여주더라구요. 정말 신나는 공연이었어요.
사카이	세이코쨩은 주로 콘서트 후반에 히트곡 메들리를 부르거든요. 그런데 작년에는 콘서트 직전 허리를 다치는 바람에 서 있는 것도 힘든 상태였다고 해요. 그나마 발라드 곡을 부를 때는 앉아서 부르긴 했는데 문제는 후반부의 히트곡 메들리를 부를 때였어요. 세이코쨩이 백댄서가 미는 손수레를 타고 등장한 거죠. 그런데 하필 백댄서분이 흰 의상을 입고 있어서 그 모습이 마치 요양 보호사가 미는 휠체어를 타고 있는 것처럼 보이더라구요.
제인	요양 병원을 무대로 하는 뮤지컬 같은 느낌이었을 것 같아요. 이렇게 세이코쨩과 휠체어를 연관 지을 날이 올 줄이야. 안타깝긴 하지만

	현실은 어쩔 수 없네요.
사카이	겉모습은 젊어 보이지만 보이지 않는 몸 곳의 노화는 막을 길이 없죠.

결혼을 추천하면서 정작 본인은 결혼하지 않는 이유

제인	사카이씨와는 그동안 몇 번 대담 기회가 있었잖아요. 하지만 그때마다 아직 못다한 이야기가 남아있는 듯한 아쉬움이 들더라구요. 그래서 오늘 이렇게 자리를 마련하게 되었어요. 표현이 좀 이상할 수도 있지만 저랑 사카이씨는 전혀 다른 타입의 사람이라고 생각해요. 하지만 사카이씨의 글을 읽거나 말씀을 나누다 보면 '그래, 그래'라고 고개를 끄덕이게 되는 부분들이 있어요. 특히, 인상 깊었던 이야기로 사카이씨는 항상 '결혼은 할 수만 있다면 일단 하는 것이 좋다'라고 말씀하시는 부분이예요.
사카이	저는 결혼을 추천하는 쪽이에요. 그러면 왜 정작 본인은 안 하고 있냐고 말씀하시겠지만요.
제인	그러니까요. 저도 한때는 정말 결혼이 하고 싶었던 시기가 있었어요. 그런데 지금 와서는 결혼 앞에서 망설이게 되는 제 자신이 실망스럽게 느껴지기도 하거든요.
사카이	결혼을 하고 싶다고 생각하던 때가 있었군요.
제인	네. 30대 중반 무렵이었어요. 그런데 돌이켜 보면 이 사람이랑 결혼하고 싶다는 마음보다는 단지 결혼을 안 한 제 자신이 어딘가 불완

	전한 존재라는 불안감에 쌓여 있던 것 같아요.
사카이	30대 중반이면 특히나 그런 생각들을 많이 하게 되는 연령대죠.
제인	주변에서 하나, 둘 결혼하는 모습을 보면 '아직은 짝을 만나지 못했지만 두고 봐! 마지막에 크게 한 방 터뜨려 주겠어', '결혼하면 아이는 언제쯤 낳는 게 좋을까?', 이런 희망적인 생각들을 하기도 했었죠. 그러다가 남들 다 하는 결혼을 나는 왜 못할까? 아무래도 나는 어딘가 결함이 있는 인간인 것 같다고 스스로 결론 짓기도 하고, 여러 가지 생각들이 복잡하게 뒤섞여 있던 시기였죠. 사카이씨도 그런 시기가 있으셨나요?
사카이	저도 30대 중반에는 그랬어요. 그런 불안정한 느낌을 토대로 「마케이누의 하울링」을 쓸 수 있었던 것 같아요.
제인	저도 읽어봤는데 글에서는 그런 불안정함을 전혀 느끼지 못했거든요.
사사키	아마도 그런 불안정함을 글로 승화시키면서 안정감을 찾은 게 아닌가 싶어요. 그런데 제인씨는 현재 함께 살고 계신 남자 친구분이 있잖아요. 혼인 신고를 하실 생각은 없는 건가요?
제인	없진 않죠. 저희가 결혼한다고 해서 반대할 사람도 없고요. 그런데 왜 이렇게 행동으로 옮기지 못하고 주저하게 되는지 저도 잘 모르겠어요.
사카이	뭔가 마음이 내키지 않는 부분이 있는 걸까요?
제인	글쎄요, 저도 잘 모르겠어요.
사카이	실은, 저도 제인씨와 같은 상황이에요. 동거중인 남자 친구가 있거든요. 그런데 제 경우에는 부모님이나 형제, 자매가 아무도 없다 보니 여러 가지 복잡한 문제들이 있더라구요.

제인	현실적인 문제들이 있죠.
사카이	게다가 지금 꼭 혼인 신고를 해야 하는 것은 아니잖아요. 이제 와서 굳이 혼인 신고를 할 만큼 메리트가 있는 것도 아니고요.
제인	그런 이야기를 하면 불편해 한다거나 싫은 내색을 보이지 않나요?
사카이	제 남자 친구가요?
제인	남자 친구분도 그렇고 주변 사람들도 그렇고요. 특히나 결혼하신 분들 중에는 '결혼이 거래도 아니고 무슨 메리트를 따져?'라고 생각하시는 분들도 계시잖아요. 사람의 마음이란 게 너무나도 쉽게 변하기도 하잖아요. 그래서 어떤 때는 혼인 신고를 해버릴까 생각이 들다가도 한편으로는 혼인 신고를 한다고 해서 우리 사이가 특별히 달라질 것도 아닌데…라는 생각도 들거든요. 결국, 지금 혼인 신고를 한다 안 한다는 별 의미가 없지 않을까… 이렇게 생각하게 돼 버리더라구요.
사카이	저는 결혼에 대해서는 '할 수 있으면 하는 것이 좋다'는 주의이지만 결혼을 하지 않더라도 '믿는 사람은 있는 것이 좋다'라고 생각하거든요. 그래서 요즘은 제가 마치 '결혼지상주의가 만연한 일본 사회에서 혼인 신고 없이 한 남자와 함께 살다가 늙고 병들어 버리면 그땐 어떻게 되는 걸까?'라는 실험을 하고 있는 것 같은 생각도 들거든요. 언젠가는 실험 결과를 가지고 글을 써보고 싶기도 하고요. 그러고 보면 혼인 제도에 융통성이 있어야 사람들이 쉽게 짝을 맺을 수 있지 않나 싶어요. 결혼을 하면 당연히 혼인 신고를 해야 한다는 생각이나 혼외자에 대한 편견, 이런 사회적 분위기가 결국은 저출산 문제로도 이어진다고 생각하거든요. 모든 사람이 결혼 제도라는 테두리 안에 들어갈 필요는 없잖아요. 테두리 밖에서 서류

없는 결혼 생활을 즐기는 커플이 있을 수도 있고, 동거하다가 아이를 낳아도 전혀 불편함 없이 아이를 키울 수 있다면 젊은 세대의 부담도 줄어들지 않을까 생각해요.

자기 주장이나 이데올로기가 없는 세대

제인　　SNS의 시대라는 말이 등장한지 꽤 시간이 흘렀지만 저는 아직도 인스타그램에는 크게 흥미가 생기지 않더라구요. 집에서 화면이 큰 태블릿으로 스크롤 하며 보고 있으면 속이 울렁거리고 어지러워서 안 되겠더라구요. 페이스북도 요즘에는 거의 업로드 하지 않고 있고, 트위터도 제인 슈라는 계정으로는 필요한 트윗들만 올리는 정도이거든요. 왠지 SNS라는 공간에서 '제 생각은 이래요'라고 주장을 펼치고 싶은 마음이 별로 안 들더라구요.

사카이　저도 마찬가지에요.

제인　　SNS는 전혀 안 하시죠? 만약, 하신다면 팔로우하고 싶지만 가만 보면 꼭 그런 분들은 SNS를 안 하시더라구요.

사카이　전 왠지 SNS 세상이 무섭게 느껴지거든요.

제인　　어떤 부분이 그런가요?

사카이　제 말 한 마디에 사람들이 우르르 몰려들어 좋아요를 누르는 것도 반대로 악플 세례를 받는 것도 다 무서워요.

제인　　무슨 말씀이신지 알겠어요. 사실, 저에게는 다양한 속성이랄까? 해시태그가 붙어 있잖아요. #여성, #미혼, #자녀 없는 삶, #글로 먹고 사는 사람 등 그렇다 보니 앞으로 작가라는 직업의 전망은 어떤지, 아이 없이 사는 인생은 어떤지 기타 의견을 물어보시는 분들이 많은데, 사실 제가 그런 부분에 대한 확고한 의견이 있는 것도 아니거든요.

사카이   확고하게 자기 의견을 피력하실 것 같은 이미지인데 의외네요.

제인   '나만 믿고 이쪽으로 와'라고 자신 있게 말할 수 있는 게 없더라고요. 그래서 가끔은 제 자신에 대해 이래도 되는 건가 싶은 생각이 들기도 해요.

사카이   저도 특별히 의견이란 게 없는 사람이에요. 게다가 화를 내거나 불만을 토로하는 일도 거의 없죠. 예전에 국회 앞에서 시위를 벌이는 SEALDs(일본 학생들에 의해 결성된 자유와 민주주의를 위한 학생긴급 행동이라는 정치 단체)를 보며, '우리 세대와는 많이 다르구나!'라고 생각한 적이 있거든요. 저희 윗세대만 봐도 전공투(전국학생공동투쟁회의 : 1968~1969년 사이에 일본 각 대학에서 학생 운동이 무력 투쟁으로 과격화 되던 시기에 학부나 분파를 초월한 학생 운동으로 조직한 대학 내 연합체들) 세대들이 사회에 대한 분노를 강하게 표출했잖아요. 그런데 저희 세대는 처음부터 그런 분노의 싹 자체가 제거된 세대라는 생각이 들어요. 그러다 보니 저희 세대는 윗세대를 따라가거나 아니면 아랫세대를 보면서 '우리랑은 다르구나!'라고 느끼며 그저 상황이 흘러가는 것을 지켜보고 있다는 느낌이 들어요.

제인   요즘은 사회적 분위기가 누가 오른쪽 뺨을 때리면 왼쪽 뺨을 내미는 시대가 아니잖아요. 화라는 것이 더 이상 부정적이고, 피해야 할 감정으로만 생각되지 않게 되었죠. 그러다 보니 '화가 나면 억지로 참지 말고 표출하는 것이 좋다'라고 말하지만 사실, 저에게는 참 쉽지 않은 일이더라구요. 그런데 생각해보면 그 말은 저처럼 딱 봐도 기가 세 보이는 사람이 아니라 쉽게 남에게 무시당할 것 같은 사람들에게 '가만히 있지 말고 너도 좀 화를 내봐' 이런 뜻에서 하는 말이라는 생각이 들어요. 저 같은 사람은 지금보다 더 화를 내면 주변에서 무섭다고 피해 버릴 것 같아요. 그런 것을 보면 저는 요즘의 사회적 분위기와는 맞지 않는 사람이라는 생각이 들기도 하네요.

사카이　그 부분에 대해 저는 남존여자(男尊女子 : 여성은 남성보다 아래라는 생각을 가지고 있는 여성을 일컫는 말로 사카이 노리코의 조어(造語)이자 저서 제목)의 사고 방식이 하나의 원인이지 않나 생각해요. 불합리한 상황에 맞서 화를 내고 자신의 의견을 주장하는 여성은 남성들이 좋아하지 않는다는 두려움이 아직도 우리 사회에 존재하고 있거든요. 하지만 그런 이유로 화를 참고 있는 것인가? 라고 한다면 꼭 그렇지도 않거든요. 애초에 화 자체를 느끼지 못하는 거죠. 그리고 글을 쓰는 사람으로서 직접 관찰한 것을 쓰기도 하고, 때로는 비난이나 야유를 보내기 위한 글을 쓰기도 하지만 '꼭 이렇게 해야 한다'는 의견이나 어떠한 이데올로기적인 내용을 쓰지는 않거든요. '절대적으로 이렇게 하는 것이 맞다'라고 단언할 수 없으니까요.

제인　저도 제가 쓴 원고에 '당연히~해야 한다'라는 말이 보이면 가능한 다른 말로 바꿔보려고 노력하고 있어요.

사카이　그 누구도 '절대적으로 맞다'라고 말하는 것은 어려운 일이죠.

제인　「마케이누의 하울링」을 읽으면서도 그런 생각이 들더라구요. 마케이누의 하울링(마케이누란 사회적 패배 계층을 가리키는 말로 주로 여성을 지칭할 때 많이 사용된다. 특히, 여기에서 말하는 마케이누

	의 하울링은 싸움에서 진 개가 강한 개 앞에서는 짖지도 못하면서 쫓아오지 못할 만큼 먼 거리에 있으면 큰 소리로 짖어대는 모습을 빗댄 말이다)이라는 제목과는 달리, 실제로 마케이누라고 느껴지는 부분이 전혀 없었거든요. 그냥 여성들의 이야기를 담담하게 써내려 간 느낌이었어요. 지금에 와서야 그런 것이 바로 사카이씨의 스타일이라는 걸 알게 되었지만 당시에만 해도 책 속에 무언가 길이 있을 것이라고 생각해서 열심히 찾아본 기억이 있어요. 책 속에서 깃발을 흔들며 '이쪽으로 와!'라고 손짓하는 사카이씨가 있는 것은 아닐까… 아무리 찾아봐도 안 계시더라구요. 뭔가 열심히 찾았는데 허탕을 친 느낌이었어요. (웃음)
사카이	제가 제인씨 말씀처럼 '다들 날 따라와'라고 말할 수 있는 사람이었다면 진작에 결혼을 했거나 아니면 유명한 페미니스트가 되지 않았을까…라는 생각이 드네요. 흔히들 대화할 때 상대방이 무슨 말을 하면 '그렇지'라고 동의를 뜻하는 추임새부터 넣고 말을 시작하잖아요. 그 말에 동의하지 않더라도 말이죠. 그리고 나서 자신이 말하고 싶은 것이 있으면 '그렇지, 그렇긴 한데 그보다는~'이라고 덧붙이죠.
제인	표현을 바꿔서 돌려 말하는 듯 보이지만 사실은 상대방의 말을 부정하고 싶은 거죠. (웃음)
사카이	맞아요.
제인	저희 아랫세대 사람들은 주저없이 분노를 표현하고, 거침없이 자신의 주장을 내세울 수 있는 힘을 가지고 있다는 생각이 들어요.
사카이	제인씨는 이른바 취업 빙하기 세대잖아요.(1970년~1982년 사이에 태어나 1990년대 후반~2000년대 초반 사회에 진출하기 시작한 세대로 정치적 요인 또는 경제적 장기 불황 등으로 구직난이 장기화

제인	되는 이른바 취업 빙하기 시대에 구직 활동을 하던 사람들을 일컫는 말) 사회를 탓하거나 현실에 분노하신 적은 없으셨나요?
	없었어요. 지금의 젊은 세대들은 일찍부터 인터넷을 접하다 보니 장기 불황이나 심각한 구직난이 사회 시스템의 문제라는 것을 비교적 빨리 깨달을 수 있었지만 저희 세대만 해도 취업을 못하는 건 자신의 능력이 부족한 탓이라고 생각하는 사람들이 많았던 것 같아요.
사카이	맞아요. 저희가 이렇게 된 것은 다 버블 경제 탓이죠. (웃음)
제인	저는 솔직히 버블 경제 세대들이 눈엣가시처럼 얄밉게 느껴진 적도 있었어요. 본인들은 누릴 것 다 누리고 정작 이후의 경제적 불황이나 극심한 취업난 같은 문제들은 다음 세대들이 떠안게 되었으니까요. 그런데 지금 와서 생각해보면 잃어버린 10년 혹은 20년이라는 말이 나올 정도로 갑작스러운 버블 경제의 붕괴로 인한 후유증을 치유하는 데 긴 시간이 필요했잖아요. 그런 시간들을 거치면서 달콤했던 버블 경제가 어떤 상황을 초래했는지 학습하게 되었고 경각심도 가지게 되었죠.

가족과 타협하는 방법

제인	가족 이야기를 좀 나눠봤으면 하는데요. 저는 어머니가 일찍 돌아가셨고, 사카이씨도 부모님 모두 세상을 떠나셨죠.
사카이	네. 정말 짧은 기간에 가족을 연달아 떠나보냈어요. 그래서 지금은 곁에 아무도 없다 보니 부모님의 노후나 부양 문제 같은 것을 생각하지

	않아도 되는 상황이에요. 그런데 작년에 오빠마저 세상을 떠나면서 갑작스럽게 미성년자인 조카의 후견인 역할을 맡게 되었어요.
제인	아! 그러시군요. 조카분의 어머님은요?
사카이	새언니는 전업 주부이거든요. 그러니까 제가 조카에게는 아버지인 셈이죠.
제인	아버지의 역할이라…
사카이	저도 이미 50대이다 보니 잘못해서 병이라도 나면 큰일이잖아요. 그래도 할 수 있는 범위 내에서만큼은 조카를 위해 최선을 다하고 싶어요.
제인	인생에는 생각지도 못한 뜻밖의 일들이 종종 일어나는 것 같아요.
사카이	맞아요. 혹시 제가 나중에 아프게 되면 오빠에게 돌봐 달라고 하려고 했었는데 계획이 모두 틀어져 버렸죠. 오빠가 세상을 떠난 후 뭐랄까… 제가 태어나면서부터 시작된 가족이라는 관계가 끝나버린 느낌이 들더라구요. 말씀하신 것처럼 살다 보면 예기치 못한 일들이 벌어시기도 하잖아요. 그래서 더더욱 결혼은 안 하더라도 만나는 사람은 있는 것이 좋다는 생각을 하게 된 것 같아요.
제인	그런 일들에 비하면 젊은 시절의 연애나 이별에 대한 고민들은 정말 아무 것도 아니었구나…라는 생각이 드네요.
사카이	이상하게 들릴 수도 있겠지만 가족과의 이별을 연이어 겪으면서 죽음에 익숙해졌다고 해야 할까요? 생각보다 사람은 쉽게 죽을 수 있구나…라는 인식이 머릿속에 박혀 버린 것 같아요. 그러면서 제 자신의 죽음에 대해서도 많이 생각해보게 되더라구요.
제인	예전에 「Olive」에서 어머니 특집호가 있었던 것 기억나세요?
사카이	아! 기억나요. 모리 요코(1980년대에 활약한 일본의 여성 소설가)

	씨 모녀가 표지 모델을 하셨었죠.
제인	맞아요. 그때 사카이씨도 어머님과 함께 참여하셨잖아요. 어머님께서 '저는 늘 손톱에 매니큐어를 발라요. 그래서 쌀을 씻을 때 손톱이 망가지지 않게 거품기를 사용하는데 딸이 밖에서 그걸 똑같이 따라하는 바람에 엄청 창피했던 적이 있어요'라고 말씀하셨던 것이 아직도 기억에 남아요. 저에게 있어「Olive」하면 가장 먼저 떠오르는 기억이기도 하고요. 왜냐하면 그때 '아! 우리 엄마와는 완전히 다른 분이시구나'라는 인상이 강했거든요. 애초에 매니큐어를 바르신다던지, 자신을 예쁘게 꾸민다는 것 자체가 저희 어머니에게서는 볼 수 없었던 모습이었죠. 그런데다가 애써 바른 매니큐어가 망가지지 않게 쌀을 씻는 모습도 제가 생각하는 일반적인 어머니들의 모습과는 많이 다르게 느껴졌어요.
사카이	나이가 들어도 여자는 여자! 이런 분이셨죠.
제인	어린 시절의 가족 관계는 어떠셨나요?
사카이	그렇게 사이가 좋은 가족은 아니었어요. 그래서인지 코즈카 마사코(일본의 여배우 - 1970년대 TV 드라마에서 후덕한 어머니 역할로 많은 인기를 얻음)씨가 나오는 드라마를 보면서 나도 저런 엄마가 있었으면 좋겠다는 생각을 자주 했었죠.「배짱 있는 엄마」(1968년~1972년까지 TBS에서 시즌 3에 걸쳐 방송된 드라마로 코즈카 마사코는 남편과 사별 후 홀로 소바집을 운영하면서 두 아이를 키워나가는 억척스럽지만 정이 넘치는 어머니 역할로 큰 사랑을 받았고, 이후 여러 드라마에서 어머니 역할을 맡으며 국민 어머니로 등극하게 됨)에서처럼 후덕하고 인정 많은 어머니가 학교에 갔다 돌아오면 늘 반갑게 맞이해 주시는 그런 모습을 동경했던 것 같아요.

제인	어머님과의 사이가 어떠셨나요?
사카이	특별히 자주 싸우거나 사이가 나쁜 건 아니었어요. 하지만 요즘 아이들처럼 '엄마가 세상에서 제일 좋아요'라고 말할 수 있을 만큼 서로 애정을 느끼는 사이도 아니었고, 그렇다고 친구 같은 엄마의 느낌도 아니었죠. 이런 말씀드려 죄송하지만 가끔은 인연을 끊고 싶을 만큼 싫은 적도 있었던 것 같아요.
제인	자신의 부모가 이른바 이상적인 부모상이거나 세상 사람들이 말하는 부모로서의 바람직한 모습에 부합하지 않을 때 어떤 식으로 타협을 해 오셨나요? 제 경우에는 아버지께서 그런 모습을 많이 보이셨거든요.
사카이	그 부분도 뭔가 실험을 하고 있는 느낌이에요. 부모님이 하시고 싶은 대로 맘껏 할 수 있도록 자유롭게 놓아두면 어떻게 될까? 이런 실험이요. 제 경우에는 아버지가 돌아가시기 전이나 돌아가신 후에도 늘 어머니가 원하시는 대로 하실 수 있게 해드렸거든요. 용돈도 자주 드리고, 어머니가 하시고 싶은 대로 모두 하실 수 있게 해드리고 싶다고 생각했었죠. 어머니가 즐거우시면 그것으로 됐다고 말이죠.
제인	그렇게 생각하신 특별한 이유가 있나요?
사카이	제가 할 수 있는 효도가 그 정도밖에 없었던 것 같아요. 나이가 드셔도 여전히 인기가 많으셨던 분이라 항상 남자 친구분이 계셨어요. 그래서 저희 집에 초대해서 함께 식사도 하고, 그냥 그런 것들을 어머님이 살아 계시는 동안 다 맞춰드리려고 생각했던 것 같아요.
제인	대단하시네요. 어떻게 하면 나이가 들어도 어머님처럼 살 수 있는 걸까요?

사카이	무엇보다 저희 어머니는 Material Girl(1984년에 발표된 마돈나의 곡)이셨거든요.
제인	하하, 어머님께는 Girl이란 단어도 전혀 어색하지 않네요.
사카이	Material 아줌마라는 표현이 더 나을까요? 어찌됐든 저희 어머니는 물질주의적인 분이셔서 오히려 기쁘게 해 드리기 쉬웠다고 생각해요. 맛집에 모시고 가거나, 원하시는 것을 사드리거나, 가끔씩 여행이라도 보내 드리면 어린 아이처럼 좋아하시는 것이 눈에 보였거든요. 어머니를 생각하는 딸의 마음보다 물질이 어머니를 더 기쁘게 해드린다는 것을 알게 되니 가능한 풍족하게 해드리자! 라고 마음 먹게 되더라구요.

Material Girl vs Material Boy

제인	저는 솔직히 아버지에 대해 '저런 인간은 지옥에나 떨어졌으면…'이라는 생각을 할 정도로 아버지에 대한 미움과 원망으로 가득 찬 시절이 있었어요. 이상적인 아버지의 모습을 전혀 보여주지 않으니까 '당신 같은 사람! 언젠가 시궁창에나 빠져 버려라'라고 생각하기도 했어요. 그런데 이상한 건 그렇다고 아버지에 대한 애정이 전혀 없는 것도 아니었거든요. 결국, '아무리 그래도 시궁창으로 밀어 버리지는 말자'라고 생각하긴 했지만 이런 격한 감정을 갖게 되는 대상이 부모라니 참 씁쓸한 일이 아닐 수 없죠. 사실, 저희 아버지도 상당히 물질주의적인 분이라 제 입장에서는 그냥 아버지 하시고

	싶은 대로 하시게 해 드리는 것이 속 편하긴 했어요. 그런데 그렇게 마음먹기까지 저는 상당한 내적 갈등이 있었어요. 그런데 사카이씨에게는 그런 갈등이 보이지 않아서 대단하게 느껴져요.
사카이	아니요. 사실, 저도 애정이나 관심을 돈으로 대신하고 있다는 죄책감 같은 것이 있었어요. 그래서 저희 어머니도 속으로는 외로움을 많이 느끼셨을 거라는 생각도 들어요. 같이 밥도 먹고 쇼핑도 함께 다니긴 했지만, 사실 엄마를 생각하는 애정 어린 딸의 마음 같은 것이 저에게는 없었거든요.
제인	도대체 어떤 차이일까요? 사실, 밥도 같이 먹고 용돈도 드리면 그것으로 충분히 마음을 표현한 것이 아닐까 싶은 생각이 들거든요.
사카이	물질은 마음의 대체품이 될 수 없거든요. 아이를 키울 때도 마찬가지겠죠.
제인	어머님 병간호도 직접 하셨나요?
사카이	아니요. 거의 돌연사에 가깝게 돌아가시는 바람에 그럴 기회조차 없었어요. 그래서 그런 부분에 대한 죄책감도 생기더라구요.
제인	부모 자식 관계가 이런 거구나 느꼈던 순간은 없었나요?
사카이	한 가지 생각나는 것이 있어요. 예전에 업무 차 도쿄 국제 포럼에서 베토벤 교향곡 9번을 부를 일이 있었거든요. 그때 어머니께서 친구분과 함께 보러 오셨는데 '네가 높은데 서 있어서 떨어지는 것이 아닌가 걱정되더라'라고 문자를 주신 거예요. 그러고 보니 그날 제가 계단식 무대의 가장 위쪽에서 노래를 불렀는데 걱정된다는 그 한 마디가 너무 감동적이더라구요. 엄마도 내 걱정을 하시는구나… 라고 말이죠.
제인	부모이기에 할 수 있는 걱정이죠. 아… 눈물 날 것 같아요. Material

	Girl이시긴 해도 어머니로서의 딸에 대한 애정이 있으셨네요.
사카이	서로가 물질적인 관계이긴 하지만요. (웃음) 저는 무엇이든 제 스스로 결정하면서 살아와서 거의 부모님께 걱정을 끼쳐드린 일이 없었거든요. 그런데 그날 '사실은 나도 엄마가 걱정해 주길 바라고 있었구나'라는 것을 깨닫게 되었죠.
제인	저는 어렸을 때 Material Boy이셨던 아버지께서 얼굴을 마주칠 때마다 "뭐 필요한 거 없냐? 용돈 줄까?"라고 하셨거든요. 그럼 제가 "아니요. 괜찮아요"라고 대답하면 아버지께서 재미없는 놈이라고 말씀하시곤 했어요. 그러면서 운동회 때는 잠깐 얼굴만 비추고 사라져 버리셨고, 입학식이나 졸업식 때도 오신 적이 한 번도 없어요. 그런 것들이 확실히 어느 시점까지는 아버지에 대한 미움과 원망으로 남더라구요. 왜 그런 것들을 여느 아버지들처럼 해주시지 않는가! 라고 말이죠.
사카이	저와 저희 어머니는 같은 여자이기 때문에 서로 이해할 수 있는 부분도 있었다고 생각해요. 어머니가 남자 친구를 만나든, 쇼핑을 하든, 그런 즐거움을 저도 이해하니까 '어머니 하시고 싶은 대로 실컷 하세요'라고 생각할 수 있었던 것 같아요. 그런데 저희 오빠는 그런 어머니를 보면서 저와는 다른 감정을 느꼈던 것 같더라구요. 반대로 생각해보면 아버지의 여자 친구가 계속 바뀐다거나 여자 친구분께 선물 공세를 무한정 하시는 모습을 보게 되면 저도 싫어했을 것 같거든요.
제인	맞아요. 확실히 그런 차이는 있는 것 같아요.
사카이	처음으로 어머니에게 남자가 있다는 것을 알게 된 시기가 제가 중학교 2학년 때였어요.

제인   한창 민감할 시기였네요.

사카이   그런데 '뭐~ 그럴 수도 있지'라고 의외로 쉽게 받아들이게 되더라구요. 생각해보면 제 스스로 상처를 받지 않기 위한 방어이지 않았나 싶어요.

제인   상당히 조숙하셨네요. 자신의 감정을 스스로 조절할 수 있으니까요.

사카이   음… 뭐랄까 슬플 때도 펑펑 울기보다는 객관적인 입장에서 제 자신을 바라보며 '그렇게 울 정도로 충격을 받지는 않은 것 같은데'라고 스스로에게 말하는 타입인 것 같아요.

극악무도한 사람에게도 돌을 던지지는 말자

제인   사카이씨가 고등학생 신분으로 「Olive」에 연재를 하던 때만 해도 패션 관련 페이지에서조차 '지적인 위트를 겸비한 여성이 되라'와 같은 어록들이 군데군데 실려 있곤 했잖아요. 그때부터 사카이씨는 상당히 성숙했다는 느낌이 들어요.

사카이   성숙했다고 해야 하나… 약간 애늙은이였던 것 같아요. 감정적이지 않고 차분한 아이였죠. 그런 면은 지금도 변함이 없어요.

제인   확실히 마거릿 사카이(사카이 준코가 고교 시절 잡지 「Olive」에 연재할 때의 필명) 시절부터 그런 느낌이었어요. 감정적으로 격해지거나 텐션이 높아지는 느낌이 전혀 없었죠. 아! 그리고 보니 당시에 사카이씨께서 네 명의 여자들이 나오는 이야기를 쓴 게 기억

	나요.「SEX and THE CITY」가 나오기 훨씬 전이었죠. 네 명이 모여서 이야기를 나누다가 그중 한 명이 자리를 뜨면 남은 세 명이 그 여자의 험담을 시작하죠. 그러다 또 다른 여자가 자리를 뜨면 이번에는 그 여자의 험담을 시작하는 그런 스토리였잖아요. 그런데 그런 상황에 대해 사카이씨는 '다 그런 거지 뭐~' 이런 식으로 긍정적인 입장에서 쓰셨던 것이 굉장히 인상적이었거든요. 거품기로 쌀을 씻으시던 어머님 다음으로 임팩트가 강했던 기억으로 남아 있어요.
사카이	역시나 그 글에서도 '반드시 이렇게 해야 해'라는 것은 없어요. 사실 어떤 악한 행동이라도 긍정적으로 받아들여야겠다는 생각이 있었거든요. 성선설을 이야기하자는 것이 아니라 인간은 누구나 악의 씨앗을 가지고 있으니 서로가 그것을 인정해주자! 라는 마음이었다고 생각해요.
제인	그럴 수도 있지~ 하고 웃어 넘기거나 때로는 아예 그냥 포기해 버리는 거죠. 그런 면에서 보면 사카이씨는 언제나 반 걸음 정도 떨어진 곳에서 세상을 바라보시는 느낌이 들어요.
사카이	착한 사람은 아니죠.
제인	맞아요. 아! 죄송해요. 이 부분은 제가 강조할 부분은 아니었네요. (웃음)
사카이	다만, 착한 사람은 아니지만 아무리 극악무도한 사람에게라도 돌을 던지지 말자는 생각을 가지고 있어요.
제인	다시 말해 잘못을 저지른 사람에 대해서도 비난하거나 배척하지 않는다는 말씀이시네요.
사카이	올바른 사람 또는 착한 사람의 경우 잘못을 저지른 사람들을 보면 곧바로 돌을 던져 버리는 잔인함이 쉽게 나타난다고 생각해요.

	앞서 말씀드린 대로 누구나 악의 씨앗을 가지고 있다는 것을 인정하면 남에게 그렇게 하지는 못하거든요.
제인	생각해보면 저희 집도 불완전하기는 했어도 가정으로서 기능은 하고 있었거든요. 가정의 구성 요소가 완벽하게 갖춰져 있지 않았다고 해서 가정이 돌아가지 않는 것은 아니니까요. 물론, 그런 불완전함으로 인해 일어나는 문제들도 있었지만 어쨌든 가정으로서 기능은 하고 있었던 것이죠. 그러니 저희 아버지처럼 아무리 노력해도 안 되는 사람에게 돌을 던질 수만은 없는 노릇이죠.
사카이	맞아요. 우리 인간들은 좋은 일, 착한 일만 하면서 살 수는 없으니까요. 그러니 남의 잘못을 질책하고 비난하면서 살 수만은 없지 않나…라는 생각이 들어요.

함께 있으면 마음이 편해지는 여자 친구들

제인	다양성을 인정하는 것의 이면에는 남의 일에 이렇다 할 의견이나 생각을 갖지 않게 되는 측면도 있죠. 강한 감정이나 의지는 때론 생각지도 못한 전혀 다른 방향으로 작용하는 경우도 있잖아요.
사카이	맞아요. 호(好)의 힘이 강한 사람은 반대로 불호(不好)의 힘도 강하기 때문에 오히려 더 무서운 존재이죠.
제인	이렇게 결론 지어 버리기에는 좀 그렇지만 제가 사카이씨의 생각에 공감하는 것은 가정 환경도 관련이 있다는 생각이 들어요.

사카이	자신이 왜 이런 성격을 갖게 되었는지를 생각해 보면 결국은 가정 환경이 문제라는 결론에 이르게 되죠. 가정 환경을 원인으로 보는 것이 가장 설명하기가 쉽거든요. 물론, 그렇게 논리적인 설명을 기대하기는 어렵지만요. 그래서 저도 '어쩌다가 이렇게 나쁜 성격이 된 거지? 그래! 엄마가 이 남자, 저 남자 만나고 다녀서 그런 거야!'라고 결론을 지어 버리곤 해요. (웃음)
제인	'성격이 나쁘다'의 정의는 사람마다 다르잖아요. 사카이씨의 경우에는 성선설을 그대로 받아들이지 않는다는 의미에서 성격이 나쁘다고 말씀하시지만 일반적으로 성격이 나쁘다고 하면 '심술궂다'라고 표현하잖아요.
사카이	저도 심술쟁이이긴 해요.
제인	하지만 심술을 부리거나 하지는 않으시잖아요. 게다가 사카이씨를 보면 타인에 대한 과잉 기대 같은 것도 없으신 것 같아요.
사카이	아마 타인에 대한 관심이 별로 없는 것이 아닌가 싶어요.
제인	관심의 대상이 집중되어 있는 편이신가요?
사카이	관심의 범위가 좁다고 해야 하나? 딱히, 사람을 좋아한다거나 호기심이 왕성한 편은 아니거든요. 낯가림도 심하고요. 제인씨는 어떠신가요? 낯을 가리는 편인가요?
제인	기본적으로 정도의 차이가 있을 뿐 사람은 누구나 낯가림 성향을 가지고 있다고 생각해요. 제 경우에는 대규모 파티처럼 많은 사람들이 모이는 곳이 정말 불편하게 느껴지거든요. 잘 모르는 사람과 식사 자리도 별로 좋아하지 않고요. 그런 면에서 저도 낯가림이 있다는 생각은 들지만 그럼에도 불구하고 사람들의 이야기를 들으면서 대화를 나누고 싶다는 생각은 있어요.

사카이   제 경우에는 사람들과 친해지는 데 몇 년씩 걸리기도 해요. 성인이 되면서 낯가림도 많이 좋아지긴 했지만 근본적으로 처음 만나는 순간부터 우리 서로 잘 맞을 것 같다는 느낌은 거의 없어요.

제인   저도 그래요. 솔직히 그런 건 말도 안 되는 소리죠.

사카이   일전에 어느 연예인의 블로그에서 알게 된지 한 달도 안 된 사람이랑 하와이에 함께 다녀왔다는 이야기를 보고 엄청 놀란 적이 있어요.

제인   그렇더라고요. 저는 연예인 친구도 거의 없거니와 글을 쓰는 업계의 친구도 많지 않거든요. 그래서 쉬는 날 동종업계 지인들과 만나서 식사를 하는 그런 일은 거의 없어요.

사카이   저도 마찬가지예요. 대부분이 몇 십 년씩 알고 지낸 학창 시절 친구나 직장 동기들이죠.

제인   오랫동안 만나온 동성 친구들이 있다는 점도 저희의 공통점이라고 할 수 있겠네요. 뭔가 그 친구들 앞에서는 격식 같은 것을 신경 쓰지 않게 되는 거 같아요.

시기이   어떻게 보면 남자 친구를 만드는 것이 오히려 더 쉽지 않나 싶어요. 남자 친구를 만들겠다고 마음먹고 필사적으로 노력하면 단기간에도 가능성이 있잖아요. 하지만 같이 있으면 마음이 편한 동성 친구를 만든다는 것은 어느 정도 세월을 함께 해야만 가능한 일이거든요. 친구 관계에도 숙성이 필요하다고 생각해요.

몸이 쓰는 글

제인
작가로서 대선배님이신 사카이씨에게 질문 드리고 싶은 것이 있어요. 저는 사실, 「너, 언제까지 여자애로 살 생각이야」를 쓰면서 핑크색 옷도 거부감 없이 입을 수 있게 되었고, 이성에게 인기가 있다, 없다 이런 것들에 휘둘리지 않게 되었다고 생각하거든요. 그런데 이대로 가다가는 열등감이나 질투심 같은 감정 없이는 글을 쓰지 못하게 되는 것은 아닐까? 이런 두려움이 생기기도 하거든요.

사카이
충분히 공감되는 부분이에요. 저도 제가 쓴 「유민의 죄」의 근간이 되는 유민 노래를 더 이상 듣지는 않거든요. (웃음) 일본의 전통 중 오타키아게(소중한 물건 또는 부적 같이 영혼이 깃들어 있어 함부로 할 수 없는 것들을 절이나 신사에서 불태워 공양하는 관습)라는 것이 있잖아요. 그런 것처럼 글을 쓸 때도 글의 원동력이 되어준 열등감이나 질투심 같은 감정들을 어느 정도 시간이 흐른 뒤에는 떠나 보내주는 것도 필요하다고 생각해요. 그런 다음 다시 글을 쓰고, 그것을 통해 성취감을 얻어야 겠죠.

제인
글을 통해 승화시키는 타입이시네요. 아마 저도 그렇지 않을까 싶어요.

사카이
일에 대한 의욕에도 기복이 있잖아요. 어떤 때는 마치 마른 걸레를 쥐어짜듯 발버둥 쳐야만 겨우 몇 줄 써지는 경우도 있죠. 하지만 그래도 괜찮다고 생각해요. 쥐어짜면 짤수록 뭔가는 나오기 마련이니까요. 나이가 들면 어딘가 기운이 떨어지고 의기소침해지는 부분이

제인	생기거든요. 그런 부분을 쥐어짜다 보면 생각지 못한 것들이 쏟아져 나오기도 하죠.
제인	그렇군요. 꾸준하게 작품 활동을 하고 계시는 것을 보면서 어떻게 하면 사카이씨처럼 계속 글을 쓸 수 있을까? 늘 생각했었거든요. 글을 쓰시면서 슬럼프에 빠지신 적은 없었나요?
사카이	20대 후반 무렵 '이대로 괜찮은 걸까?'라는 고민을 하던 시기가 있었어요. 중년의 나이가 되었을 때도 젊은 사람들이 어떻고 어떻고… 이런 글들만 계속 쓰고 있을 것인가에 대해 생각이 많이 들더라구요. 그러다가 '그럼 다른 길로 눈을 한 번 돌려볼까?' 이런 생각을 갖게 되면서 30대 초반부터 고전을 읽기 시작한 것 같아요.
제인	사방이 가로막혀 있을수록 잘 보이지 않던 비밀의 문을 발견하게 되는 그런 느낌이 드네요.
사카이	글을 쓰는 직업의 가장 좋은 점은 사생활 문제가 생기거나 정신 상태가 불안정할 때일수록 오히려 작업 면에서는 술술 풀리기도 한다는 것이에요. 지도 힌 동인 물에 빠진 생귀 마냥 잉밍인 성태로 시내다 보니 어느 순간 「마케 이누」가 나오더라고요.
제인	「마케 이누의 하울링」을 발표하신 이후 '앞으로도 마케 이누 같은 작품으로 부탁드려요'라는 식의 예의 없는 요청을 받으신 적은 없었나요?
사카이	물론 있었죠. 하지만 이미 「마케 이누」도 오타키아게를 마치고 잘 떠나 보내준 뒤였거든요. 그래서 아예 새롭게 '「마쿠라노소시」(일본 수필 문학의 효시로 불리는 고전 문학의 대표적 작품 - 11세기 초 세이쇼나곤이라는 고위 궁녀가 궁중 생활을 바탕으로 당시 귀족들의 생활상이나 연중 행사, 자연관 등을 개성 있는 문체로 담아낸

	작품) 같은 고전은 어떠세요?'라고 물었더니 '아니요~ 괜찮아요'라고 하더라구요.
제인	사카이씨는 다양한 취미 생활을 즐기고 계시잖아요. 철도 관련 책도 출간하신 적이 있으시죠?
사카이	다양할 정도까지는 아니에요. 고전 문학이나 말씀하신 철도… 뭐 그 정도죠. 철도 작품은 양파와 같은 매력이 있어서 얼핏 범위가 좁아 보이지만 실제로는 굉장히 광범위한 세계이거든요.
제인	관심을 가질수록 그동안 안 보이던 것도 보이게 되고, 보는 관점에도 변화가 생기게 되더라구요.
사카이	좁은 창문을 통해 넓은 세상을 보고 있죠.
제인	이야기를 듣다 보니 장인 기질이 다분하신 분이란 생각이 드네요.
사카이	그런 것 같아요. 우직하게 꾸준히 하는 것을 좋아해요. (웃음)
제인	저는 '아티스트스럽다'라는 것이 전혀 어울리지 않는 사람이거든요.
사카이	저도 그런 아티스트 기질은 전혀 없어요.
제인	아티스트들 중에 어느 날 갑자기 하늘의 계시처럼 영감이 떠올랐다고 말하는 사람들을 보면 사실, 전 좀 부러운 생각이 들어요. 저에게는 죽었다 깨어나도 불가능한 일이니까요. 그런데 따지고 보면 하늘의 계시라는 말 자체가 자신보다 위에 있는 존재로부터 선택을 받아 무언가를 전달받았다는 의미잖아요. 일종의 선민 의식이 바탕에 깔려 있는 거죠. 반대로 저는 스스로 여기저기 들쑤셔서 찾아내야만 영감을 발견할 수 있는 그런 타입이거든요. 역시나 저 같은 사람은 범접할 수 없는 그런 세계인 것 같아요.
사카이	'생각하지 말고 느껴라'라는 말이 있잖아요. 하지만 저는 제 스스로 생각하면서 글을 쓰고 싶어요. 생각하지 않고서는 느낄 수도 없다고

	생각하거든요. 그래서 우선은 스스로 생각할 수 있는 사람이 되는 것이 중요하지 않을까 싶어요.
제인	생각하고 또 생각해서 스스로가 납득할 수 있게 되는 것이야말로 기분 좋은 일이죠.
사카이	몸으로 글을 쓴다는 감각도 굉장히 중요하다고 생각해요. 운동 선수들이 같은 동작을 수천 번씩 반복해서 연습하다 보면 자다가 일어나도 할 수 있을 정도로 몸에 밴다고 하잖아요. 그런 것과 마찬가지로 몸으로 글 쓰는 감각을 터득하면 아무리 힘든 일이 있더라도 글 쓰는 작업을 계속 이어갈 수 있다고 생각해요. 그래서 무슨 일이 있더라도 작품 활동을 꾸준히 이어가고 싶은 마음을 늘 가지고 있어요.
제인	마음 속 깊이 새겨 두어야 할 말씀이시네요. 사실, 엄청난 히트작을 발표하고 난 이후 과도한 중압감으로 인해 후속작을 쓰지 못하겠다는 분들도 계시잖아요. 그런 것과는 상반되는 이야기네요.
사카이	그래서 저는 컨디션이 좋지 않더라도 혹은 실연을 당했다 하더라도 일정 수준을 유지하면서 글을 쓸 수 있도록 노력하고 있어요.
제인	말씀을 듣고 나니 굉장한 용기를 얻게 되네요. 사실, 타성에 젖어 글을 쓰고 있는 것은 아닌가? 라는 고민을 종종 하게 되거든요. 이런 글을 써보고 싶다는 생각이나 감정의 변화가 없어도 단순히 손가락만 움직이면 어느 정도는 글을 쓸 수 있게 되는 것이 아닌가 싶어요. 작가로서 부끄러운 일이죠.
사카이	예를 들어, 나막신 장인이 매일같이 만드는 나막신의 경우 상태가 점점 좋아지는 것은 상관없지만 최소한의 품질은 유지해야 하잖아요. 저희도 늘 그런 마음을 가지고 글을 쓰면 된다고 생각해요.

| 제인 | 맞아요. '실연당한 나막신 장인이 만든 나막신은 쉽게 끈이 끊어지더라'라는 말처럼 그런 일은 절대 있으면 안 되죠.

> **그런 사람 꼭 있지 않아? 맞아, 맞아**

| 제인 | 저는 어쩌다 보니 칼럼니스트라는 이름으로 글을 쓰기 시작했는데요. 그런데 이제와서 새삼 '칼럼이라는 것이 도대체 뭐지?', '에세이란 또 뭘까?'라는 문제에 봉착하게 되었어요.
| 사카이 | 저도 칼럼니스트, 에세이스트라는 명칭을 둘 다 사용하던 시절이 있었어요. 그런데 칼럼이라는 것은 신문의 이미지가 있잖아요. 뭔가 자신만의 확고한 의견이 있어야만 할 것 같은 부담감이 느껴져서 그때부터는 에세이스트로 자리잡게 되었죠.
| 제인 | 이데올로기가 없는 분이시니까요.
| 사카이 | 에세이라는 것은 그런 것 같아요. 그런 사람 꼭 있지 않아? 맞아 있어, 있어 이런 생각이 들게 하는 것이요.
| 제인 | 일을 하다 보면 '제인씨! 한 마디 따끔하게 해주세요'라는 요청을 받을 때가 많거든요. 사실, 누군가를 계몽하고 싶은 마음이 단 1도 없는 사람인데 다른 분들 눈에는 그렇게 보이나 봐요. 제가 마츠코 디럭스(일본의 대표적 여장 게이 연예인이자 칼럼니스트 또는 에세이 작가로 자신의 이름을 내건 「마츠코의 방」 등 다양한 프로그램에서 거침없는 입담으로 인기를 끔)도 아닌데 말이죠.
| 사카이 | 이름에서 느껴지는 카리스마 때문이 아닐까요?

제인	아! 그런 건가요? 사카이씨에게 많이 오는 요청 사항에는 어떤 것들이 있나요?
사카이	저는 워낙 노인네 같은 사람이라 그런지 저보다 한 세대 위인 분들과 일을 하는 경우가 많아요. 그러다 보니 어딜 가도 늘 최연소 막내인 거죠. 그러면서 생각지 않게 젊은 피 역할을 맡게 되더라구요.
제인	젊은 피라… 재미있네요.
사카이	쇼와(쇼와 일왕의 시대, 1926~1989년) 문화의 마지막 세대이죠.
제인	같이 일하시는 분들께 귀여움을 받으시겠어요.
사카이	딱히 그런 것은 아니지만 이름도 한자(漢子) 이름이다 보니 쇼와스럽기도 하고 정감이 가나 봐요.
제인	제 경우에는 오히려 저보다 한 세대 아래인 분들과 함께 일하는 경우가 많거든요. 그럴 땐 젊은 사람들을 이끌어갈 역할을 맡게 되죠.
사카이	제인씨와 저를 경계로 이렇게 달라지는 군요.

자녀가 없는 삶에 대한 후회는 없는가?

제인	저는 지금으로서는 아이를 낳지 않은 것에 대한 후회는 전혀 없어요. 단지, 아이를 갖기 위해 노력해 본 일도 없이 저에게 주어진 기회가 곧 소진되는구나…라는 느낌이죠. 사카이씨의 저서 중에 「자녀 없는 인생」이라는 작품도 있는데, 언제부터 자녀가 없는 삶에 대해서 의식하기 시작했나요?
사카이	마흔이 넘어가면서부터 그런 것 같아요.

제인	그렇죠. 30대에는 혹시나 하는 기대감을 갖게 되기도 하죠. 그렇다면 앞으로 자녀 없이 인생을 살아가겠구나…라는 생각을 하게 되었을 때 후회는 없으셨나요?
사카이	후회한 적은 없었어요. 다만, 제가 죽을 때 조카에게 짐이 될 것 같은 미안한 마음은 있어요. 가능한 짐이 되고 싶지 않지만 어찌됐든 여러 가지 처리할 일들이 있을 테니까요.
제인	얼마 전에 평생을 독신으로 지내신 팔순의 친척 이모님이 세상을 떠나셨거든요. 자택에서 꽃꽂이를 가르치며 자유분방하게 인생을 즐기시던 독립심이 강한 분이셨죠. 돌아가신 후 장례식이나 여러 가지 처리할 일들을 전부 조카들이 맡아서 했지만 누구 하나 싫은 기색은 하지 않았어요.
사카이	조카분들이 여러 명 계셨군요.
제인	네. 하지만 상주 역할은 대표로 한 명이 맡아서 했어요. 도움이 필요할 때에는 다른 조카들에게 도와 달라고 부탁하기도 했지만 기본적으로는 대표 한 명이 맡아서 장례를 치렀어요.
사카이	저희는 조카도 한 명밖에 없다 보니 그 어린 아이에게 모든 부담을 떠안긴다고 생각하니 마음이 안 좋더라구요.
제인	그럴 수 있죠. 언젠가 조카분도 결혼하게 될 수도 있으니까요.
사카이	건실한 사람과 결혼을 했으면 좋겠네요. (웃음)
제인	최근 10년 정도 사이에는 자녀가 없는 사람들에 대한 시선도 상당히 변했다는 생각이 들어요.
사카이	맞아요. 주변에 그런 사람들이 흔해졌죠.
제인	예전에는 결혼했는데 아이는 왜 안 갖느냐? 이런 것을 대놓고 묻는 사람들도 많았죠.

사카이	요즘은 결혼식 주례에서도 '하루 빨리 건강한 아이를 낳아 행복한 가정을 꾸려라'라는 이야기기는 잘 안 하잖아요.
제인	사실, 아이를 낳지 않은 것에 대한 후회나 부끄러움 같은 것은 전혀 없어요. 그렇다 보니 이런 사회적 시선의 변화가 저에게는 더 반갑긴 하거든요.
사카이	저는 자녀가 있는 분들 특유의 애타심, 이런 것에 대한 열등감을 느낄 때가 있어요.
제인	부모가 되어야만 가질 수 있는 애타심이라 감이 잘 오질 않네요.
사카이	의도적으로 만들어 내는 것이 아니라 부모가 되면서 자연스럽게 생겨나는 것이죠.
제인	어렵네요. 힌트라도 좀 주세요. (웃음)
사카이	새끼를 낳자마자 자신의 혀로 온몸을 핥아 주는 어미의 마음 같은 것이라고 생각해요. 자신이 힘든 것은 안중에도 없고, 그저 온 힘을 다해 새끼를 핥아 주는 일에 여념이 없죠. 저 같은 사람에게서는 절대로 찾아볼 수 없는 감정이에요.
제인	불완전하거나 미숙한 존재에 대한 책임감 같은 것일까요? 저는 최근에 주말 위탁 부모 제도에 대해 관심을 갖게 되었어요. 그래서 2주에 한 번 시설에 찾아가 아이들과 놀다 오거나 같이 외출을 하며 지내고 있어요. 그런데 시설 직원분들이 계속 바뀌다 보니 아이들이 성장해 가는 모습을 계속해서 지켜봐 줄 어른이 없다는 것이 안타깝게 느껴지더라구요. 아이들에게 '너 두 살 때는 이랬어' 이런 이야기를 해줄 사람이 없는 것이죠. 그래서 아이들에게 부모까지는 아니더라도 아이들이 성장해 가는 모습을 옆에서 지켜봐 주는 그런 역할을 해 보는 것이 좋지 않을까? 라는 생각이 들더라구요. 그런데

한편으로는 그런 생각을 하는 제 자신을 보면서 사실은 나도 아이를 갖고 싶었던 것은 아니었을까…라는 의구심이 들기도 해요. 하지만 아무리 생각해봐도 제 자신이 임신과 출산을 원했던 적은 없었거든요. 그렇다면 도대체 왜 주말 위탁 부모가 되려고 하는 건지 그것도 사실 잘 모르겠어요.

사카이   반려 동물로는 충족되지 않는 무언가가 있는 건가요?

제인   그렇지 않아도 제 파트너에게 '반려 동물 키우는 거랑은 또 다른 일이야. 신중하게 생각해'라는 말을 들은 적이 있어요. 그런 의미에서 보면 '사람이냐? 반려 동물이냐?'라는 문제이기 보다는 제 스스로가 가족이 아닌 사람을 원하는 것 같아요. 혈연 관계로 이어지지 않은 저와는 완전히 다른 별개의 인격체 말이죠. 그리고 그 아이에게 제 자신이 뭔가 도움이 될 수 있다면 기꺼이… 이런 마음인 것 같아요.

나를 위해 사는 삶

사카이   남에게 도움이 되고 싶은 욕구는 어느 정도 나이가 되면 확실히 눈에 띄게 강해지죠.

제인   사카이씨도 그러셨나요?

사카이   그럼요. 저도 40대 시절에는 라오스에 학교 짓는 일을 돕기도 하고, 여러 가지 봉사 활동에 참여했었어요. 하지만 남에게 도움이 되고 싶은 욕구라는 것도 어느 정도 시간이 지나면 시들해진다는 것을 알게 되었어요. 그래서 요즘은 동창들과 만나면 '누군가를 위해

	무리해서 뭔가를 해주겠다는 생각은 버리자'라는 이야기를 자주 하게 돼요. 40대에는 제 스스로 아이를 낳지 않았으니 '남을 위해 무언가를 해야 하지 않을까?'라는 생각이 머릿속에 강하게 박혀 있었던 것 같아요. 그래서 그런 생각을 충족시키고자 라오스에도 가고 봉사 활동에도 참여했던 거죠. 그런데 노년에 접어드는 나이가 되니 제 자신을 위해 살자는 마음으로 되돌아오게 되더라구요. 강산이 한 번 변하고 나서야 자신에게로 돌아오게 된 거죠.
제인	말씀을 듣고 나니 위탁 부모에 대해 제가 너무 가볍게 생각했다는 생각이 드네요.
사카이	물론 사랑과 정성으로 아이를 끝까지 책임지는 분들도 많이 계시죠. 다만, 제 40대를 돌이켜 봤을 때 '남을 위해 무언가 도움이 돼야 해'라고 생각했던 것은 '결혼도 하지 않고 아이도 낳지 않은 여자가 이 세상에 어떤 도움이 될까?'라는 물음에 대해 제 스스로를 납득시키기 위한 일종의 면죄부 같은 것이었다는 생각이 들어요.
제인	정말 공감되는 말씀이네요.
사카이	결혼과 출산을 하지 않았지만 각자의 자리에서 충실히 인생을 살다 보니 지금은 남을 위해 무언가 도움이 돼야 한다는 강박감도 어느 정도 해소가 되었다는 생각이 드네요.
제인	40대에 접어들면 정신적인 면이든 경제적인 면이든 어느 정도 여유가 생기잖아요. 그런데도 자신의 일에만 얽매인 채 주변을 돌아보지 못하는 제 자신을 보면서 누군가에게 도움이 될 수도 있는데 아무것도 안 하고 있다는 생각에 마음 한 켠이 무거워지곤 하거든요. 오늘 사카이씨의 말씀을 듣고 나니 마음이 좀 편해지네요.
사카이	저 역시도 한결 마음이 편해졌어요.

제인	누가 뭐래도 인간이란 자기 자신을 우선적으로 생각할 수밖에 없는 존재라는 생각이 드네요.
사카이	맞아요. 일단, 자기 스스로를 책임질 수 있어야만 남에게 피해를 주지 않으니까요.

40대와 50대

사카이	50대가 되면 이제껏 인지하지 못하고 살던 것들이 시야에 들어오기 시작해요. 일단, 신체적으로 갱년기에 접어들게 되죠. 특히나 저 같은 경우에는 키코 사마(일본 왕위 계승 1순위인 후미히토 친왕의 왕비)나 코무로 케이(후미히토 친왕의 맏딸 마코 공주의 약혼자)씨의 어머니와 같은 나이이거든요. 그러니까 자녀가 결혼을 해서 손주를 보게 되도 전혀 이상할 나이가 아니라는 거죠. 그 말인즉, 머지않아 무덤 안으로 들어갈 수도 있는 나이라는 뜻이기도 하고요. (웃음)
제인	표현이 좀 이상하지만 50대 유경험자로서 '50대는 이렇더라'라는 이야기를 들어보고 싶어요. 30대 이야기는 여기 저기서 많이 하지만 40대 무렵부터는 그런 이야기들을 별로 하지 않는 것 같아요. 그래서 저는 일부러라도 40대가 되니 '저녁 6시만 되도 눈이 제멋대로 감긴다'라던가 '눈으로 볼 때는 먹을 수 있을 것 같았는데 막상 내 위가 그만큼 소화해내지 못한다', '2차는 더 이상 힘들어서 못 간다' 등 이런 이야기들을 하거든요. 그리고 30대에는 '40대가 되면 지금보다 훨씬 여유도 생기고 즐겁게 살게 된다'라고 많은 선배님

	들이 말씀해 주셨지만 사실 크게 와 닿지는 않았어요. 그런데 막상 40대가 되고 보니 틀린 말은 아니긴 한데 문제는 40대가 되면 30대보다 훨씬 더 바빠진다는 이야기를 그 누구도 해주지 않았다는 거죠. 해야 할 일도 더 많아지고, 책임져야 할 일도 많고… 이거야말로 엄청난 함정 아닌가요?
사카이	50대는 스스로가 생각하기에 40대와 크게 다르지 않은 것 같지만 자신을 바라보는 주위의 시선이 달라지는 것을 느낄 수 있게 돼요. 스스로를 중년이라고 말하는 것이 약간 부끄럽기도 하고, 대화에서는 건강에 관한 이야기가 빠지지 않게 되죠.
제인	그럴 것 같아요. 사카이씨는 예전에 탁구도 하셨잖아요. 개인 레슨까지 받고 계시다는 말씀에 깜짝 놀랐었는데 지금도 하고 계신가요?
사카이	네. 사실 저는 책을 읽는 것보다 운동하는 것을 더 좋아하거든요.
제인	질리지 않으세요?
사카이	전혀 질리지 않아요. 저는 앞으로도 지금처럼 소소한 호기심들을 채워 나가며 살아가지 않을까 싶어요. 신체적으로는 조금씩 기억력이 퇴화되고, 체력이 떨어지기 시작했지만 아직은 그런 노년기 징후들도 어딘지 모르게 신기하게 느껴지더라구요.
제인	그 외에 40대와 다른 점은 없나요?
사카이	50대가 되면서 여기저기 성한 곳이 없다고 친구들에게 이야기하면 '맞아, 맞아'라며 서로 맞장구를 치는 것도 의외로 재미있더라구요.
제인	서로에게 위안이 되는 존재가 된 느낌이군요.
사카이	갈수록 친구들과의 사이가 돈독해지는 것을 느껴요.
제인	정말 좋은 이야기네요.

사카이	그리고 예전보다 훨씬 서로의 단점이나 약점을 허용하고 서로를 격려하게 돼요. 그러면서 서로 간의 친목도 한층 돈독해지고요.
제인	최고네요. 그보다 좋은 것이 어디 있을까 싶어요. 말씀을 듣고 나니 뭔가 앞으로 다가올 일들을 조금은 알게 된 것 같아 안심이 되네요. 사카이 준코 이름의 횃불을 향해 한 걸음 앞으로 나아갈 수 있게 된 느낌이에요.
사카이	저희 세대로 말하자면 하야시 마리코(1954년생, 일본의 소설가 겸 에세이스트)씨 같은 분들이 그런 존재이지 않았나 싶어요. 그분들은 횃불이라기 보다는 찬란하게 빛나는 태양 같은 강렬함을 가지고 있었죠. 그렇다 보니 저희 세대는 딱히, 자기 색깔이나 의견도 없이 선배들을 바람막이 삼아 살아왔고요. 스스로 야망을 가지고 그것을 지켜 나간다는 생각 자체가 저희 세대에게는 없었거든요.
제인	그런 부분들을 저희 아랫세대들이 해주고 있죠. 공개적으로 하야시 마리코씨를 존경한다고 말한 핫츄(일본의 유명 블로거이자 작가인 이토 하루카)씨 같은 분들이죠.
사카이	지금의 60대와 30대는 정서적 친화성을 갖기 쉽지 않을까 생각해요. 분노와 야망이 있다는 공통점이 있으니까요.
제인	전공투 세대와 SEALD's 세대이죠. 예전에 학교 다닐 때 보면 꼭 수업 중에 몰래 쪽지를 돌리는 친구가 있었어요. 옆 친구에게, 뒷 친구에게 다시 그 옆 친구에게로 쪽지 한 장이 반 전체를 돌고 돌죠. 사카이 준코씨도 저희에게 그런 존재가 아닌가 싶어요. '이 세상에는 결혼보다 훨씬 재미있는 것이 있어'라고 쓴 쪽지를 몰래 돌린 친구 같은 존재 말이죠. 쪽지를 받고도 무시해 버린 아이도 있겠지만 몰랐던 사실에 대해 눈을 번쩍 뜬 저 같은 아이도 분명 있었거든요.

사카이	결혼, 출산에는 중대한 책임이 따르게 되잖아요. 아마 윗세대분들 중에는 그런 책임감 없이 살아온 저희를 보면서 '그렇게 살다간 노후에 비참해 진다'라고 생각하시는 분들도 계실 거에요.
제인	그분들이 말씀하시는 '여자의 행복이란 말이야'라며 결혼과 출산의 진정한 의미를 깨닫게 해주고 싶어하는 마음도 이해가 안 가는 것은 아니에요.
사카이	하지만 딩크족이라던가 그 외 자녀 없이 사는 삶을 선택하는 사람들이 계속해서 늘어나는 지금, 혼자라도 인간적 존엄성을 유지하며 행복하게 살아갈 수 있는 길을 개척해 나가는 것이 저희 세대에게 주어진 역할이지 않을까 싶어요.
제인	맞는 말씀이세요. 개인적으로 딱 적당한 타이밍에 사카이씨의 이야기를 들을 수 있어서 정말 좋은 시간이었어요. 좋은 말씀 감사드립니다.

> ## 노마치 미네코
>
> 1979년 일본 홋카이도에서 태어나 이바라키(관동 지역에 위치한 현)에서 자람. 에세이스트, 일러스트레이터, 칼럼니스트이며 자칭 만화가 후지 TV 「쿠보미네핫타(세 명의 프로그램 MC 이름을 조합한 것) 코지라세 NIGHT」에 출연. 저서로는 「말 그대로 격진이 발생했습니다」, 「잡지의 인격 2」, 「나카노의 숲 BAND」, 자신의 다섯 살 때 이야기를 담은 신간 소설 「나를 뺀 모두가 불결해」 등이 있음

말 많은 여자들의 독립국가연합

제인   원래 이번 대담의 기획 의도가 이전에 대담을 나눈 분들 중 정해진 주제 이외의 이야기를 좀 더 나눠보고 싶은 분들을 초대해서 이야기를 나눠보자는 것이었는데요. 사실, 노마치씨와는 제대로 된 대담을 나눠 본 적이 없네요.

노마치   맞아요. 기회가 없었죠.

제인   그러니까요. 그런데 연재가 최종회에 접어들면서 이번 기회를 놓치면 노마치씨와 언제 만나게 될지 기약하기가 쉽지 않겠더라구요. 그래서 얼른 연락을 드리게 되었죠.

노마치   라디오나 TV 프로그램에서 잠깐 만나 뵌 적은 있지만 대담이라는 이름으로 함께 하게 된 건 이번이 처음이네요.

제인   그렇죠. 불과 얼마 전까지만 해도 노마치씨와 저는 말 많은 여자라는 수식어로 한데 묶이곤 했었는데요. 최근에 비로소 각자 자신의 노선을 갖게 된 느낌이 들어요. 일단, 연령 면에서도 저는 40대이고, 노마치씨는 30대이다 보니 세대적으로도 약간 차이가 있으니까요.

노마치   독립국가연합 같은 느낌인 것 같아요. 어느 정도는 서로를 동지로 생각하기도 하지만 그렇다고 연대하고 싶은 마음이 딱히 있는 것은 아닌… 그런 관계 말이죠.

제인   맞아요. 굳이 우리는 사이 좋은 친구라고 말하지 않아도 사이가 나쁘게 보이지 않는… 딱 좋은 온도에 다다른 느낌이 들더라구요.

그래서 기회는 이때다 싶어 대담을 요청드리게 되었죠. 그런데 아무리 그래도 이제껏 노마치씨와의 대담 의뢰가 그 어느 곳에서도 없었다는 것은 저희 두 사람만의 대담이 순조롭게 진행되지 않을 것 같아서였을까요?

노마치   공통된 화제가 별로 없어 보여서 그렇지 않을까 싶네요.

제인   그렇겠죠. 노마치씨의 관심사인 철도, 커피가 맛있는 찻집이나 동북 지방(일본의 혼슈 동북부에 있는 아오모리, 이와테, 미야기, 아키타, 야마가타, 후쿠시마의 6현)에 대해서 저는 잘 알지 못하거든요. 사실, 저는 한 가지에 열정적으로 관심을 갖지 못하는 것에 대한 콤플렉스가 있어요.

노마치   아! 그러세요?

제인   네. 좋아하는 것에 쏟아부을 수 있는 에너지가 현저하게 떨어지는 사람이거든요. 지금껏 살면서 뭔가 한 가지에 깊이 파고들어 지식을 쌓는다거나, 열정적으로 동호회 활동을 한다거나 그런 것을 단 한번도 해 본 적이 없어요.

헝그리 정신이 없는 이바라키 사람들

노마치   제인씨는 작품에서도 언급하신 적이 있지만 도쿄에서 나고 자란 말 그대로 도쿄 토박이시잖아요. 그런데 약간 애매한 것은 어린 시절 대부분을 이바라키에서 보냈지만 아시다시피 이바라키는 도쿄와 매우 가깝잖아요. 그렇다 보니 어렸을 때부터 긴자나 시부야 같은

|||도쿄의 중심지에 자주 가봐서 사실, 도쿄는 어떤 곳일까? 하는 환상이나 상경하게 되면 이런 것을 꼭 해보고 싶다는 로망이 전혀 없었거든요. 그러다 도쿄에 있는 대학에 합격해서 도쿄로 오게 되었고, 자연스럽게 눌러 앉게 된 케이스라 다른 지방 출신들에 비하면 헝그리 정신이 없다고 할 수 있어요. 그런데 그렇다고 해서 제가 완전한 도쿄 사람도 아니거든요. 게다가 이바라키가 도쿄와 거리적으로 가깝다 보니 다양한 문화를 쉽게 접할 수 있을 것 같지만 실상은 그렇지 않아요. 대도시로 집중되는 문화의 지역별 편차로 인해 오히려 다양한 문화를 제대로 접할 기회조차 없이 자랐다는 콤플렉스도 갖게 되었을 정도죠. 서양 음악을 듣기 시작한 것도 대학 진학 이후였으니까요.

제인　　그러셨군요. 이미지와는 전혀 다르네요.

노마치　　비주류 문화의 대표주자 같은 이미지로 생각하실 수 있지만 사실, 문화 기반이 탄탄한 사람은 아니거든요.

제인　　제 기억에는 글을 쓰면서 라디오에도 고정적으로 출연하는 여성은 그렇게 많지는 않거든요. 노마치씨와 저는 그런 면에서 비슷한 영역 안에 있다는 생각이 들지만 한편으로 노마치씨는 TV에도 자주 나오시는 점이 저와는 많이 다르다고 생각해요.

노마치　　자주까지는 아니고요. (웃음) 사실, TV는 '내가 인기 많은 연예인도 아닌데 누가 날 관심있게 지켜 보겠어?'라는 마음으로 출연하고 있거든요. 그리고 보니 제인씨도 TV에 나오던 시절이 있었잖아요.

제인　　심야 버라이어티 프로그램에 잠깐 나간 적이 있었죠. 그 덕에 'TV 출연은 나랑 맞지 않는구나'라는 것을 절실히 깨닫게 되었지만요.

노마치　　하지만 지금은 라디오 정규 방송을 고정으로 진행하고 계시잖아요.

	매일 같은 시간에 라디오를 진행한다는 것은 어떤 느낌인가요?
제인	회사원 시절로 돌아간 느낌이에요. 매일 같은 시간에 같은 장소로 출근해 같은 업무를 반복하는… 뭐 그런 느낌이죠.
노마치	라디오 진행 의뢰를 받았을 때 거부감 같은 것은 없으셨나요?
제인	사실은 '내가 할 수 있을까?'라는 생각이 가장 먼저 들었죠. 하지만 그때까지 계속 등 뒤에서 밀어주고 응원해준 TBS 라디오의 하시모토 요시후미 프로듀서가 '제인씨라면 할 수 있어요'라고 말씀해주신 덕에 '그러면 어디 한번 해볼까?'라는 마음으로 받아들이게 되었죠. 하지만 시작하고 1년 반 정도는 남의 프로그램에 더부살이 하고 있는 느낌이었다고 해야 할까… 마음이 편치는 않았거든요. 그러다 제 방송을 재미있게 들어주시는 분들이 하나 둘 생기기 시작하고, 라디오 외의 다른 의뢰들도 들어오게 되더라구요. 그러던 어느 날 제 분수에 넘치는 일들까지 들어오게 되면서 그제서야 '내 자리는 어디이고, 내가 최종적으로 정착할 곳은 어디일까?'를 생각해보게 되었어요.
노마치	저도 비슷한 고민을 하고 있어요. 어디가 내가 있어야 할 자리인지 잘 모르겠더라구요. 만약, 제가 있을 자리가 소설가라면 어느 정도 가야 할 길이 보이거든요. 하지만 에세이스트나 칼럼니스트라고 한다면 전혀 감이 잡히질 않아요. 스스로를 에세이스트나 칼럼니스트라고 부르는 것조차 거부감이 들 정도죠.

최종적으로 정착할 곳은 어디?

제인   데뷔 초만 해도 자칭 만화가라고 본인을 소개 하셨잖아요. 요즘은 어떠신가요?

노마치   지금도 간혹 그렇게 소개할 때가 있어요. 사실, 제 자신을 만화가라고 말하게 된 것도 나름 고심 끝에 내린 결단이었어요. 왠지 만화가는 어떤 것을 그리든 혹은 특별히 작품 활동을 많이 하지 않아도 '저 만화가예요'라고 소개해도 괜찮을 것 같은 생각이 들더라구요.

제인   어렸을 때부터 만화를 그리거나 글을 쓰셨나요?

노마치   유치원 시절부터 이야기를 만들고 만화를 그리긴 했어요. 그러다가 초등학교 저학년 무렵부터 만화가가 되고 싶다는 생각을 갖게 되었고요. 하지만 중학생이 되면서 만화가가 될 정도의 그림 수준은 아니라는 것을 스스로 깨닫게 되면서 '만화가는 글렀구나…' 싶었죠. 그때 이후 특별히 꿈이라는 것을 가져본 적이 없어요.

제인   결론적인 이야기이긴 한데요. 물론, 아직 노마치씨의 인생이 결론 난 것은 아니지만 어떠신가요? 이렇게 되실 줄 예상하셨나요?

노마치   아니요. 전혀 생각해 본 적 없어요. 제인씨는 어느 시점에 꿈이란 것을 가져 보셨나요?

제인   제 경우에는 취준생 시절 레코드 회사에 입사하는 것이 꿈이었다면 꿈이었죠. 그때만 해도 사회인이 되려면 결국 어딘가의 기업에 입사하는 것 외에는 별다른 길이 없다고 생각하던 시절이었거든요.

	어차피 회사에 입사할거라면 음악을 좋아하니까 관련 회사에나 들어가자 이런 마음이었어요. 그런데 지금 와서 생각해보면 그건 꿈이라기 보다는 성인이 되고 난 이후에 갖게 된 희망 사항 중의 하나이지 않나 싶어요. 그리고 좀 더 어렸을 때는 무슨 꿈을 가지고 있었는지 전혀 기억이 나질 않네요.
노마치	저는 다른 건 몰라도 회사원이 되고 싶지 않다는 확고한 생각을 가지고 있었어요.
제인	왜 그런 생각을 갖게 되셨나요?
노마치	아마도 아버지의 모습을 보면서 그렇게 생각한 것이 아닌가 싶어요. 그렇다고 아버지랑 사이가 나빴던 것은 아니고요. 특별한 문제가 없는 평범한 가정이었다고 생각해요. 다만, 경제적 여유가 없다 보니 도쿄 외곽의 이바라키에 집을 마련하게 되면서 아버지께서 도쿄로 출퇴근을 하게 되신 거죠. 당시에만 해도 내 집 마련이 붐을 이루던 때라 회사와는 좀 멀더라도 도쿄 외곽에 단독 주택을 구입하는 사람들이 많았거든요. 그러면서 자연히 아침 일찍 출근하고, 밤늦게 퇴근하는 것이 일상이 되다 보니 평일에 아버지와 함께 저녁 식사를 하는 날이 손에 꼽을 정도였어요. 그런 아버지를 보면서 '샐러리맨은 참 힘든 직업이구나'라는 생각을 막연하게 갖게 된 것 같아요. 그래서 중학생 무렵부터 어떻게 하면 회사원이 되지 않고도 먹고 살 수 있을까를 생각하게 되었죠.
제인	중학생이 그런 생각을 하다니 대단하네요.
노마치	그래서 대학에서 연구 활동에 참여하면서 학문의 길로 들어서면 회사원이 되지 않아도 되겠구나 싶더라고요. 그런데 막상 대학에

	들어가 보니 논문을 읽는 것도 쉽지가 않았어요. 결국, 학문의 세계도 나와는 맞지 않다는 것을 깨닫게 되면서 그때부터 또 다시 특별한 꿈도 없이 방황하게 되었죠.
제인	하고 싶은 것과 할 수 있는 것은 다르죠. 노마치씨는 술은 좀 하세요?
노마치	보통 이하인 것 같아요. 특히, 최근에 주량이 많이 줄었어요.
제인	저는 전혀 술을 못 하거든요. 안주로 나오는 음식들은 좋아하지만요. 하하하… 저희 두 사람의 공통점을 발견하기란 참 쉽지 않네요. (웃음) 얼마 전에 노마치씨의 인스타그램을 보니 미얀마 여행을 다녀 오셨더라구요. 저도 사실, 그런 신비스러운 매력이 있는 곳으로 여행을 가고 싶은데, 막상 실행에 옮기기가 쉽지 않더라고요. 결국, 서양의 거대 자본이 만들어낸 사무이 섬이나 발리의 리조트 같은 편하고 안전한 곳으로만 여행을 다니게 되더라구요.
노마치	반대로 저는 리조트에는 별 흥미를 못 느끼거든요. 말씀을 나누면 나눌수록 일적인 부분 이외에는 전혀 공통점을 찾을 수가 없네요.
제인	세가 처음 노마치씨에 대한 인상을 강하게 받았던 적은 노마치씨와 라디오 방송을 함께 하셨던 쿠보 미츠로(일본의 여성 만화가)씨가 하신 말씀이었어요. 쿠보씨는 노마치씨의 작품들을 읽고, '이 사람은 남들이 비난하더라도 그렇지 않아! 네 생각은 틀렸어'라고 다른 사람을 부정하지도 않고 또한 그런 것에 자신이 흔들리지도 않을 사람이라는 생각이 들었다고 말씀하셨던 것이 굉장히 인상에 남았어요. 저는 분명 그럴 때 '그렇지 않아'라고 말할 사람이거든요.
노마치	그런가요?
제인	지금은 그나마 처세술 같은 것도 알게 되었지만 예전에는 무슨 일이든 가장 먼저 튀어나오는 말이 '그렇지 않아'였던 시절도 있었어요.

상대방의 감정을 목구멍 깊숙한 곳까지 다시 밀어 넣어 버리게 만
드는 말을 쉽게 하는 그런 사람이었죠. 상대방의 기분 같은 것은 안
중에도 없었던 것 같아요.

동종 업계 종사자들과의 관계

제인   노마치씨는 동종 업계 분들 중에서 가깝게 지내는 분이 계신가요?
노마치   아니요. 별로 없어요.
제인   저도 그렇거든요.
노마치   안 그래도 그 부분에 대해서 어떻게 하면 좋을지 여쭤보고 싶었어요. 사실, 동종 업계 친구가 꼭 있어야 되는 것은 아니잖아요. 아! 그러고 보니 최근에는 동네 사람들이라는 새로운 인맥을 만들게 되었어요. 여느 때처럼 근처 술집에 들어갔다가 거기에서 만난 사람들과 친해지게 되었죠. 하지만 서로 일에 대한 이야기는 전혀 하지 않아요.
제인   같은 업계 사람들만이 알 수 있는 고민거리나 불평, 불만 같은 것을 털어놓을 수 있는 공간이 있었으면 좋겠다는 생각이 들어요. '그 문제에 대해서 어떻게 생각해?'라고 물어 볼 수 있는 동등한 입장의 상대가 한 명쯤 있으면 좋잖아요. 회사원 시절만 하더라도 서로 고민이나 의견을 나눌 상대가 있었는데, 지금은 그런 대상이 없다 보니 좀 외로울 때도 있거든요.
노마치   매일 라디오 방송국으로 출근하시잖아요. 거기에서는 그런 상대가 되어줄 만한 분이 없으신가요?

제인	다들 저보다 어려도 너무 어린 친구들뿐이거든요. 그래서 뭔가 업무적으로 주의를 주고 싶어도 젊은 직원들에게는 디렉터나 프로듀서를 통해서 조심스럽게 전달해야 할 부분들이 있더라고요.
노마치	일반 회사와 다를 게 없네요.
제인	그렇죠. 따지고 보면 제 주변은 모두 회사원이잖아요. 라디오 방송국의 직원들이죠. 그렇다 보니 저도 어느 정도는 회사원 분위기에 맞춰야겠다는 생각도 들거든요. 제가 미처 생각하지 못한 부분들도 분명 있으니까요. 물론, 제가 없는 회식 자리에서 제 욕을 할지도 모르겠지만요. (웃음)
노마치	저는 회사원 생활이 즐거웠던 때가 있었어요. 2년 정도 OL(Office Lady, 여성 사무원)로 근무한 적이 있는데요. 주업무가 경리 보조 같은 일반 사무이다 보니 주로 위에서 내려오는 지시대로 작업을 하게 되거든요. 그러면서 '어떻게 하면 지시 받은 것보다 효율적으로 업무 처리를 할 수 있을까?'에 대해 궁리하는 것이 점점 재미가 있더라고요. 그린네 지금 하는 일은 대부분 혼자서 작업을 하나 보니 그런 성취감을 느낄 수 없는 점이 아쉬워요. 원고를 완성해서 메일로 보내면 그걸로 끝이니까요.
제인	메일로 보낸 것을 보고 '이 부분은 좀 아닌데요'라고 피드백을 주는 사람도 거의 없잖아요.
노마치	맞아요! 없어요.
제인	옥고(玉稿 : 훌륭한 원고라는 뜻으로 다른 사람의 원고를 높여 이르는 말)라는 말을 들어 보신 적 있으세요? 간혹, 원고라고 하면 되는데 굳이 '제인 슈 작가님의 옥고'라고 말씀하시는 분을 만나게 되면 민망하기 짝이 없더라구요. 놀리는 건가 싶기도 하고, 마치 벌거

	벗은 임금님이 된 기분이에요.
노마치	상대방에 대한 알 수 없는 불신감이 생기죠.
제인	요즘 일을 하면서 드는 생각은 작업을 하다 지치고 피곤해지는 것이 내 능력이 부족해서인지 아니면 일을 너무 많이 해서인지 가늠하기가 어렵더라구요.
노마치	저도 요 며칠 꼭 그런 생각을 했었어요. 최근 들어, 마감 기일을 맞추지 못하는 일이 잦아지면서 '다른 작가라면 기일 안에 가능한 양인데 나는 왜 못하는 건가?'라고 자꾸 부정적인 생각을 하게 되더라구요.
제인	그렇기 때문에 같은 업계에서 비슷한 일을 하고 있는 사람들과 건전한 관계를 유지하는 것이 필요하다고 생각해요. 매니지먼트나 돈과 관련된 이야기도 포함해서 서로의 경험을 바탕으로 조언을 주고받을 수 있으니까요. 저는 그런 네트워크가 없다 보니 스스로 답을 찾아가는 데 시간이 많이 걸리더라고요.
노마치	비즈니스 정보를 서로 교환할 수 있으면 좋을 것 같다는 생각이 드네요. 지금 생각해 보니 예전에 선배 작가님이 자신의 경험을 이야기 해 주셔서 많은 도움이 된 적이 있거든요.

결혼하지 않는 이유

제인	지금은 이사를 하셔서 삼손 타카하시(일본의 게이 작가)씨와 함께 살고 계시잖아요. 헤이본샤(일본의 출판사) 웹사이트에 연재 중이신 「결혼에 대한 추구와 사적 추구」는 재미있게 읽고 있어요.

노마치	아~ 읽으셨군요. 지저분한 이야기들만 잔뜩 써 놔서 죄송해요. (웃음) 실은, 그런 부분에 대해 제인씨와 이야기를 나눠보고 싶었어요. 제인씨는 자칭 프로 싱글이라고 말씀하시지만 동거중인 특정 상대가 계시잖아요. 다른 곳에서도 많이 질문을 받으셨겠지만 제인씨는 왜 결혼을 하지 않으시나요?
제인	사실, 저 스스로도 이유를 모르겠더라고요. 그렇다고 비혼주의자도 아니고, 단지 '결혼으로 인해 내 인생의 어떤 부분이 변하게 될지 모르잖아'라고 망설이던 사이에 이 나이가 되어 버린 것 같아요. 서른 다섯까지만 해도 결혼하지 않으면 인간으로서 결함 상품이라고 생각했었거든요. 하지만 그 시기를 넘어서니 실 끊어진 연이 따로 없더라구요. 결혼의 장, 단점을 따질 때 이미 결혼은 물 건너 간 거라고 생각해요.
노마치	저는 삼손씨를 처음 만났을 때부터 결혼하겠다고 마음먹었거든요. 그런데 서로 결혼에 대한 이야기를 나누다 보니 삼손씨는 별로 원하지 않는 느낌이 들더라구요. 하고 싶지 않은 것을 억지로 강요하고 싶은 생각도 없어서 지금은 그냥 이대로 결혼하지 않은 채 관계를 유지해 가고 있어요.
제인	룸 셰어와는 다른 느낌인 거죠?
노마치	다르죠. 삼손씨가 거의 주부 역할이거든요. 살림남이예요.
제인	저희 집이랑 같네요. 그런데 법적으로 결혼한 사이는 아니다 보니 주부라고는 하지만 남들 눈에는 미혼의 백수로 보이는 것이 좀 미안하기도 해요.
노마치	미혼의 백수라… 파트너분께서 상처 받으시겠어요. (웃음) 사실, 삼손씨는 가끔 작가 활동도 하고, 아르바이트도 하고 있어서 전업

	주부는 아니거든요. 하지만 주로 제가 생활비를 벌어 온다며 요리, 세탁, 청소 등 거의 대부분의 집안 일을 해주고 있어요.
제인	최고네요.
노마치	네. 정말 최고죠. 제인씨는 파트너분과 사귄 지는 얼마나 되셨나요?
제인	올해로 7년째예요.
노마치	역할 분담은 어떻게 하신 건가요?
제인	40대에 남자 친구라는 표현은 어딘가 낯부끄럽게 느껴져서 아저씨라고 부르고 있는데요. 저희 아저씨가 개인적 사정으로 휴직을 하게 되었을 때 '이 사람을 이대로 집에 있게 하는 것이 좋지 않을까?' 싶은 생각이 들더라구요. 저보다 집안 일을 훨씬 잘하기도 했고요. 그래서 집안 일을 메인으로 해보면 어떻겠냐고 제가 먼저 제안하게 되었죠. 그런데 이런 관계가 계속되다 보니 역할이나 입장이 그 사람의 발언에 상당한 영향을 미친다는 사실을 실감하게 되더라구요. 흔히들 생각하는 '여자들이란 이러 이러한 말을 많이 하지'라는 게 있잖아요. 그런데 역할이나 입장이 바뀌게 되면 그런 것들이 성별과는 전혀 관계가 없다는 것을 알게 되거든요. 예를 들어, 사귄 시간이 길어지면서 아저씨 쪽에서 '우리 언제까지 이렇게 지내야 해? 벌써 사귄 지 7년째야. 이대로 결혼하지 않고도 우리 관계를 유지할 수 있을까?' 이런 말들을 하는 거죠.
노마치	아저씨는 결혼이 하고 싶으시군요.
제인	그런 것 같아요. 사실은 뻔히 알면서도 제가 어물쩍 넘겨 버리고 있는 상황이죠. 저도 결혼이 하고 싶지 않은 것은 아닌데 현실임을 자각하는 순간 미지근한 태도를 취하게 되더라구요. 좋지는 않죠.

노마치	저도 비슷한 부분이 있어요. 작업실에서 빈둥거리다가 '오늘은 밖에서 저녁 먹고 들어가'라고 문자를 보내면 삼손씨에게 '뭐야, 미리 좀 말하지'라고 볼멘 소리를 듣거든요. 완전 80년대 샐러리맨 남편과 주부인 아내가 주고받는 대사 아닌가요? 설마, 제가 그런 대사를… 그것도 남녀가 바뀐 입장에서 하게 될 줄이야 상상도 못해본 일이죠.
제인	암요, 암요. 저도 '밖에서 저녁을 먹고 들어오는 날은 늦어도 오후 5시 전에는 알려줘'라던가 '밖에서 먹고 들어온다더니 갑자기 집에 와서 먹는다고 하면 어떡해! 아무런 준비도 안했는데' 이런 말을 듣곤 해요.
노마치	'뭐야! 애써 저녁을 준비해 놨더니…' 뒤에 들리는 말이 더 무섭죠.
제인	농담으로 '다른 건 몰라도 밥은 좀 해놓지?'라고 말했더니 엄청 화를 내더라구요. 그리고 나서는 한 번도 밥을 안 해주네요. 센스 없는 남편의 생각 없는 말 한 마디에 단단히 화가 난 부인 같지 않나요? 그리고 '사실혼 관계의 부부는 둘의 관계가 얼마나 오래 되었든 간에 법적으로 완벽하게 권리를 보장받을 수 없는 거야!'라는 말을 들었을 때도 책임감이 무겁게 느껴지더라고요.

외벌이 가정의 남편 입장이 되어 보니

| 제인 | 그리고 보니 삼손씨께서 집을 리모델링하고 있다면서요? |
| 노마치 | 맞아요. 3층짜리 집을 사긴 했는데 원체 저렴하게 산 집이다 보니 상태가 엉망이었어요. 그래서 삼손씨가 직접 리모델링을 시작하게 되었죠. 그런데 욕실 같은 부분은 아무래도 전문가의 손길 없이 |

	는 어렵기도 하고, 이왕 제가 살게 된 거 '올 리모델링 해버리자'라고 되어버린 거죠. 생각했던 것보다 돈이 훨씬 많이 들어가긴 했지만요.
제인	그야 그럴 수밖에 없죠. 저도 보면서 노마치씨가 대단하다고 생각했거든요.
노마치	사실은 금액을 듣고 순간적으로 표정 관리가 안 되더라고요. (웃음) 그래서 벽에 페인트칠 하는 것은 저희가 직접 하기로 했는데 작업에 진전이 없다보니 아직까지 집에 사람들을 초대할 수가 없는 상황이에요.
제인	함께 사신 지는 얼마나 되셨나요?
노마치	2개월 됐어요. 그전까지는 서로가 동거를 해도 괜찮을지 확인해 보는 시간을 가졌어요. 그래서 한 1년 정도는 삼손씨 집에 가서 자고 오기도 하고, 여행도 함께 가고 그랬거든요. 그러는 동안에 서로 싸우는 일도 없고, 위화감도 전혀 없어서 이 정도면 함께 살아도 괜찮겠구나 싶더라구요.
제인	취미는 잘 맞는 편인가요?
노마치	어느 정도는 맞는 것 같아요. 음악이나 영화, 좋아하는 것이 비슷해요. 솔직히 제 스스로 더 이상의 연애는 힘들 것 같아서 포기하고 있었거든요. 그런데 생각해 보니 이렇게 혼자서 불규칙한 생활을 하면서 살 바에야 누군가와 함께 사는 것이 일적인 면에서도 효율적일 것 같은 생각이 들더라구요.
제인	저도 그 말에 정말 공감해요. 확실히 일하는 공간과 돌아가서 쉴 수 있는 공간이 달라야 일과 사생활을 분리하기 쉽고 일의 효율도 올라간다고 생각해요.

노마치	맞아요. 혼자 살 때는 일하다가 집중이 안 되면 커피숍 같은 곳에 가곤 했거든요. 그런데 막상 가도 집중이 잘 안 되더라구요. 그리고는 다시 집에 돌아와 밤 늦게까지 작업을 하거든요. 그런데 꼭 새벽 2시쯤 되면 갑작스런 로스 타임이 생겨 버리는 거예요. 차라리 그 시간에 잠이라도 자면 좋을텐데 잠도 안 자고 그렇다고 작업을 하는 것도 아니고 그냥 핸드폰만 만지작거리고 있는 거죠. 한참 트위터를 보고 있다가 불현듯 제 자신이 한심하게 느껴지는 그런 악순환에 빠져 버리는 거예요. 그렇게 2시간을 허비하고, 새벽 4시가 되어서야 잠자리에 드는 그런 패턴이 일상이었어요. 그런데 둘이 살게 되면서 그런 불규칙한 생활이 없어졌죠.
제인	저도 혼자 살 때는 같은 잠옷을 몇 날 며칠씩 입은 채로 원고를 쓰기도 했거든요. 그럴 때 괜히 서글퍼지더라구요. 그러다 둘이 살게 되면서부터는 아침에 정해진 시간에 깨워주고, 잠옷도 매일 세탁해주고 가끔은 엄마랑 사는 것 같은 착각이 들 정도죠. 그런데 노마치 씨는 집안 일에 대해 '이런 식으로 해줘'라고 요구 사항을 당당하게 말할 수 있는 편인가요?
노마치	아직까지는 그런 말을 하는 것이 쉽지는 않더라고요.
제인	저도 마찬가지예요. 어쩌다 한 마디 하는 것은 '고기는 비싸더라도 좀더 좋은 걸로 사왔으면 좋겠어' 정도죠.
노마치	아! 그러고 보니 삼손씨가 유통 기한이 임박한 식재료를 사오는 바람에 상해서 못 먹고 버린 적이 있었어요. 그때 '유통 기한이 임박한 상품으로 골라 오지 않아도 되는데…'라고 한 마디 한 적이 있는 것 같네요. 그리고 기회가 되면 왜 그렇게 비닐 봉지를 모아 두는지도 물어보고 싶어요. (웃음)

제인	페트병은 잘 찌그러뜨려서 버리라고 잔소리를 얼마나 해대는지… 그럴 때마다 세상 모든 아버지들의 심정이 너무 이해가 되더라구요. 하고 싶은 말이 있어도 말하지 못하고, 어쩌다 한 마디 하면 몇 배의 잔소리 공격이 되돌아오잖아요.
노마치	저도 참고 이해하려고 노력은 하고 있거든요. 그러다가도 가끔 한 마디 하게 되면 삼손씨가 별 말없이 '미안해'라고 사과하는 것이 오히려 어색하고 미안해지더라고요. 사실, 어떻게 보면 정말 별거 아닌 일이거든요. 빨래 널 때 조금 더 탈탈 털어서 널어 달라든가…
제인	맞아요. 저도 항상 그런 생각을 해요. 하지만 제 자신이 외벌이 가정의 남편 입장이 될 줄은 꿈에도 몰랐죠.

인터넷으로 만난 사이

노마치	제 경우에는 처음부터 연애 없이 동거만하기로 한 입장이지만 제인씨의 경우에는 지금 연애중이신 거잖아요. 어떻게 만나게 되셨나요?
제인	SNS를 통해서 처음 알게 되었어요. 30명 정도 오프라인 모임을 갖게 되었는데 거기에서 만나게 되었죠. 원래 친구의 친구이기도 했고요.
노마치	인터넷을 통한 만남이라… 좋죠. 저도 mixi 초창기에 엄청 좋아했거든요.
제인	맞아요. mixi! 최고였죠.

노마치	저는 mixi가 별로 알려지지 않았을 때부터 시작했거든요. 아직 노마치 미네코라는 이름도 사용하지 않았던 시절이었죠. 그때만 해도 회원수가 1만명이 채 안 되던 시절이었는데 회원들 중에는 재미있는 사람들이 엄청 많았어요.
제인	그러다 어느 순간부터 mixi도 인기가 점점 식어가더라고요. my mixi(mixi내에서 연결되어 있는 친구)의 갱신도 점점 줄어들길래 다들 어디로 갔나 했더니 트위터로 몰려 갔더라구요.
노마치	저도 삼손씨에 대해 트위터를 통해 알게 된 부분이 많아요. 처음 만나게 된 것은 저의 출판 이벤트 때였어요. 게스트로 와 주셔서 그때는 그냥 인사 정도만 나눴었죠. 그 이후에 1년에 몇 번 트위터 리플라이를 주고받는 그야말로 트위터를 통해서만 이어지는 관계가 5년 정도 지속되었죠. 그렇다 보니 지금 저희가 동거하고 있다는 현실이 신기하게 느껴질 때도 있거든요. 2년 전의 트위터만 봐도 서로 존댓말을 쓰고 있더라고요.
제인	인터넷상에서는 각자의 생활 패턴, 관심사, 개인 생각 같은 것들이 들어나기 쉽잖아요. 그래서 순수한 상태에서 서로를 알 수 있는 좋은 수단이라고 생각해요.
노마치	맞아요. 잘만 활용하면 아주 좋은 수단이죠. 제가 한 번쯤 해보고 싶은 것이 있는데요. 바로 지금의 생활을 유지하면서 불륜을 저질러 보는 것이에요. 삼손씨는 지금도 가끔 게이 클럽 같은 곳에 가기도 하니까 왠지 저만 손해 보는 것 같은 생각이 들 때가 있거든요. 그래서 저도 그에 상응하는 일을 저질러 보고 싶은데 솔직히 실행에 옮길 자신은 없어요. (웃음)
제인	그렇게 불륜을 생각할 만큼 지금의 관계에 불만이 있는 것은 아니지

	않나요? 제가 느끼기에는 지금의 관계에 대해 비교적 만족하고 계신 것 같거든요.
노마치	맞아요. 불만은 거의 없죠. 함께 걸어서 벚꽃 구경도 가고… 오랜 세월 함께한 노부부 같은 느낌이에요.
제인	순간 제 얘기인 줄 알았어요. 저희도 그렇거든요. 벚꽃 구경도 다녀왔고요. 사실, 연애에도 근력이라는 것이 있어서 연애 근력이 갈수록 떨어지는 사람과 그렇지 않은 사람이 있다고 생각하거든요. 제 경우에는 진작에 연애 근력이 바닥을 찍었죠.
노마치	듣고 보니 저도 애초에 그런 근력 자체가 없는 사람이거든요.
제인	과거에 사귀었던 사람들과도 딱히 죽고 못살 정도로 연애를 한 것도 아니고… 그러다 보니 지금은 그런대로 만족하며 살고 있어요.

애정과 돈, 그리고 결혼

제인	애정이라는 이름 뒤에 숨어서 쉽게 꼬임에 빠뜨리기도 하는 것이 바로 돈이잖아요. 어떠신가요? 두 분은 돈에 대해 서로 의논해서 결정을 하시나요?
노마치	아니요. 제가 일방적으로 정하고 있어요.
제인	일방적으로 '한 달 생활비는 이만큼'이라던가… 이런 식이군요.
노마치	네. 사실 지금의 제 수입이 예전과 비교하면 믿을 수 없을 정도의 액수이거든요. 물론, 그렇다고 해서 일반적으로 생각하시는 부자는 절대 아니고요. 그동안 워낙 없이 살아서 그런지 사실 경제 관념이

	없어요. 그러다 보니 다른 사람에게 돈을 퍼주는 것에도 별로 고민이 없어요. 딱히, 저축하는 것도 의미가 없다는 생각이 들어서 삼손씨에게는 꽤 많은 액수를 주고 있죠.
제인	대단하시네요.
노마치	그래 봤자 저희 두 사람의 생활비라는 명목이지만 실질적으로는 그렇게 대단한 것도 아니예요. 삼손씨가 돈을 많이 준다고 해서 좋아하는 그런 사람이 아니라서 다행이라고 생각해요.
제인	저희는 때마다 임금 투쟁을 벌여서 몇 번 인상해 준 적이 있어요. 그동안은 생활비 얼마에 가사 노동에 대한 급여 얼마, 이렇게 따로 책정해서 지급하는 방식이었거든요. 그런데 생활비가 부족할 때마다 저에게 말하는 것이 굴욕적이라며 시스템을 바꾸자고 하더라구요. 그래서 지금은 생활비와 급여를 합친 금액으로 주고 있어요. 그 금액 안에서 본인 스스로 궁리해서 쓰는 것이 정신 건강상 더 좋은 것 같더라고요. 그런데 저는 저 상태에서 어떻게 노후 자금을 마련힐지에 대한 고민이 머릿속을 떠나질 않네요.
노마치	저는 노후 생각은 거의 해 본 적이 없어요.
제인	노년에 빈털터리가 된 아버지의 영향이 큰 것 같아요. 저에게 노후에 의지할 자식이 있는 것도 아니고, 이러다가 어디 가서 객사하는 것은 아닌가 싶은 불안감이 밀려오면서 저축을 해야겠다는 생각이 들더라구요. 하지만 저희 아저씨는 '호적에 같이 올라가 있지도 않은 사람이 모은 두 사람을 위한 돈 같은 것은 나에게 아무런 의미도 없다'는 입장이거든요. 그 말에 대해서 사실 할 말이 없긴 해요.
노마치	그래서 혼인 신고를 하고 싶어 하는 걸까요? 경제적 이유가 작용하는 거죠. 그렇다면 제가 결혼하고 싶어 하는 것도 비슷한 이유일지도

	모르겠네요. 저는 항상 제가 먼저 세상을 떠나는 것을 염두하고 있다 보니 제가 떠난 뒤에는 가능한 유산을 나눠주고 싶거든요. 그런데 생각해보면 삼손씨가 병에 걸리게 되면 저는 병문안을 갈 것 같은데 반대로 제가 중병에 걸리면 삼손씨가 병문안을 올지는 사실 확신이 서지 않거든요. (웃음) 그렇게까지 저를 걱정해 줄 것 같지는 않은데, 사실 걱정해 줄 의무가 있는 것도 아니지만요. 그냥 저와 함께 평생 있어 준 사람에게 돈 정도는 남겨주고 싶다는 마음인 거죠.
제인	그 부분이 결혼하고 싶은 가장 큰 이유인가요?
노마치	그게 가장 큰 이유인지는 잘 모르겠어요. 사실, 결혼하고 싶은 이유를 꼽자면 하나가 더 있는데요. 바로, 결혼을 하면 왠지 재미있을 것 같다는 거예요. 약간 장난치듯 '너 그냥 나랑 결혼 할래?' 이런 거 있잖아요. 어쩌다 보니 분위기상 결혼하게 되는 그런 것을 해보고 싶은 로망이 있어요.
제인	사실, 연애중인 사람들끼리만 결혼해야 한다는 법은 어디에도 없으니까요.
노마치	떳떳하게 공개적으로 위장 결혼을 하면 왠지 재미있을 것 같다는 생각이 들어요. 앞으로 어떻게 될지는 아직 잘 모르겠지만요. 사실, 삼손씨는 저에게 '어차피 다른 누군가 좋아하는 사람이 생길 거잖아'라고 말하거든요. 그 말에 저도 100% 부정할 수는 없고요. 물론, 피차일반이라 삼손씨에게 멋진 남자 친구가 생길 수도 있는거죠. 하지만 그렇게 된다고 해도 그때 가서 해결하면 되니까요.
제인	더 이상 젊다는 표현이 어울리지 않는 나이에 접어들면서 생활에는 어느 정도 긴장감이 필요하다고 말씀하신 아버지의 마음이 이해가

	되더라구요. 확실히 예전보다 안정적인 것을 추구하게 되는 느낌이 드는 것 같아요.
노마치	제 경우에는 혼자 사는 데는 한계가 있다는 것을 알게 된 점이 가장 크게 작용한 것 같아요.
제인	혼자 사는 것이 잘 맞는다고 생각하시나요?
노마치	아니요. 잘 맞지 않는다고 생각해요.
제인	혼자 사는 데 질렸다는 것이 아니라 원래 잘 안 맞았다는 말씀이신가요?
노마치	물론, 질린 부분도 있었죠. 독립해서 얼마 지나지 않은 시기부터 혼자 지내는 것에 질려 있기는 했어요.
제인	혼자 꽤 오래 사신 걸로 아는데… 대학 시절부터였나요?
노마치	네. 대학 때부터이니까 20년 가까이 되었네요. 돌이켜 보면 혼자 사는 것이 어울리는 사람은 아니었다고 생각해요. 기본적으로 요리도, 청소도 하지 않았고, 무엇보다 스스로를 컨트롤 하지 못하는 사람이서든요.
제인	저도 아시다시피 집안 일과는 담을 쌓은 사람이지만 한때는 이런저런 요리나 청소를 하던 시절이 있었어요. 특히나 예전 남자 친구와 사귈 때에는 바지런 떨어가며 이것저것 해보기도 했지만 잘 안 되더라구요. 그래서 결국, 나보다 잘하는 사람한테 맡기는 것이 낫겠다는 결론에 도달하게 되었죠.
노마치	그러고 보니 예전에 요리사와 사귄 적이 있었어요. 초반에는 남자 친구가 자진해서 이것저것 요리를 만들어 주더라구요. 그러면서 자연스럽게 모든 요리를 남자 친구가 담당하게 되었고, 저는 당연한 듯 받아 먹기만 한 거죠. 그러다 어느 순간 노골적으로 싫은 티를

	내기 시작하더니 '가끔은 너도 좀 하지 그래?'라는 말을 하더라구요. 그때 느꼈죠. '역시 난 안 되겠구나!'라고요.
제인	할 수 있는 것, 할 수 없는 것, 하고 싶은 것 이렇게 세 가지는 모두 다르잖아요. 결국, 어떻게 조합하느냐가 관건인 거죠. 저처럼 밖에서 일하는 것을 좋아하는 여자가 집안 일을 잘하는 남자를 만나게 되어 늘 다행이라고 생각하거든요. 만약, 이런 남자를 만나지 못했다면 저는 단순히 여자다운 일을 못하는 사람이라고 스스로를 평가하지 않았을까 싶어요.
노마치	결국, 그런 것들이 단점이나 결함이 되어 버리니까요.
제인	저처럼 밖에서 일하는 것이 특기인 여성들이 있는 반면, 안에서 집안 일을 하는 것이 특기인 남성들도 있잖아요.
노마치	사실, 저도 편견을 가지고 있었던 것이 남자들은 누구나 밖에 나가 일을 하면서 승진이나 성공에 대한 욕구가 강한 존재들이라고 생각했거든요. 하지만 삼손씨처럼 몇 개월 일해서 번 돈을 가지고, 3개월에서 반 년 정도 태국에서 유유자적 하다가 돈이 떨어지면 다시 돌아오는 그런 삶을 최고의 행복이라고 생각하는 남자도 있다는 것을 알게 되었죠.

자신의 틀에 눈을 돌리면

제인	자신의 분수까지는 아니더라도 자신의 틀이 어떤 모양인지 정도는 알아야 한다는 생각이 들거든요.

노마치	저도 예전에는 정형화된 세간의 틀밖에 보이지 않았던 것 같아요. 그러다 어느 순간 자신의 틀을 만들기 시작했고, 만들어진 틀 안에 제 자신을 끼워 맞춰 넣은 것 같은 생각이 들어요.
제인	사실, 노마치씨를 보면서 이렇게 나랑 틀이 다른 사람은 아마 없을 거라고 생각했었거든요. 그런데 오늘 만나 이야기를 나누다 보니 의외로 틀의 일부분이 서로 닮아 있다는 것을 알게 되었어요. 그러고 보니 노마치씨의「주간 분슌」(문예 춘추에서 발행하는 시사 대중 잡지 - 일본의 대표적 황색 언론으로 연예인 또는 정치, 경제계의 유명 인사 관련 기사들을 자주 터뜨림) 연재가 중단되었을 때 저는 상당히 충격을 받았거든요. 저였다면 아마 주절주절 불평을 늘어놓으면서 절대로 그만두지는 못했을 거라고 생각하거든요. (몽골 출신 스모 선수들의 폭행 사건으로 불거진 일본 스모 협회와 최고의 스모 스타인 다카노 하나의 대립 문제를 두고 일방적으로 다카노 하나 편에서만 보도하는 미디어에 대해 노마치 미네코가 강력하게 비판을 하였으나「주산 분슌」역시 다카노 하나 편에서 일방적인 보도를 계속하자「주간 분슌」의 연재를 스모 관련 보도가 끝날 때까지 휴재하게 된 사건)
노마치	저도 순간적으로 욱한 부분이 없지 않아 있어요. 처음에는 자존심 문제도 있고 해서 그만 둔다고 큰 소리를 치긴 했지만 다시 잘 생각해보니「주간 분슌」에서 아무리 납득하기 힘든 기사들을 쓴다 해도 그 파급력만큼은 인정할 수밖에 없잖아요. 글로 제 생각을 표현할 수 있는 공간이 없어지면 결국 손해 보는 것은 저라는 생각이 들더라구요. 그래서 스모 관련 기사에 대해 같은 잡지 내에서 일일이 반론하는 것도 싫어서 관련 보도가 끝날 때까지 지금의 연재를

	쉬는 것으로 타협점을 찾아낸 거죠.
제인	그때 많은 작가들이 '와우! 노마치 미네코 멋있다'라고 생각했을 거예요.
노마치	그런가요?
제인	저는 엄두도 못 낼 일이죠.
노마치	서로 칭찬하는 분위기가 되는 것 같아 낯간지럽기는 하지만 저도 제인씨의 최신작「산다는 것, 죽는다는 것 그리고 아버지」를 읽어 봤는데 너무 좋더라구요. 다 읽기도 전에 KO패 당한 느낌이라고 할까요? 솔직히 질투가 날만큼 좋았어요.
제인	저도 노마치씨가「소설 겐토」에 연재하셨던「유희의 방」(「나를 뺀 모두가 불결해」로 제목을 바꿔 2018년 11월에 단행본화 됨)을 모아서 읽고 난 후 말씀하신 그런 기분들을 똑같이 느꼈거든요.
노마치	정말요? 좀 난해하지 않으셨나요?
제인	아니요. 술술 읽어지더라구요. 읽는 내내 어떻게 하면 이렇게 작품 속으로 빠져들게 만드는 묘사를 할 수 있을까? 싶기도 하고, 저는 절대 생각할 수 없는 기발한 문장력에 감탄을 연발했죠.
노마치	저야말로 '제인씨의 묘사력은 절대 따라갈 수가 없겠구나!'라는 생각을 했거든요. 이미 친구들한테도 읽어보라고 추천했어요.
제인	그리고「얼떨결에 철도」도 정말 재미있게 읽었어요. 사실, 철도에 관해서는 전혀 관심이 없다보니 별로 기대하지 않았는데 생각 외로 너무 재미있더라구요. 일러스트도 좋았고요. '스스로 그림을 그릴 수 있다는 것은 작가에게 엄청난 무기가 되는구나'라는 생각도 들더라구요.
노마치	초등학생 오타쿠 수준의 그림이죠… 뭐…

제인	저는 제 스스로에게 자본주의의 빛 좋은 개살구 같은 부분이 있다고 생각해요. 자본주의 사회에 맞춰 안정된 삶과 일에 대한 성취감을 위해 열심히 살아가고 있지만 속으로는 낭만과 여유가 있는 삶을 살아가는 사람들에 대한 부러움을 가지고 있거든요. 그래서 할머니, 할아버지가 되어도 청춘18(2370엔으로 하루 동안 일본 전국의 JR 보통 열차와 쾌속 열차를 무제한으로 이용할 수 있는 티켓 – 이름에서 알 수 있듯이 열여덟 청춘의 마음으로 떠나는 여행이라는 의미가 담겨 있으며 나이 제한 없이 이용 가능) 티켓으로 여행을 떠날 수 있는 사람들을 늘 동경하게 되더라구요. 그래서인지 그런 낭만을 즐길 줄 아는 저희 아저씨와 사귀고 있는 것이 아닐까 싶기도 하고요.
노마치	제인씨 커플처럼 취미가 맞지 않는 사람들끼리도 잘 만날 수 있죠.
제인	제가 음악을 틀면 방문을 닫아 버리더라구요. 제가 듣는 곡들이 싫대요. 넷플릭스도 보는 것이 전혀 다르고요.
노마치	제인씨의 라디오도 듣지 않으시나요?
제인	네. 진혀 안 듣더라구요.
노마치	저희 일의 특성상 주변 사람들에게 자신의 일에 대한 것들이 노출될 수밖에 없잖아요. 그럴 때는 어떠세요? 솔직히, 저는 친한 사람들이 보고 있다는 것이 부담스럽게 느껴지거든요.
제인	제 경우에는… 일단, 아버지는 제 방송이든, 제 책이든 전혀 보질 않으시고요. 파트너도 보고 있는지는 모르겠지만 어쨌든 저에게 전혀 말을 안 하니까 그런 부담은 없는 것 같아요. 주변에 노출되는 것이 부담스러우시군요.
노마치	네. 정말 부담스러워요. 그래서 일 관련해서는 부모님께도 가능한 말씀드리지 않거든요. 그나마 최근 들어 부모님이 서운해 하시길래

	텔레비전 출연 정도는 알려드리고 있긴 하지만 책은 절대 읽지 않으셨으면 하는 마음이에요. 쑥스럽기도 하고, 창피하기도 하고 그렇더라구요.
제인	그러시군요. 그래도 노마치씨의 책을 갖다 드리면 읽어 보시나요?
노마치	글쎄요. 읽으시려나... 사실, 확인해 본 적이 없어서 잘은 모르겠어요. 최근 몇 년간 책이 나오면 꼭 보내달라고 하셔서 몇 번 보내 드리긴 했지만 딱히, 읽고 난 후의 감상 같은 것을 물어 본 적은 없어요. 아버지가 철도에 대해 쓴 책을 읽어 보셨다고 말씀하신 적은 있었네요. 그나마 그 책은 읽기 쉽고, 부모님이 읽으셔도 쑥스럽지 않은 책이라 다행이었죠.
제인	저도 '내가 철도에 관한 책 한 권을 끝까지 읽게 되다니'라며 놀랍기도 하고 뿌듯함도 느껴지더라구요.
노마치	저도 제인씨의 「너 언제까지 여자애로 살 생각이야?」를 읽으면서 나도 이런 식으로 썼으면 좋겠다는 생각을 했거든요. 그때 마침 저도 비슷한 주제의 글을 쓰고 있었는데 제인씨의 전개 방식이 주제를 나타내기에 훨씬 적합하다는 생각이 들더라고요.
제인	그러고 보면 저희는 서로 질투를 느끼는 부분이 있는 것 같아요.
노마치	맞아요. 그런 부분이 있어요.
제인	질투라는 것이 자칫하면 비판이나 증오로 이어질 수도 있지만 저희가 느끼는 질투는 서로에 대한 건강한 자극이 될 수 있을 것 같아요. 오히려 저는 노마치씨에 대해 존경심을 가지고 있거든요.
노마치	오늘 말씀을 나누면서 서로에게 생각했던 것 보다 훨씬 많은 공통점이 있다는 것을 알게 되었어요. 생활 면에서 이렇게 겹치는 부분이 많을 줄은 생각도 하지 못했거든요.

제인	사실, 이런 이야기를 공유할 수 있는 상대는 그리 많지 않죠.
노마치	맞아요. 없어요.
제인	이런 이야기를 하면 다들 신기한 듯 바라보잖아요.
노마치	그러니까요.

자리에 따라 사람은 변한다

제인	모든 사람들이 인생의 원대한 목표를 가질 필요는 없다고 생각해요. 눈 앞에 펼쳐진 성공으로 가는 탄탄대로를 포기하면서까지 전업 주부가 된 남성처럼 말이죠. 좀더 게으름 피우고, 꾀도 부리며 살아가는 사람들이 있으면 어때? 라는 생각도 들거든요.
노마치	솔직히 사람들이 저와 삼손씨를 두고 기둥 서방이니 뭐니 말하는 것이 싫어요. 그 부분은 전면적으로 부정하고 싶어요.
제인	저희 아저씨도 2Channel(일본 최대의 커뮤니티 포털 사이트)에서 자신을 기둥 서방이라고 쓴 것을 본 적이 있다고 하더라고요.
노마치	기둥 서방이라는 표현은 쓰지 말아줬으면 좋겠어요.
제인	기본적으로 진짜 기둥 서방들은 집안 일 같은 것은 안 하잖아요.
노마치	맞아요. 주부로서 열심히 집안 일을 하고 있는데 말이죠.
제인	누군가와 함께 살아보니 저도 결국에는 70, 80년대 아저씨들과 별반 다르지 않은 사람이구나… 라는 생각이 들어요.
노마치	저도 그렇게 생각해요. 집안 일의 분담도 전혀 하지 않고 있으니까요. 제 경우에도 사람들이 흔히 말하는 문제의 남편과 별반 다르지

	않더라구요. 어쩌다 설거지라도 해보려고 싱크대로 가면 평소에 안 하던 것을 하려니 수세미가 어디에 있는지도 모르는 거죠. 이곳저곳 뒤져보다 결국 찾지 못하고 "수세미 어디 있어?"라고 물으면 "놔둬! 내가 할게"라는 대답이 돌아오고… 그럼 저는 그냥 두고 제 자리로 돌아가 버리거든요.
제인	엄청 공감되는 부분이에요. 저도 꼭 그렇거든요. 그냥 놔두라는 말을 정말 잘 듣죠. 혼자 살 때만 해도 쓰레기통이 터질듯이 꽉 차면 정리해서 현관에 두었다가 어디 나갈 일이 있을 때 들고 나가곤 했거든요. 그런데 지금은 어떻게든 쓰레기통에 쑤셔 넣어 보려고 애쓰는 제 모습을 볼 때마다 정말 최악이구나 싶어요.
노마치	갈수록 집안 일에는 손을 놓게 되죠.
제인	내가 원래 이런 사람이었나…라고 생각해 보게 되더라구요. 그런데 이런 일들이 단순히 남녀의 성별에만 국한되는 이야기는 아니거든요. 회사에서 보면 상대가 누가 되었든 간에 불합리한 것은 꼭 따지고 들던 선배도 본인이 승진해서 높은 자리에 오르게 되면 그렇게 뻔뻔해 질 수가 없더라구요. 강 건너 불구경 하듯 자기의 안위만 생각하게 되는 것 같더라고요.
노마치	자리에 따라 사람은 변한다는 말이 딱 맞네요.
제인	정말 조심해야 될 부분이죠. 오늘 이렇게 이런 이야기를 이해해 주는 분을 만나게 되어 정말 좋네요.
노마치	오늘을 계기로 각자의 동거 생활에 대한 이야기를 주고받을 수 있게 되었네요.
제인	이런 부분에서 맘 상하더라… 이런 이야기들 말이죠.
노마치	아직은 2개월 밖에 되지 않아서 싸웠다고 말하기에도 민망한 일들

	뿐이지만 앞으로 어떻게 될지는 아무도 모르는 일이죠.
제인	가정에서 밖에 나가 돈을 벌어 오는 역할을 담당하고 있는 여성들이 의외로 외롭거든요. 남성들의 경우에는 일단 수적으로 많다 보니 서로 생각이나 정보를 공유하기 쉽겠지만 여성들의 경우에는 케이스 자체가 드물죠. 그렇다고 제가 여성들의 리더가 되어 앞장서서 이끌어 갈 마음이 있는 것도 아니고요.
노마치	저도 리더가 되고 싶지는 않네요.
제인	그렇다고 누군가를 쫓아가고 싶은 것은 아니지만 앞에 나서고 싶은 마음도 없거든요. 그러니까 서로 생각이나 정보를 공유할 수 있는 사람을 찾기가 쉽지 않은 것 같아요.
노마치	어쩔 수 없는 일이네요.
제인	맞아요. 각자의 삶을 열심히 살다가 기회가 되면 다시 자리를 마련해 보아요.